STEFAN VON HOLTZBRINCK

Definitions- und Rangfolgeprobleme bei der Einspeisung von Rundfunkprogrammen in Kabelanlagen

Schriften zu Kommunikationsfragen

Band 16

Definitions- und Rangfolgeprobleme bei der Einspeisung von Rundfunkprogrammen in Kabelanlagen

Von

Stefan von Holtzbrinck

Duncker & Humblot · Berlin

Abgeschlossen im Juli 1989

CIP-Titelaufnahme der Deutschen Bibliothek

Holtzbrinck; Stefan von:
Definitions- und Rangfolgeprobleme bei der Einspeisung von Rundfunkprogrammen in Kabelanlagen / von Stefan von Holtzbrinck. – Berlin: Duncker und Humblot, 1990
(Schriften zu Kommunikationsfragen; Bd. 16)
Zugl.: München, Univ., Diss., 1989
ISBN 3-428-07028-3
NE: GT

Fremddatenübernahme: Werksatz Marschall, Berlin 45
Druck: Werner Hildebrand, Berlin 65
Printed in Germany

ISSN 0935-4239
ISBN 3-428-07028-3

Inhaltsverzeichnis

Einleitung

Um Wiederholungen vorzubeugen, sollen in der Einführung die Thematik und der Fortlauf der Gedanken lediglich in einem kurzen Überblick beschrieben werden. Die vorliegende Arbeit umfaßt vier Kapitel, die schrittweise aufeinander aufbauen. Im 1. Kapitel wird in einem kurzen Streifzug durch die Technik und mit der Analyse der Verhältnisse auf der Anbieterseite die fortbestehende Dringlichkeit der Lösung von Engpaßproblemen in den Kabelanlagen dargestellt werden. Eine eingehende Untersuchung der Rundfunkdefinition im Kontext mit dem Verbreitungsmittel Kabelfunk ist Gegenstand des 2. Kapitels. Deren Ergebnis wird einen neuen Definitionsansatz zum Inhalt haben. Mit ihm ist die Aufgabe der bisherigen Nomenklatur, die nach ortsüblichen, ortsmöglichen und weiterverbreiteten Programmen unterscheidet, verbunden. Da die Landesmediengesetze überwiegend in Fragen der Rangfolge auf Empfangskriterien abstellen, muß konsequenterweise der Versuch unternommen werden, aus der Verfassung andere Differenzierungsmerkmale zur Bestimmung der Rangfolge zu entnehmen (3. Kapitel). Dabei soll vor allem auf die Aspekte des im Rundfunksystem zu gewährleistenden Pluralismus, auf die Chancen und Grenzen eines ökonomischen Wettbewerbs unter den Anbietern und auf die Informationsfreiheit eingegangen werden. In einem weiteren Schritt werden die weiteren in der Rundfunkordnung anzufindenden empfangsunabhängigen Rangfolgekriterien auf ihre Vereinbarkeit mit den ermittelten Prämissen, aber auch auf ihre Praktikabilität hin überprüft. Am Ende soll ein neues Rangfolgemodell vorgestellt werden, in dem die einzelnen verfassungsrechtlichen Anforderungen ihre größtmögliche Wirksamkeit erlangen können. Dabei bedarf es auch einer Auseinandersetzung mit der Frage nach Art und Umfang seiner Normierung. Das 4. Kapitel enthält schließlich eine Zusammenfassung der wichtigsten Ergebnisse.

1. Kapitel: Aktuelle Aspekte bei der Einspeisung

A. Der Stand der Kabeltechnik

I. Die Kanalkapazitäten

Breitbandverteilnetze in Kupferkoaxialtechnik errichtet die Deutsche Bundespost bereits seit 1972. Ursprüngliches Motiv war es, den Empfang von Rundfunk in Abschattungsgebieten zu ermöglichen, um weitestgehend eine Fernsehvollversorgung zu garantieren. In den Netzen wurden zunächst nur die VHF[1]-Frequenzen belegt, d.h. der Bereich I und III mit einer Bandbreite von 47 bis 68 sowie von 174 bis 230 MHz.. Somit standen theoretisch bei einer Bandbreite von 7 MHz. pro Fernsehkanal 11 Kanäle (mit der Bezeichnung K 2 - K 4 im Bereich I und K 5 - K 12 im Bereich III) zur Verfügung, wobei jedoch tatsächlich nur sechs belegbar waren. Denn sowohl die Breitbandverteilnetze als auch die Endgeräte der 70er Jahre konnten die Frequenzen bei Signalausgang bzw. -eingang nicht hinreichend präzise trennen.

Da indessen in Grenznähe bereits bis zu 12 Programme ortsüblich empfangbar waren, mußten die Frequenzbereiche unterhalb und oberhalb des VHF - Bereiches, d.h. der untere Sonderkanalbereich (USB = 125 bis 174 MHz. = Kanäle S 4 - S 10) und der obere Sonderkanalbereich (OSB = 230 bis 300 MHz. = Kanäle S 11 - S 20) eröffnet werden. Insgesamt gestatt(e) diese sogenannte 300 MHz.-Technik die Einspeisung von 24 Kanälen.

Als 1984, knapp ein Jahr nach Beginn der Kabelpilotprojekte, in einer Untersuchung des Fernmeldetechnischen Zentralamtes der Deutschen Bundespost (FTZ)[2] ein zukünftiger Kapazitätsengpaß für die Übertragung der über Fernmeldesatelliten[3] herangeführten bzw. über Rundfunksatelliten[4]

---

[1] VHF = Very-High-Frequency

[2] Vgl. Funkschau 10/1985 S. 511.

[3] Fernmeldesatellit, Nachrichtensatellit, Verteilsatellit und Kommunikationssatellit sind unterschiedliche Begriffe für das gleiche Satellitensystem mit einer Sendeleistung von durchschnittlich 20Watt; vgl. weiterführend zur Satellitentechnik Hartstein/Ring/Kreile Kommentar zum Rundfunkstaatsvertrag Einführung zu Art. 1, abgedr. bei Ring, Medienrecht sub C-0.

[4] Rundfunksatelliten besitzen eine Sendeleistung von 230 Watt und sind daher für individuellen Empfang tauglich; dies gilt jedoch auch für die in der Sendeleistung etwas schwächeren (ca. 45 Watt) medium-power-Satelliten, welche in die Kategorie der Fernmel-

ausgestrahlten Programme prognostiziert wurde, entschloß man sich, das Kanalraster auf 450 MHz. in das sogenannte Hyperband hinein (UHF = Kanäle S 21 - S 32) auszudehnen. Mit diesem neuen, schon kurz nach dem vollständigen Ausbau der 300 MHz.-Technik (ab Mitte 1987) in Angriff genommenen System erreicht das Kabelnetz seine Kapazitätsgrenze von knapp 35 Kanälen[5], da sich eine Ausdehnung in den UHF-Bereich oberhalb von 450 MHz. aus leitertechnischen Gründen verbietet.

II. Die Nutzbarkeit der Kanalkapazität

Theoretisch ergäbe sich bei schlichter Addition der einzelnen Frequenzbandbreiten und einer anschließenden Division durch die für das Fernsehen erforderlichen 7 MHz. (nämlich für die Bild- und Tonübertragung) Bandbreite (bzw. 12 MHz. oberhalb von 300 MHz. für die neuen Techniken, siehe dazu Fnn. 9 und 12) schließlich die Empfangsmöglichkeit von über 40 Kanälen. In der Praxis scheitert diese Gleichung an den technischen Gegebenheiten. Rasterlücken zur Vermeidung von Intermodulationsprodukten (= störende Frequenzüberlagerungen), Test-, Systemüberwachungs- und Pilotkanäle bilden hierfür einerseits die Ursache. Zum anderen sind selbst bei den im Breitbandverteilnetzkanalraster tatsächlich verfügbaren Kanälen Abstriche aufgrund unterschiedlicher Reichweiten zu machen. Beispielsweise können Endgeräte der ersten Hälfte der 80er Jahre die Sonderkanäle im unteren und oberen Bereich nicht empfangen[6]. Neue TV-Modelle oder Konverter (bei Kosten nicht unter 300.-DM) mit einer für den UHF- Bereich tauglichen Pal-Normierung werden wohl erst ab Mitte 1989 erhältlich sein. Mit der aber für diesen Bereich (von 300 -450 MHz.) geplanten[7] und teilweise schon begonnenen[8] Einführung der neuen, ca. 12 MHz. benötigenden[9] Übertragungstechniken D2-MAC[10] (*D2* steht für digitale Übertragung von

---

desatelliten fallen; vgl. Hartstein/Ring/Kreile a.a.O.

[5] Diese technische Kapazitätsobergrenze gilt als sehr wahrscheinlich; vgl. dazu Schardt ZUM 1986 S. 443; siehe demgegenüber frühere Fehlprognosen z. B. von Kröger NJW 1979 S. 2540, der bis zu 60 Kanäle für verfügbar hielt.

[6] Groß NJW 1984 S. 409.

[7] Horst Ehrnsperger (Experte des Bundespostministeriums für das Post- und Fernmeldewesen für leitergebundene Übertragungstechnik) in „Der Ausbau der Breitbandverteilnetze — Das Konzept der Bundespost" S. 12.

[8] Am 28. November 1988 konnte in der Bundesrepublik erstmalig ein in D2-MAC-Norm ausgestrahltes Bild vom direktstrahlenden Satelliten TDF 1 empfangen werden.

[9] Für die D2-Mac-Technik steht diese Bandbreite bereits fest, vgl. Müller in DLM Jahrbuch S.104. Für die HDTV-Technik siehe Fn. 11.

[10] D2 MAC ist ein digitales Tonübertragungsverfahren kombiniert mit einer neuen Farbtechnik, das die alte Pal-Technik ablösen soll, mit dem Vorteil der Bild- und Tonqualitätsverbesserung (insbesondere vermeidet es durch sukzessive Übertragung der

Bild und Ton, *MAC* für Multiple Analog Components) und HDTV[11] - ausgestrahlt von den direktstrahlenden Satelliten TV-SAT 2, TDF, sowie die Fernmeldesatelliten Astra und Kopernikus bzw. später über „Eutelsat"[12] - würden ebenfalls neue Geräte oder kostspielige Konverter (für das D2-MAC System werden die Kosten für die Mitte 1989 erhältlichen Konverter etwa 1300 DM betragen) erforderlich. Mit einer Fortentwicklung der herkömmlichen Pal-Geräte in Richtung auf die Empfangbarkeit von Programmen im auf 450-MHz. erweiterten Frequenzband wird nicht gerechnet.

Wegen der vermuteten Substitutionsrate bei den Endgeräten von jährlich 10 % wird für 1990 die Empfangsmöglichkeit sämtlicher Kanäle im OSB und USB in allen angeschlossenen Kabelhaushalten prognostiziert[13]. Hinsichtlich der Absatzzahlen D2-MAC- oder HDTV-empfangstauglicher Geräte kann — infolge der vornehmlich wirtschaftlichen Unsicherheiten[14] bei der Einführung dieser Technik und der Tatsache, daß heute noch kein systemgerechtes TV-Set auf dem Markt ist,— kaum eine Vorhersage gewagt werden. Vermutlich ist mit einer aktzeptablen Verbreitung von D2-MAC-Geräten Ende dieses Jahrhunderts und von HDTV-Empfängern erst anfang des nächsten Jahrtausends zu rechnen.

Ein weiterer Schwund der Empfangsreichweite ergibt sich bei der 450-MHz.-Technik in einzelnen Kanälen durch verminderte Richtfunkübertragungsmöglichkeiten (Kanal S 19 und alle ab 300 MHz.), durch Störungen starker Ortssender und Funksender (Kanal S 4 und S 6), durch die gebühren-

---

Bildsignale mittels eines Zeitmultikomplexers Beeinträchtigungen zwischen der Luminanz [Helligkeitssignal] und der Chrominanz [Farbsignal]). Es besitzt zudem die Möglichkeit, sich einem erweiterten Bildschirmzeilenformat anzupassen.

11 High Definition Television ist ein hochauflösendes Bildsystem, das in seiner Qualität das bisherige Pixel (Punkt-) system weit übertreffen soll, da es das Wandern des Auges wie im Kino auf einem vergrößerten, flimmerfreien Bildschirm (mit ca. 1250 Zeilen im europäischen bzw. 1125 im japanischen System) ermöglicht. Neuesten Aussagen japanischer Hersteller zufolge will Japan schon bald ein auf 6 MHz. Bandbreite beschränktes HDTV-System produzieren können.

12 Vgl. insoweit Frank Müller-Römer, Internationales Handbuch für Rundfunk und Fernsehen A 22.

13 Manfred Bohlscheid in ZPF 6/87 „Kanalbelegung in Breitbandverteilnetzen" S. 39

14 Fraglich ist dabei vor allem, welcher Veranstalter sich in Anbetracht der ökonomischen Folgewirkungen (die Werbekosten werden nach sogenannten Tausenderkontakten berechnet, also nach der Höhe der Einschaltquoten) auf einen Kanal mit einer 12 MHz.-Übertragungstechnik beschränken will, die nur von wenigen Prozent der angeschlossenen Kabelhaushalte empfangen werden kann. „Kein Programmanbieter wird es sich leisten können, auf eine ausschließliche Verteilung im Hyperband zu setzen." (Reiner Müller in DLM Jahrbuch 1988 S. 104). Die Landesmedienzentralen bzw. die Deutsche Bundespost (insbesondere bei der Nutzung des ECS-F1, vgl Anm. 3 zu A 12 Internationales Handbuch für Rundfunk und Fernsehen) gehen in diesem Punkt, um überhaupt die Durchsetzbarkeit der neuen Systeme, welche den Anbieter darüber hinaus mit höheren Satellitenmieten belasten, zu gewährleisten, von einer zweifachen Zuweisung von Kanälen im normalempfangbaren und im UHF-Bereich aus.

technische Trennung auf Kanal 9[15], sowie durch Verstärkerverzerrungen (Kanal 3)[16].

Es bleibt nach dem kurzen Streifzug durch die technischen Details daher festzuhalten, daß die gegenwärtig in die meisten Kabelnetze ausgewiesenen 24 Kanäle des 300-MHz.-Systems unter Abzug der Richtfunk- und Störungsprobleme infolge der Endgerätemodernisierung fast in allen Kabelhaushalten empfangbar sind. Einer Kapazitätserweiterung mit Richtung auf einen Maximalempfang von 35 Kanälen durch Einführung der 450-MHz.-Technik (im Verbund mit den Neuerungen HDTV und D2-MAC) stehen jedoch auf absehbare Zeit wirtschaftlich-innovatorische Probleme und Substitutionsschwierigkeiten im Endgerätebereich entgegen.

Auch die früher heftig in der medienpolitischen Auseinandersetzung befindliche Glasfasertechnik (IBFN[17]) mit ihrem Potential von auf 50 bis über 60 geschätzten Kanälen wird aller Wahrscheinlichkeit nach in mittelfristiger Zukunft keine Realisierung finden und damit eine Kapazitätserweiterung sicherstellen können. Denn diese Innovation verlangt nicht nur der Bundespost eine geschätzte Investitionssumme von weit über 100 Milliarden DM ab, sondern erfordert darüberhinaus infolge ihrer digitalen Signalübertragung bis zum Empfänger hin (also auch innerhalb des häuslichen Bereiches) die kostenintensive Installierung neuer Glasfaserleitungen. Mit dem Beginn einer flächendeckenden Einführung dieses Systems kann — wenn überhaupt — frühestens Mitte des nächsten Jahrhundert gerechnet werden[18].

Die Landesmedienanstalten werden sich daher für die nähere Zukunft mit der Vergabe von ca. 24 Kanälen begnügen müssen[19]. Mag ihnen zwar in kommenden Jahren eine größere Bandbreite bis 450-MHz. zur Verfügung stehen, so wird dieses zusätzliche Quantum jedoch zum einen bei den Veranstaltern aus den oben erwähnten Gründen (geringere Empfangsreichweite, teuere Satellitenmieten) zunächst eine geringere Nutzungsbereitschaft vorfinden. Andererseits wird die Kapazität bei der Einführung der neuen

[15] Die Bundespost trennt das Gesamtangebot — die sogenannte Regelleistung (Gebühr: DM 9,00) — in eine Grundleistung (bis Kanal8) mit der alle ortsüblichen Programme für DM 6,00 / Monat erhältlich sind und in eine Teilleistung für die herangeführten Programme zu DM 6,00.

[16] Horst Ehrnsperger in einem Vortrag über „Einspeisung und Verbreitung von Fernseh-und Hörfunksignalen „ auf der Telematika'88 in Stuttgart.

[17] Integriertes Breitbandiges Fernmeldenetz

[18] Verzögernd tritt hinzu, daß die Bundespost zunächst vorrangig den Ausbau des finanziell vergleichsweise aufwendigen schmalbandigen ISDN-Netzes (Integrated Services Digital Network= Diensteintegrierendes digitales Universalnetz) betreibt, das hauptsächlich die Verbesserung der herkömmlichen Telefon- und Datenübertragungsdienste bezweckt und eventuell selbst schon aus Kostengründen nur als Verbindung zwischen Großstädten bzw. Industriezentren zum Einsatz kommen wird.

[19] Vgl. auch Thaenert in DLM Jahrbuch 1988 S. 41.

Technologien wegen ihres erhöhten Frequenzbedarfs nicht proportional gesteigert werden können. Ob die hiernach verfügbare Kanalkapazität zur Befriedigung der Nachfrage ausreicht, ist Gegenstand des nächsten Abschnitts.

B. Die Anbietersituation

I. Die gegenwärtige Anbietersituation

Als Beispiel eines schon heute beinahe vollständig aufgefüllten Kanalrasters kann die Belegung im Münchener Kabelnetz dienen[20]. Empfangbar sind hierin:

ARD, ZDF, BR 3, ORF 1, ORF 2, SAT 1-Kanal 59 (terrestrisch[21]), RTL-plus Kanal 24 (terrestrisch), der Informations- und Schnupperkanal, RTL-plus (satellitsch), Tele 5, SAT 1 (satellitisch), TV Weiß-Blau, Unser kleines Theater, ZDF Musikkanal, Pro 7 (ehemals EUREKA TV), TV 5, Sky Channel (engl.), ARD 1 plus, 3 SAT, WDR 3, Super Channel (engl.).

Insgesamt sind also 21 Kanäle besetzt. Daneben existiert eine Vielzahl potentiell einspeisbarer deutsch-sprachiger Programme, insbesondere:

Hessen 3, Südwest 3 und Nord 3 (NDR; Radio Bremen; Sender Freies Berlin) also die dritten öffentlich-rechtlichen Fernsehprogramme, ferner DDR 1 (wird in Berlin eingespeist, und DDR 2, das deutsche schweizerische Programm der SRG und andere mehr.[22]

Darüber hinaus ergänzen vielfach „Offene Kanäle" bzw. Bürgerkanäle oder örtliche Informationskanäle (z.B. Kabeltextverteildienste) das Programmangebot (wie beispielsweise in Hamburg oder in den lokalen Projekten Nordrhein-Westfalens). Ferner wird in der Regel ein Kanal für einen technischen Testkanal reserviert. Schließlich ist die Einspeisung weiterer Telekommunikationsdienste[23] — wie in den meisten Landesmediengesetzen

---

[20] Stand vom 6. Juni 1988

[21] Da in München auch zwei terrestrische Frequenzen privaten Anbietern bereitgestellt wurden, diese aber den Bedarf nicht decken konnten, mußten sie unter bislang fünf Veranstaltern aufgeteilt werden. Dabei stellen die beiden größten Vollprogrammanbieter — SAT 1 und RTL-plus — den kleineren — Tele 5, Theaterkanal und TV-Weiß-Blau — innerhalb ihres Programmes Sendezeiten (im wechselseitigen Turnus) zur Verfügung. Diese Programme unterscheiden sich daher zu bestimmten Zeiten von den jeweiligen, von den Vollprogrammanbietern allein bestrittenen Satelliten-Programmen und werden als ortsüblich empfangbare Programme gem. Art. 34 Bay. MEG eingespeist.

[22] Vgl. dazu DLM Jahrbuch 1988 Statistik S. 287

[23] Vgl. zu diesen Diensten insgesamt auch die zumeist vorhandenen landesmedienrechtlichen Regelungen wie in §§ 33, 38 Abs. 1 Nr. 2, Abs. 2 Nr. 2 LMedienG BW, Art. 31-33 Bay. MEG, §§ 23, 32, 34, 53 Berl. KPPG, § 28 Abs. 1 HPrFG, § 44 Abs. 1 LRG NRW und § 37 LRG RhPf.

vorgesehen[24] — denkbar, d. h. Kabeltextabruf- und -zugriffsdienste, Bewegtbildangebote[25], sowie Fernwirkdienste[26], welche häufig — wie etwa das sogenannte Fernbeobachten — eines breitbandigen (Rück-)Kanals bedürfen.

Folglich könnte bereits zum gegenwärtigen Zeitpunkt die Kapazität eines Kupferkoaxialkabels allein durch deutschsprachige Programme erschöpft werden.

II. Die zukünftige Anbietersituation

Eine präzise oder gar definitiv gültige Prognose über die Quantität technisch einspeisungsfähiger und faktisch einspeisungs-"williger" Programme läßt sich kaum stellen. Dies belegt unter anderem die Annahme im Ergänzungsbericht der Ministerpräsidenten über die Verbreitung von Rundfunkprogrammen von 1983, daß „in den nächsten 3-4 Jahren europaweit bis zu 30 Programme verteilt werden können"[27], mit der die zeitliche Entwicklungsgeschwindigkeit der Übertragungstechnik und damit die potentielle Verbreitungsfähigkeit europäischer Sendungen etwas zu optimistisch beurteilt wurde. Hingegen wird die europaweite Veranstalterzahl für den Zeitraum von 1995 bis 2005 auf bis zu 99 geschätzt.[28] Wenn gelegentlich die Überlebensfähigkeit nur eines einzigen privaten bundesweiten Vollprogrammes prognostiziert wurde, so kann dem entgegengehalten werden, daß bereits heute zwei dieser Programme Anfang 1990 erste Gewinne erwarten[29] und wohl auf Dauer mit drei bis vier rentablen Angeboten zu rechnen ist. Sollte somit die Nachfrage deutschsprachiger Vollprogrammanbieter nach Einspeisungsplätzen gesättigt sein, läßt dies aber noch nicht auf die Befriedigung aller in Betracht kommenden Wünsche auf Belegung eines Kanalplatzes schließen. So muß auch das Einspeisungsverlangen einiger ausländischer Programmanbieter und von Spartenprogrammveranstaltern[30] berücksichtigt werden.

---

[24] Besonders ausführliche Regelungen finden sich in § 33 ff. LMG BW; Art. 31 ff. Bay. MEG; §§ 43 f. LRG NRW.

[25] Diese können der Unterhaltung und Unterstützung geschäftlicher Kommunikation dienen, vgl. Helmut Redeker, Neue Informations- und Kommunikationstechniken S. 16.

[26] Zur problematischen Terminologie bei den Fernwirkdiensten, unter die allgemein Fernmeß, -steuerungs und -beobachtungsdienste gezählt werden, vgl. Redeker a.a.O. S. 18 f. mit weiteren Nachweisen.

[27] Vgl. bei Ring, Medienrecht sub F III 1.6 S. 2.

[28] Vgl. hierzu die FAST-COM 2 Studie, abgedr. in Media Perspektiven 1987 S. 111 ff.

[29] So die Erwartungen bei SAT 1 und RTL plus.

[30] Mit Spartenprogrammen vielfältiger Art wartet erstmals die Murdochgruppe auf, die über den Satellit Astra bereits auf vier Kanälen jeweils Programme mit Sport, Nachrichten, Unterhaltung und Filmen als Inhalt ausstrahlt, denen im Herbst ein Disney- und ein Kunstkanal folgen sollen.

Das gegen eine solche auch durch eine ausländische Interessentenvielzahl bewirkte Kapazitätsauslastung denkbare Argument, die Werbeetats seien nur begrenzt steigerungsfähig und somit die Rundfunkveranstaltungen nur beschränkt finanzierbar, greift nur zum Teil. Die für einen ausländischen Anbieter infolge der Programmsendung in der Bundesrepublik anfallenden Aufwendungen erstrecken sich überwiegend auf die technischen Übertragungskosten (siehe dazu sogleich sub A III). Denn die kapitalintensiven Produktionen sind bereits finanziert. Zusätzlich erhobene Lizenzgebühren für den Einkauf der Senderechte eines bereits oder gleichzeitig im Ursprungsland ausgestrahlten Films dürften im Regelfall weniger stark ins Gewicht fallen. Daneben kann im Zuge der voranschreitenden Öffnung des europäischen Marktes mit einer gesteigerten Nachfrage nach ausländischen Sendungen, sei es infolge eines zunehmenden ausländischen Arbeitnehmeranteils in der Bundesrepublik, sei es wegen eines gesteigerten wirtschaftlichen, sprachlichen oder kulturellen Interesses am europäischen Ausland, gerechnet werden. Dies könnte ausländischen Anbietern — wenigstens zum Teil — die wirtschaftlich notwendige Rentabilitätschance bieten.

Ebenso wie der Bedarf an fremdsprachigen Sendungen vermag auch ein Wunsch der Fernsehteilnehmer nach Spartenprogrammen, wie beispielsweise nach einem Sport-, Weltbörsen- oder einem Wetterkanal, im Bereich des Vorstellbaren zu liegen.

Die Möglichkeit zu einer Programmdiversifizierung zeigen Entwicklungen in den USA, wo es seit Anfang der 80er Jahre nicht allein „specialised services as the Arts and Entertainement Channel, Lifetime, Music TV, Cable News Network and a host of ethnic channels“[31] gibt, sondern auch „a promising expansion of international programming“[32], wie beispielsweise das Spanish International Network mit spanisch-mexikanischen Sendungen, das Satellite Program Network mit japanischen, israelischen, skandinavischen und holländischen Sendeinhalten oder das Entertainement and Sports Network, das mit kanadischem football oder soccer made in Germany aufwartet. Einzuräumen ist, daß diese Entwicklung auf einem erheblich größeren Markt- und Werbevolumen[33], auf einer höher liegenden durchschnittlichen täglichen Fernsehdauer, sowie einer positiveren Akzeptanz des Abonnementfernsehens beruht und somit nicht bedenkenlos auf europäische Verhältnisse übertragen werden kann.

Richtet man nun den Blick auf alle in Rundfunkanstalten und von Privatanbietern produzierten Programme innerhalb der EG (exklusive Bun-

---

[31] Verone Sparks, CABLE TV in the United States, in Ralph Negrine Cable Television and the Future of Broadcasting S. 24.

[32] Verone Sparks a.a.O.

[33] Vgl. dazu auch 3. Kapitel sub D II 4 a) ccc).

desrepublik), so ergibt sich eine Gesamtzahl von 31 potentiell einspeisbaren Programmen. Davon strahlen aus[34]:

Belgien zwei bis vier Programme (BRT Network 1 und 2[35], RTBF, sowie ein bislang in der Entwicklungsphase befindliches privates Programm); Dänemark zwei (DR und TV 2); Frankreich fünf (TF 1, Antenne 2, France 3, La Cinq, Canal Plus als Abonnentenkanal); Griechenland zwei (ERT 1 und 2) Großbritannien vier (BBC 1, BBC 2, IBA, Fourth Channel; nicht hinzugerechnet wurden die 4-6 Programme Murdochs, sowie ebenfalls die voraussichtlich ab Herbst auf Sendung gehenden 3 Programme der BSB = British Satellite Broadcasting); Irland zwei (RTE 1 und 2); Island eines (ISBS); Italien ca. fünf (RAI 1-3, Canale 5, Odeon TV); Niederlande[36] drei (KRO-NCRV-VARA als traditionellen, AVRO-TROS-Veronica als kommerziellen, NOS als nationalen Sender); Norwegen eines (NRK); Portugal zwei (RTP 1 und 2); Spanien zwei (TVE 1 und 2).

Nennenswerte, d. h. von der Struktur oder Kultur für die Fernsehteilnehmer der Bundesrepublik (inklusive ausländischer Mitbewohner) möglicherweise interessante Programme außerhalb der EG finden sich noch in Schweden (mit zwei Programmen der SVT), in Finnland (mit 2-3 Veranstaltern, wobei jedoch infolge der Singularität der finnischen Sprache kaum mit einer Einspeisung im Ausland gerechnet werden kann), in der Türkei (mit zwei Kanälen der TRT), in Jugoslawien (zwei Programme der JRT, eines Koordinationsorgans der acht autonomen Provinzen), vor allem aber in den USA, wo z. B. allein in New York bis zu 40 Programme empfangbar sind (darunter aber ca. 50 % auf Abonnementbasis). In die vorliegende hypothetische Betrachtung sollen jedoch nur die drei größten public services NBC, ABC und CBS mitaufgenommen werden. Erwähnt sei ferner noch der mexikanische Großanbieter „Televista", welcher sich 1989 auf einem europäischen Satelliten einmieten will.

Die Zahl potentiell einspeisbarer[37] fremdsprachiger Programme liegt damit bei über 40 Veranstaltungen.[38]

---

34 Nicht berücksichtigt werden in dieser Auflistung das französischsprachige Programm der CLT/RTL in Luxemburg, sowie die unzähligen lokalen Fernsehsender. Ferner bewegt sich die miteinberechnete Zahl der jeweiligen privaten nationalen Veranstalter eher vorsichtig im unteren Niveau.

35 Belgien sendet insofern zweisprachig.

36 Das niederländische Rundfunksystem sieht den Pluralismus durch die Verbindung weltanschaulicher Richtungen (sogenannte „Säulen"), welche durch die verschiedenen Anbieter repräsentiert werden, gewahrt.

37 Im September 1988 gab es bereits 29 nicht deutschsprachige einspeisungsfähige Satellitenprogramme in Europa, vgl. infosat 1988 Nr. 7 S. 32.

38 Weitergehende Spekulationen über ein etwaig zunehmendes Interesse an Sendungen aus dem Ostblock im Zuge der Perestroika sollen dabei außer Ansatz bleiben.

III. Fazit

Addierte man alle bereits vorhandenen TV-Nutzungspotentiale, d.h. 25 deutschsprachige, 42 fremdsprachige, den Testkanal, sowie in toto drei[39] Fernwirk- bzw. Kabeltext- oder Pay-TV-Kanäle, so ergäbe sich ein theoretischer Bedarf von insgesamt 70 Kanalplätzen im Kabelnetz. Diese summarische Betrachtung hat jedoch die Prämisse zum Inhalt, daß die Übertragungsmöglichkeiten zu den Kabelanlagen hin, also Fernmeldesatelliten, Richtfunk, Kabelstrecken, direktstrahlende Satelliten o. ä. Transportmittel, schon heute in ausreichendem Maße zur Verfügung stehen. Dies ist jedoch noch nicht der Fall. Der gegenwärtige Mangelzustand dürfte aber nur von kurzer Dauer sein, da im Gebiet der Bundesrepublik (und damit in den Empfangsanlagen der Kabelbetreiber) heute schon bzw. in nächster Zukunft folgende Satelliten empfangen werden können[40]:

1. die das Bundesgebiet (mit-)ausleuchtenden direktstrahlenden Satelliten TV-SAT 2 (fünf Kanäle), TDF (fünf Kanäle), BSB (fünf Kanäle, nur in Teilen Nordrhein-Westfalens empfangbar), TELEX (drei Kanäle, nur in Teilen Norddeutschlands empfangbar),

2. die Fernmeldesatelliten Eutelsat F 1 (ECS 1 und ECS 2 mit etwa zehn bzw. drei real nutzbaren TV-Kanälen), Intelsat V-F 12 (mit derzeit sechs Kanälen), „Kopernikus" (DFS; mit sieben Fernsehkanälen), sowie

3. die Fernmeldesatelliten mittlerer Sendeleistung ASTRA (mit 16 Kanälen) und Eutelsat II-A (mit ebenfalls 16 Kanälen), welche den Individualempfang bei einer Antennengröße von knapp einem Meter Durchmesser gewährleisten.[41]

Ein ernstzunehmender und berechtigter Einwand gegen obige summarische Rechnung besteht darin, daß selbstverständlich nicht jeder der potentiell in Betracht kommenden Veranstalter infolge ökonomischer Erwägungen seine Einspeisung in das bundesdeutsche Netz erstreben wird. Viele unter ihnen werden trotz des Wegfalls der Produktionskosten nicht erwarten, den durch vermehrte urheberrechtliche Lizenz- und Kabelnutzungsgebühren, sowie vor allem durch kostenintensive Satellitenmieten gesteigerten finanziellen Aufwand über wachsende Werbeeinnahmen decken zu können. So beträgt der Mietzins für die Belegung eines Kanals eines deutschen Rundfunksatelliten mit einer nach Teilnehmerzahl vorzunehmenden Gebührenstaffel der Deutschen Bundespost mindestens 15 Mio. DM (beim luxembur-

---

[39] Diese Zahl beruht allerdings auf einer geschätzten hypothetischen und daher bewußt niedrig gehaltenen Annahme.

[40] Ein kurzer historischer Überblick und weiterführende Erläuterungen zur Technik und Verwendung der Satelliten finden sich bei Breitkopf/Schiwy/Schneider Satellitenfernsehen und Satellitenhörfunk auf den Seiten 13 ff., 127 ff., 99 ff.

[41] Vgl. zu der Satellitenzahl TELE-satellit Nr. 3/1988.

gischen Konkurrenzsatelliten ASTRA der SES [Societe europeene des Satellites] kostet die Miete dagegen 10 Mio. DM). Etwas billiger, da vom Ausbau der Kabelnetze abhängig, beläuft sich der Zins bei Anmietung eines Kanals auf einem Fernmeldesatelliten mit einer Grundgebühr von 2 Mio. DM / Jahr und einem Zuschlag von 3 DM / Jahr je angeschlossenem Teilnehmerhaushalt, d. i. 9,5 Mio. im Jahr 1988 und voraussichtlich 11,0 Mio. für 1989. Einen diese Aufwendungen deckenden Zuwachs des Werbeaufkommens können nur die wenigsten Veranstalter erzielen, sofern sie sich überhaupt mit Werbemitteln finanzieren (eine völlständige Untersagung findet sich beispielsweise noch in Dänemark für das Programm des DR, im übrigen gibt es in vielen der oben aufgeführten Länder zeitliche Restriktionen).

Zudem werden ausländische Programme naturgemäß mit sprachlichen Barrieren und mit der damit verbundenen niedrigeren Akzeptanz in der Bundesrepublik zu kämpfen haben. Dabei sollte aber nicht unberücksichtigt bleiben, daß englisch- und französischsprachige Programme leichteren Zugang haben dürften, ebenso wie in einzelnen deutschen Regionen dänische (im Norden), italienische (im Süden), belgische und holländische (im Westen) und die der großen Gastarbeitergruppen (türkische — vor allem in Berlin[42], eventuell spanische, jugoslawische und griechische), im Gegensatz zu portugiesischen, norwegischen oder finnischen Sendungen. Doch auch diese haben dank der technischen Fortschritte bei der Untertitelung, sowie der im D2-MAC-System realisierbaren parallelen Synchronisation auf den digitalen Tonkanälen eine, wenn auch wohl nur geringe Chance auf dem deutschen Rundfunkmarkt.[43]

Ein weiteres Moment, das eine investive Zurückhaltung der Anbieter bei der Einspeisung zur Konsequenz haben kann, ist darin zu sehen, daß sich Prognosen über die Entfaltungsmöglichkeit des europäischen Werbemarkts[44] und der Teilnehmernachfragepotentiale[45], sowie über die intermediale Verlagerung des Werbevolumens, also des jeweiligen Aufkommens bei Presse, Rundfunk, Film u. ä., vor allem wegen konjunktureller Schwankungen nur auf Vermutungen stützen lassen.[46]

Trotz aller Ungewißheiten (sicher ist insoweit nur die Begrenztheit der Frequenzbanderweiterung) hinsichtlich der zu gewärtigenden Anzahl der einspeisbaren Programme bzw. einspeisungswilliger Anbieter muß das Me-

---

[42] Ein türkisch-deutsches Kabelprogramm (TD 1 BLN) sendet das Berliner Kabelnetz.

[43] Anzunehmen sind eher Kooperationen oder die Übernahme einzelner Sendungen.

[44] Siehe hierzu die FAST-COM Studie in der Besprechung von Knoche/Seuffert Media Perspektiven 1987 S. 111 ff., 209 ff.

[45] Vgl. hierzu Schrape in Telekommunikation als Wachstumsfaktor S. 75 ff.

[46] Zu weiteren Schwierigkeiten bei der Prognose des Werbevolumenzuwachses (z. B. die Abhängigkeit vom Ausbau der Infrastruktur, der Berechnungsmodus bei medienstrukturellen Verflechtungen usw.) vgl. Bernd Lange in Media Perspektiven 1989 S. 117 ff.

dienrecht auch weiterhin Rangfolgeregelungen für den wahrscheinlichen Fall der Kanalkapazitätsknappheit vorsehen. M.E. zeigt obige Analyse die fortbestehende Gültigkeit des Satzes, daß „in absehbarer Zeit... bei einer Vielzahl von Kabelanlagen mehr Programme technisch verfügbar sein (werden), als in die Kabelanlagen eingespeist werden können bzw. vom Endteilnehmer empfangen werden können."[47] Auch das Bundesverfassungsgericht hat in seinem vierten Fernsehurteil eine ähnlich lautende Prognose über die zukünftige Entwicklung der Medienlandschaft gestellt:

> "Die Schwierigkeiten einer vollen Belegung aller Kanäle... dürften sich auf die Dauer beheben lassen."[48]

Zur Stützung dieser These soll abschließend bemerkt werden, daß bereits heute in bundesdeutsche Kabelnetze insgesamt über 50 deutsch- und fremdsprachige Programme eingespeist werden.[49]

C. Auswirkungen der Parabolantennentechnik

Mithin findet sich die Behauptung, „die medienstrukturelle Reichweite des Weiterverbreitungsrechts ist letzthin häufig überschätzt worden"[50]. Zur Begründung dieser These werden dabei einerseits das partiell eine bundesweite Homogenisierung bewirkende und mittlerweile in Art. 11 Abs. 1 des Rundfunkstaatsvertrages festgeschriebene Prinzip der möglichst weitgehenden, wechselseitigen Programmübernahme durch die Länder[51], sowie vor allem die Interessenverlagerung auf die Vergabe der „neu entdeckten" terrestrischen Frequenzen und auf den Direktempfang über Parabolantennen angeführt.[52] Ob letzterer Aspekt es rechtfertigt, von einem Bedeutungsschwund der Rechtsprobleme bei der Weiterverbreitung — insbesondere in Fragen der Rangfolge — zu sprechen, soll Gegenstand der folgenden Ausführungen sein.

Die schnell fortschreitende Entwicklung immer leistungsfähigerer Parabolantennen hat in den letzten Jahren die individuellen Empfangsmöglichkeiten erheblich verbessert. Dies trägt sicherlich in gewissem Umfang zu

[47] Vgl. Ergänzung des Berichtes der Ministerpräsidenten über die Verbreitung von Rundfunkprogrammen in Kabelanlagen vom 14. September 1983, abgedr. bei Ring a.a.O. sub F III 1.6 S. 2.

[48] BVerfGE 73, 118 [122]

[49] Siehe die Zusammenstellung aller Anbieter in der Statistik des DLM Jahrbuches 1988 S. 298 mit vorangehender Gliederung nach Kabelnetzen.

[50] Stock, Neues Privatrundfunkrecht S. 21

[51] Vgl. Art. 11 Abs. 1 Rundfunkstaatsvertrag, abgedr. bei Ring sub C-0.1, sowie die dazugehörige Begründung (sub C-0.3).

[52] Vgl. Stock a.a.O. S. 22

einer Verschiebung der Akzente in der medienpolitischen Diskussion insofern bei, als die Lösung von Problemen bei der Einspeisung in Kabelanlagen realiter an Tragweite verlieren wird. Dem Bürger bleibt es nämlich unbenommen, Sendungen, die keine Aufnahme im Kanalsystem finden, in der Regel unmittelbar über Satellit zu empfangen[53]. Dennoch kann nicht von einer Verflüchtigung der Probleme die Rede sein, da das Rundfunksatellitensystem nicht die Rolle eines Ersatzes der Breitbandkabelsysteme übernehmen soll.[54] Faktisch wäre es dazu aus folgenden Gründen auch nicht imstande:

1. Besondere Relevanz weist in diesem Zusammenhang das sogenannte 3-Säulen-Konzept der Deutschen Bundespost auf, welches explizit festschreibt, daß „Kabel, Satelliten und terrestrische Sender keine konkurrierenden Versorgungsmedien" darstellen, sondern sich „ergänzen"[55]. Sein Grundgedanke ist die vornehmliche Orientierung an den bebauungsstrukturellen Gegebenheiten (Versorgung in dicht besiedelten Gebieten vorrangig über Kabelanschluß, i. ü. terrestrisch und über Satellit), sowie seine Ausrichtung nach dem Kriterium der Funkverträglichkeit (beispielsweise kann die Einspeisung in das Kabel einen störenden und daher zu vermeidenden Einfluß auf die örtlichen Funkfrequenzen ausüben). Die Konzeption stellt sich hauptsächlich als Resultat wirtschaftlicher Überlegungen dar.[56]

2. Beachtenswert ist zudem das Argument der im Vergleich zur Anschaffung einer Parabolantenne (noch) niedrigeren Anfangsinvestitionskosten für einen Kabelanschluß. Dies mag eventuell zu einer Präferenz der Rundfunkteilnehmer für das Kabelsystem führen. Während nämlich die einmalige Bereitstellungsgebühr beim Kabelanschluß maximal 675 DM (mit der Zunahme der anzuschließenden Wohneinheiten sinkt diese einer degressiven Gebührenstaffelung entsprechend bis auf 417,50 DM / WE) und die monatliche Gebühr für alle Programme (sog. Regelleistung plus eventueller Zusatzleistung) ca. 11,40 DM betragen, belaufen sich die Anschaffungskosten für eine Parabolantenne im bisher angenommenen günstigsten Fall auf ca. 1500 DM (siehe dies vor allem im Kontext mit dem möglicherweise auftretenden Erfordernis der Installation mehrerer Parabolspiegel, dazu sogleich 3 c).

---

[53] Zum Empfang der Fernmeldesatellitenprogramme siehe sogleich sub 3 a), sowie ausführlich 2. Kapitel B III 2 b).

[54] So befand bereits die Kommission für den Ausbau des technischen Kommunikationssystems (KtK), vgl. KtK Bericht (Hauptband S. 112), 1975, die das Rundfunksatellitensystem als Ergänzung des Kabelsystems betrachtete. Vgl. auch Reiner Müller in DLM Jahrbuch 1988 S. 102.

[55] Ehrnsperger, Der Ausbau der Breitbandverteilnetze, S. 3

[56] Siehe zu den wirtschaftlichen Schwierigkeiten bei der Herstellung einer Vollversorgung des Bundesgebietes durch Verkabelung Seemann, Ordnungspolitische Perspektiven eines dualen Rundfunksystems, ZUM 1987 S. 258 m. w. Hinweisen zum VI. Hauptgutachten der Monopolkommission 1984/1985.

3. Darüber hinaus mögen für eine stärkere Neigung der Teilnehmer zum Anschluß an das Kabel seine in mehrfacher Hinsicht vorteilhafteren Empfangsmöglichkeiten sprechen.

a) Zwar vermag eine Parabolantenne mit einem Durchmesser von ca. 1,20 Meter auch die als herangeführt bezeichneten Programme der Fernmeldesatelliten (soweit dies fernmelderechtlich genehmigt ist[57]) vermitteln, jedoch oftmals nur, soweit sich die Empfangsanlage *im Zentrum* des sogenannten Footprints, d. h. der Ausleuchtungszone befindet[58]. Außerhalb dieses Bereiches werden jedoch teilweise Antennen mit einem Durchmesser von (heute noch) 1,80 bis zu 3,0 Metern erforderlich. Der Direktempfang bietet machenorts daher nur eine begrenzte Alternative.

b) Ein weiteres Manko entsteht aus den Abschattungsproblemen, zum einen solarenergiebedingt[59] und eher peripherer Natur auf seiten der Sendeanlagen, zum anderen auf seiten der Empfangsanlagen. Bei letzteren stellt sich die Situation nicht anders als bei Abschattungen terrestrischer Sender durch Hochhäuser, Gebirge, Bäume etc. dar, welche einen guten Empfang behindern.

c) Die größte Schwierigkeit bereitet jedoch die Tatsache, daß die Parabolantenne für den Empfang von Satellitensendungen jeweils exakt auf die Satellitenposition nach Längen- und Breitengraden ausgerichtet werden muß. Dieser Komplizierung[60] kann bei lediglich singulärer Nutzung durch einen Teilnehmer mittels mechanischer Drehvorrichtungen begegnet werden. Jedoch schon bei Mehrfamilienhäusern wird eine interne Koordination der Empfangswünsche der Rezipienten unumgänglich, da nicht davon ausgegangen werden, daß ein der Satellitenzahl entsprechendes Quantum an Parabolspiegeln auf jedem Hausdach installiert werden wird. Der Vorteil eines (eventuell zusätzlichen) Kabelanschlusses mit einem Angebot von

---

[57] Fernmeldesatelliten bzw. damit gleichbedeutend Kommunikationssatelliten gelten nicht als Rundfunksender, sondern unterfallen den nationalen und internationalen Regeln des Funkverkehrs, für den sie vorwiegend konzipiert sind. Die Freigabe des Empfangs der Eutelsat, Intelsat und ECS- Satelliten findet sich in der Verfügung 569/1985 (Amtsbl. der Deutschen Bundespost vom 9.7.1985). Mittlerweile erfolgte auch die generelle Freigabe zum Individualempfang, d. h. dessen Zulässigkeit auch innerhalb von mit Kabelanlagen versorgten Gebieten (Verfügung 519/1987).

[58] Vgl. Müller-Römer, in: Bauer/Detjen/Müller-Römer/Posewang, Die Neuen Medien, 3.7.1, S. 3; zu dem Thema sei ferner noch bemerkt, daß die Größe der Antenne nicht nur die Empfangsquantität der Sender bestimmt, sondern auch deren Qualität; insbesondere bei schlechten Witterungsverhältnissen und wegen des größeren Umsetzungsbedarfes der aufgefangenen Energie bei Gemeinschaftsantennenanlagen zeigen sich die Vorteile größerer Parabolantennendurchmesser. Siehe zu den Ausleuchtzonen der Satelliten im einzelnen TELE-satellit Nr. 4-5/1988.

[59] Vgl. zu den Problemen bei der Solarenergiezufuhr durch auftretende Erdschatten bzw. Abschattungen durch den Mond Hartstein/Ring/Kreile Kommentar zum Rundfunkstaatsvertrag Rdnr. 17, S. 155, abgedr. bei Ring sub C-0.

[60] Ausführlicher hierzu Delbrück, Direkter Satellitenrundfunk S. 15

maximal 35 Programmen (ASTRA — ein äußerst moderner Satellit — strahlt hingegen „nur“ 16 Programme aus) liegt auf der Hand.[61]

Alle diese Tatsachen werden es in der medienpolitischen und -rechtlichen Auseinandersetzung kaum gestatten, die mit der Einspeisung in Kabelanlagen verbundenen Rechtsfragen juristisch hintanzustellen. Speziell die bei der Kanalzuweisung auftretenden Probleme, nämlich das einer negativen Selektion im Falle eines Kapazitätsengpasses, mit der Folge des Ausscheidens von Programmen bzw. -bei der Aufteilung der Sendezeit- von Programmteilen einzelner Veranstalter, sowie das einer positiven Selektion bei der Frage, welcher Kanal einem Veranstalter zugewiesen werden soll mit der Konsequenz unterschiedlicher Publikumsreichweiten[62], bleiben daher unverändert akut und regelungsbedürftig.

---

[61] Zum Aspekt, daß die Vielzahl der Satellitensysteme den Satellitenempfangsantennenmarkt und damit ihre Durchsetzungsfähigkeit behindern, vgl. Müller in DLM Jahrbuch 1988 S. 106.

[62] Siehe dazu die Beispiele von Meyer-Hesemann in ZUM 1987 S. 416 oder Albrecht Hesse in ZUM 1987 S. 33.

2. Kapitel: Definitionsprobleme bei der Einspeisung

Bevor die soeben angesprochene Selektionsthematik bei der Einspeisung konkurrierender Fernsehprogramme erörtert werden kann (siehe hierzu das 3. Kapitel), muß eine begriffstheoretische Klärung der für diese Frage brisanten rundfunkrechtlichen Nomenklatur erfolgen, da sie deren Antworten nicht unmaßgeblich präjudiziert hat[63]. Insbesondere der Terminus „Weiterverbreitung" soll im folgenden aus der bislang unscharfen Grauzone als einem „rundfunkrechtlich-relevanten Vorgang" herausgehoben, d.h. in einen präzisen Zusammenhang mit dem Rundfunkbegriff gebracht werden. Dabei wird der Begriff der *Veranstaltung* eine maßgebliche Rolle spielen.

Eine exakte rechtliche Qualifizierung und medienrechtliche Einordnung der Einspeisungsvorgänge in das Rundfunksystem der Bundesrepublik ist erforderlich, weil von ihr der Umfang der zum Schutze der Rundfunkfreiheit notwendigen organisationsrechtlichen Kontrollen abhängt (siehe dazu B II 1). Hingegen ist die Subsumtion unter den Rundfunkbegriff nicht gleichermaßen ausschlaggebend für die rechtliche Begründung einer Landeskompetenz im Blick auf die grundgesetzliche Differenzierung zwischen einem fernmelderechtlichen und einem „kulturell-rechtlichen"[64] Rundfunkbegriff. Denn hierfür hätte nach der verfassungsrechtlichen Aufgabenverteilung (inbesondere Art. 70 GG) schon ein Negativbeweis als „Nicht-Fernmeldewesen" genügt.[65]

---

[63] Es sei vorab erwähnt, daß sich der Grund hierfür in der Rangfolgedifferenzierung der Landesmediengesetze nach Empfangskriterien findet, welche selbst wiederum auf einer Zergliederung des Rundfunkbegriffes beruht, dazu siehe sogleich sub A I 2.

[64] Der Terminus „kulturell-rechtlich" wird hier im Anschluß an Lerche, Rundfunkmonopol S. 14, gewählt (vgl. ebenso Schmitt Glaeser und Degenhart in AfP 3/86 S. 173, sowie König, Die Teletexte S. 118), der die Begriffe „organisationsrechtlich" als zu eng (da die Organisation nur einen Teil der kulturellen Seite ausmache) und den Terminus „institutionell" als zu weit (da dies den Rundfunk in seiner Gesamtheit beschriebe) ablehnt. Erlaubt sei ferner der grammatikalische Hinweis, daß der häufig verwandte Ausdruck „kulturrechtlich" nicht ganz präzise ist, weil es ein Kulturrecht als einheitlich geregeltes oder erforschtes Rechtsgebiet in der Bundesrepublik bislang nicht gibt, sondern Kultur nur in einzelnen Problemkreisen als wichtiges, schützenswertes Gemeinschaftsgut abwägungserheblich wird. Das Hineinwirken derartiger Aspekte in das Rechtsgebiet „Rundfunk" wird daher am treffendsten mit dem adjektivischen Präfix „kulturell-" erfaßt.

[65] So auch Starck NJW 1980 S. 1363

Da im folgenden der Versuch einer Erhellung des Rundfunkbegriffs allein im Kontext mit den Verbreitungsvorgängen unternommen wird, beansprucht die Arbeit nicht, eine allgemeingültige Definition des Rundfunks hervorzubringen.[66]

Nach einer ausführlichen Erörterung der Definitionsprobleme in bezug auf die Weiterverbreitung wird ein neuer terminologischer Ansatz vorgeschlagen werden (Abschnitt B I), welcher entgegen allen bisherigen Auffassungen auch die Einspeisung ortsüblicher Programme als Veranstaltung begreift (unter B III).

Nicht in die Klärung des Rundfunkbegriffes miteinbezogen (wohl aber in die Thematik der Rangfolge) wird — wegen der Beschränkung auf den massenkommunikativen, d. h. in einer ungetrennten (auch Sparten-) Programmfolge zeitgleich angebotenen herkömmlichen Rundfunk[67] — der Problemkreis der die Information segmentierenden und damit eher zur Individualkommunikation tendierenden Abruf-, Bestell- und Zugriffsdienste.[68]

A. Die Weiterverbreitung und ihre rundfunkrechtliche Einordnung in der Bundesrepublik

I. Der gegenwärtige Stand in der medienrechtlichen Diskussion

1. Erläuterung der Grundbegriffe

Unter Weiterverbreitung *im umfassenden Sinne*[69] wird zunächst die Weiterleitung jeglicher Fernsehprogramme in Kabelanlagen in Empfängerrichtung (letzteres Kriterium dient der Abgrenzung zum Signaltransport zur

[66] So vermag wegen der Relativität der Rechtsbegriffe der Begriff „Rundfunk" oder „Sendung" im Urheberrecht oder auch im EG-Recht durchaus andere Nuancierungen und Schattierungen besitzen. Zur Relativität der Rechtsbegriffe vgl. Engisch, Einführung in das juristische Denken S. 77 (m.w.N. in der Fn.), sowie S. 161. Siehe auch ausführlich sub A II 3.

[67] Bullinger in NJW 1984, S. 389

[68] Vgl. dazu v.a. Bullinger Kommunikationsfreiheit im Strukturwandel der Telekommunikation, 1980; Bullinger/Eigler/Külp/Lehmann/Schlier in Die elektronische Herausforderung, Freiburg i.Br.(Rombach) 1985; Redeker, Neue Informations- und Kommunikationstechnologien S. 15 ff.; insbesondere im Blick auf die Abgrenzungsprobleme Scherer, Telekommunikationsrecht/Telekommunikationspolitik S. 585 ff; Tettinger, Neue Medien und Verfassungsrecht S. 16 ff; König, Die Teletexte S. 118 ff. Ferner Degenhart, in Bonner Kommentar Art. 5 GG Rdnr. 170, der neben dem Aspekt der Segmentierung, vor allem den Gesichtspunkt der Gleichzeitigkeit im herkömmlichen Rundfunk als Abgrenzungskriterium hervorhebt.

[69] In diesem weiten Sinne Jarass Gutachten zum 56. DJT G 96 f.

Anlage des Kabelbetreibers hin, dazu sogleich) verstanden, also ohne Unterscheidung hinsichtlich ihres Empfanges als ortsüblich[70], ortsmöglich[71] oder nur mit überdurchschnittlichen Antennenaufwand, d. h. soweit für den Empfang eine Heranführung unerläßlich ist[72]. „Für die Auslegung des Begriffs der Weiterverbreitung [i. w. S., der Verf.] ist also die Frage, ob ein Programm am jeweiligen Ort empfangbar ist, irrelevant."[73] In seiner rechtlichen Typisierung als delikat und kompliziert erweist sich vor allem die Weiterverbreitung *im engen Sinne*, welche ausschließlich die herangeführten Sendungen betrifft. Nur hierfür soll im folgenden der Terminus Weiterverbreitung aus grammatikalisch-teleologischen Erwägungen[74] zur Geltung kommen. Für die Weiterverbreitung i.w.S. bietet sich dagegen der allgemeinere Begriff „Verbreitung" an.

---

70 Unter ortsüblichen Programmen versteht man nach dem Beschluß der Ministerpräsidenten betr. Einspeisung von Rundfunkprogrammen in Breitbandverteilnetze der Deutschen Bundespost vom 4. Februar 1983 (abgedr. in Ring unter F III 1.4.sub 2 B (1)) die in der Luft befindlichen Programme, deren Signale im Betriebsbereich der Kabelanlage nach den Richtlinien 176 R 10 bzw. 175 R 4 der Deutschen Bundespost, welche gewisse Mindestfeldstärken bezeichnen, empfangbar sind.

71 D.i. alle weiteren Programme, die mit einer schwächeren, aber noch empfangbaren Feldstärke im Betriebsbereich (mit einer Toleranzgrenze von 10 Kilometern) der Anlage vorhanden sind; vgl. Ring F-III 1.4 sub 2 b (3) und sub C-04 S. 27. Diese sind somit ohne Richtfunk bzw. Satellit empfangbar, erfordern jedoch einen mehr als durchschnittlichen, wenngleich keinen außergewöhnlichen technischen Aufwand für ihren Empfang. Inwieweit in näherer Zukunft eine Differenzierung zwischen ortsüblichen bzw. ortsmöglichen und herangeführten Programmen noch sinnvoll erscheint s. u. B III 2 b).

72 Hiermit werden alle diejenigen Programme bezeichnet, die nicht unter die in den beiden vorstehenden Fnn. beschriebenen Kategorien fallen (vgl. Ring F III 1.4. sub 3), deren Signale also erst mit Hilfe eines besonderen fernmeldetechnischen Aufwands — wie Kabel, Fernmeldesatelliten oder Richtfunk — aus (in der Regel) entfernteren Gebieten herbeitransportiert werden müssen und allenfalls nur mit außergewöhnlichem Antennenaufwand verfügbar gemacht werden können. Das LMG Hamburg läßt jedoch die strengeren Grundsätze für die herangeführten Programme auch für die direkt empfangbaren Rundfunksatelliten-Programme gelten, sofern sie nicht auf Grund einer Vereinbarung der Länder veranstaltet werden (§ 41 Abs. 2 Satz 2).

73 Kreile in Kommentar zum Rundfunkstaatsvertrag zu Art. 11 Rdnr. 13, abgedr. bei Ring sub C 0-4; dagegen deutet die in Rdnr. 12 etwas mißverständliche Bemerkung, daß es sich bei der Weiterverbreitung um Signale von Programmen handele, „die nicht ohne weiteres empfangbar sind, sondern mit fernmeldetechnischen Mitteln herangeführt werden müssen" auf die Weiterverbreitung im engeren Sinn hin.

74 Der Begriff „Weiter"-verbreitung beschreibt vor allem den Vorgang des erweiterten Zugänglichmachens von Programminhalten für den Benutzer eines Kabelanschlusses und meint dabei nicht das bloße Duplizieren der Empfangsmöglichkeit mittels der herkömmlichen Antenne und des Kabels. Vor allem das zusätzliche, aus Fernsehteilnehmersicht bisher nicht vorhandene Angebot hat bislang in der juristischen Diskussion die Fragen nach der Kontrollbedürftigkeit des nunmehr veränderten Gesamtprogrammes und dessen Einspeisungsrangfolge aufgeworfen. Ob hingegen, wie weithin behauptet wird, die Übernahme der über die Normalantenne schon empfangbaren TV-Programme allein der unproblematischen Empfangsseite zuzurechnen sind, wird noch zu erläutern sein.

Mit *Heranführung* soll aus Gründen terminologischer Präzision nur der rein fernmeldetechnische Vorgang des Signaltransportes über Richtfunk, Fernmeldesatellit oder drahtgebundene Übertragungsleitungen zu der Übergabestation hin, also zur einspeisenden Kabelanlage bezeichnet werden.[75] Der Begriff der Einspeisung umfaßt den sich an die Heranführung oder die sonstige Übernahme von Rundfunkprogrammen (z. B. von einem terrestrischen Sender oder von einem direktstrahlenden Rundfunksatelliten) anschließenden Vorgang der Weiterleitung, d. h. den Akt des Verfügbarmachens der Sendungen mit *und* ohne Veränderungen für den Empfänger[76].

Die Weiterverbreitung (i. e. S.) wird seit dem Ergänzungsbericht der Ministerpräsidenten über die Verbreitung von Rundfunkprogrammen in Kabelanlagen vom 14. September 1983[77], sofern sich die Einspeisung inhaltlich unverändert, vollständig und zeitgleich vollzieht[78], als „rundfunkrechtlich relevanter Vorgang" definiert.

2. Kritik

Diese Formel stellt, wie der Wortlaut bereits erahnen läßt, einen Kompromiß[79] dar. Ihr Ziel ist es, einen angeblichen medienrechtlichen „Zwitter", nämlich die Einspeisung herangeführter Programme in Kabelanlagen, zum einen — als den kulturellen und nicht bloß den fernmelderechtlichen Teil des Rundfunks betreffend — unter die Landesgesetzgebungskompetenz[80] („rundfunkrechtlich") subsumieren zu können. Andererseits soll die Weiterverbreitung als Folge ihrer Separation vom Begriff der Rundfunk*veranstaltung* nicht dem für diese geltenden ausgedehnten Umfang des Gesetzesvorbehalts[81] unterworfen sein, d.h. keinem umfassenden Kontrollbedarf unterlie-

[75] Jarass erkennt die in der Literatur anzufindende begriffstechnische Überschneidung von Heranführung und Weiterverbreitung, „ohne daß in der Sache etwas anderes gemeint ist", ZUM 86, S. 313, und benutzt richtigerweise nur den letzteren Terminus für die rundfunkrechtliche Problematik; ebenso Hans Schneider in Schwarze, Rundfunk und Fernsehen S. 25; wie hier auch Kreile a.a.O. Rdnr. 14.

[76] Insofern zu eng Ricker, als er nur die „inhaltlich unveränderte, vollständige und zeitgleiche Übernahme von Rundfunkprogrammen und deren Weiterleitung" zur Einspeisung zählen will, vgl. Privatrundfunkgesetze, S. 153, Die Einspeisung, S. 32.

[77] Abgedr. bei Ring sub F III 1.6

[78] Vgl. aber ausdrücklich anders § 44 Abs. 1 Satz 2 LMG Nieders., sowie Art. 35 Abs. 3 Bay. MEG; dazu s. u. sub B II 4b).

[79] Vgl. Ricker, Die Einspeisung von Rundfunkprogrammen in Kabelanlagen, S. 14, spricht von „Kompromißweg", sowie Hoffmann-Riem, Die Informations- und Rundfunkfreiheit in Festschrift für Rudolf Wassermann S. 471, von einer „Kompromißformel".

[80] Insofern wollte man die Weiterverbreitung nicht unter den fernmelderechtlichen Rundfunkbegriff subsumiert wissen.

[81] Vgl. dazu die Ausführungen des Bundesverfassungsgerichtes in BVerfGE 57, 295 [326 f.]; hiervon haben die Länder (meist schon zuvor) in den Normen über die Zulassung zur Veranstaltung in ihren Landesmediengesetze eingehend Gebrauch gemacht; vgl.

gen ("relevant")[82]. Bereits die Definition wirft einen ihr immanenten Schatten von Komplikationen auf der Rechtsfolgenseite voraus[83], da die Rechtsordnung mit einem vagen Begriff wie dem der „Relevanz" nur schwerlich an Präzision und Übersichtlichkeit zu gewinnen vermag. Denn der Rechtsanwender sieht sich vor allem mit der Frage konfrontiert, wann für das Recht relevante Vorgänge, also rechtlich „wichtige" oder „erhebliche"[84] Verhältnisse vorliegen, sowie mit dem Problem, welcher Wirkungskreis dieser Relevanz zugemessen werden soll (in obiger Definition läßt sich beispielsweise ohne systematische oder historische Auslegung nicht erkennen, ob die Relevanz für den kulturellrechtlichen und/oder den fernmelderechtlichen Begriff des Rundfunks gelten soll). Letztlich kann mit dieser Definition wegen der intendierten, lediglich in ihrem Umfang strittigen kompetenzrechtlichen Legitimation gesetzlicher Vorgaben zum Schutze der Rundfunkfreiheit nur zweierlei gemeint sein:

Entweder muß die Weiterverbreitung uneingeschränkt als „Rundfunk" im juristischen Sinne aufgefaßt werden. Damit wäre jedoch der Zusatz „relevant" überflüssig, weil begriffslogisch die Relevanz immer ein Verhältnis zweier nichtidentischer Objekte zueinander voraussetzt, hier aber der Begriff Weiterverbreitung im Rundfunkbegriff aufginge. Oder aber es sollte der technische Vorgang „Einspeisung herangeführter Programme in Kabelanlagen" wegen seines unmittelbaren Einflusses auf die Rundfunkordnung und seiner dem herkömmlichen Rundfunk faktisch ähnlichen Wirkung[85] normativ gleichgesetzt werden. Letzteres liefe auf die These von der Weiterverbreitung als einem rundfunk-ähnlichen und insoweit rechtlich analog zu behandelnden Vorgang hinaus.

In der juristischen Methodologie weisen beide Wege der Begriffsfindung nicht unwesentliche Unterschiede auf:

Mit ersterem gelangt man bereits unter Zuhilfenahme der anerkannten Auslegungsgrundsätze im Verfassungsrecht zur Subsumtion der Weiterverbreitung unter den Rundfunkbegriff mit der Folge der Übernahme aller für den Rundfunk gültigen Grundsätze. Der Gesetzgeber hätte dann allenfalls

---

überblicksweise §§ 16 ff. LMG BaWü; §§ 23 ff. Berl. KPPG; §§ 4 ff. LMG NRW; §§ 4 ff. LMG Rhl.-Pf.

[82] Gemeint sind vor allem die für die originäre Veranstaltung geltenden strengeren Grundsätze hinsichtlich der Zulassungsvoraussetzungen.

[83] Siehe z. B. auch den im Ergebnis sicherlich richtigen, aber in der Formulierung mißglückten Satz bei Degenhart Bay.VBl. 19/86 S. 586 a. E., daß bei neuen Medien, „die begrifflich als Rundfunk einzustufen sind, rundfunkähnliche Gestaltungsbefugnisse des Gesetzgebers nur bei rundfunkgleicher massenkommunikativer Relevanz anzuerkennen" sind (Hervorhebung vom Verf.).

[84] So die lateinisch-französische ursprüngliche Bedeutung, vgl. Duden.

[85] Der Rezipient erhält wie bei der erstmaligen terrestrischen Ausstrahlung einer Rundfunksendung ein neues, (angeblich vgl. B III 2 b)) zusätzliches Angebot.

im Einzelfall die Abweichungen zu berücksichtigen. Auf dem zweiten Weg bedürfte es zunächst der Feststellung einer Verfassungslücke. Statt einer formal-logischen Gedankenoperation könnte erst nach einem „Vorgang wertenden Denkens“[86] die rechtlich gleich zu bewertende Sachverhaltsidentität konstatiert werden. Zur Begründung gesetzgeberischer Kompetenzen bedürfte es dann einer eingehenden Untersuchung, warum und in welchen Fällen eine Gleichbehandlung beider Tatbestände geboten erscheint. Die Frage „Auslegung“ oder „Verfassungslücke“ ist daher nicht unerheblich, bleibt aber mit dem „Relevanz“-Hinweis unbeantwortet.

Dieser definitorisch und methodologisch unscharfe und, wie noch zu beweisen sein wird, unnötige Kunstgriff, der das Augenmerk womöglich auf eine zweite Kategorie des „Rundfunks“ fehllenkt, resultiert aus einer Entwicklung, welche nur mit einem Blick auf den geschichtlichen Wandel des Rundfunkbegriffs und die ihr vorausgegangenen Definitionsbemühungen nachvollzogen werden kann.

II. Historische Analyse

1. Die Definition des „Schliersee Papiers“

Die Probleme einer medienrechtlichen Einordnung der Weiterverbreitung treten klarer mit der Erkenntnis zutage, daß bereits die Subsumtion des Kabelfunks unter den Rundfunkbegriff zu Meinungsverschiedenheiten führte. Das Resultat nach deren vorläufigen Beilegung findet sich schließlich im Schliersee Papier der Länder vom 29. April 1975, in dem der Versuch[87] einer allgemeingültigen[88] und umfassenden Rundfunkdefinition in Art. 1 des (am 5. Dezember 1974 abgeschlossenen) Staatsvertrages über die Regelung des Rundfunkgebührenwesens[89] unternommen wurde. Jenes bezog ausdrücklich den Drahtfunk mit ein und lautete:

---

[86] Vgl. Larenz, Methodenlehre S. 366

[87] Lerche, in Verfassungsfragen zum Entwurf der Landesregierung Nordrhein-Westfalen eines Gesetzes über den WDR, AfP IV 1984, S. 185, spricht dabei von „tastenden“, „pragmatisch fortschreitenden Bemühungen“ zur Präzisierung der „fast nichtssagenden, in hohem Maße ausfüllungsbedürftigen Blankettformeln“.

[88] Allgemeingültig hier i. S. von unter medienrechtlichen Gesichtspunkten verfassungsverdeutlichend, also über das Rundfunkgebührenwesen hinausgehend; keinesfalls kann darunter eine konstitutive Konkretisierung des Art. 5 GG verstanden werden; vgl. dazu OVG Münster DÖV 1978 S. 519; Paptistella DÖV 1978 S. 497 ff. Ausführlich hierzu A III 1 a).

[89] Die gleiche Regelung findet sich auch im Gebührenstaatsvertrag vom 31.Oktober 1968 (z.B. GV.NW 1969 S. 752).

"Rundfunk ist die für die Allgemeinheit bestimmte Veranstaltung und Verbreitung von Darbietungen aller Art in Wort, in Ton und in Bild unter Benutzung elektrischer Schwingungen ohne Verbindungsleitung oder längs oder mittels eines Leiters."

2. Die rechtlichen Probleme aus der Perspektive der Entwicklungsgeschichte des Kabelfunks

Bis zu diesem Zeitpunkt stellt sich in der historischen Betrachtung die Entwicklung des Rundfunkbegriffes komplex und uneinheitlich dar.

a) Der Ursprung des Wortes Rundfunk

Die semantische Wurzel des Wortes „Rundfunk" rührt ursprünglich von der von Heinrich Hertz (1888) entdeckten[90], originären Erzeugungsmethode der damals sogenannten Funken-Telegraphie[91] her, welche durch Ätherschwingungen mittels Funkentladungen generiert wurde. 1908 wurde daher in einer Funkgesetznovelle zum Reichstelegraphengesetz von 1892 in dessen § 3 bestimmt:

"Elektrische Telegraphenanlagen, welche *ohne metallische Leitungen*[92] Nachrichten vermitteln, dürfen nur mit Genehmigung des Reiches errichtet oder betrieben werden."[93]

Infolge der während des ersten Weltkriegs entwickelten Neuerungen und Verbesserungen stellte Hans Bredow[94] 1919 als Leiter der neu errichteten Funkabteilung im Reichspostministerium Überlegungen an, die drahtlose Telephonie als Mittel der Unterhaltung und Belehrung für alle Bevölkerungsschichten zu nutzen.[95] Demzufolge wurde dem „Rund"-Funk die weitere Bedeutung beigemessen, nämlich als einem „an alle"[96] gerichteten massenkommunikativen Vorgang (der tatsächliche Ursprung des Wortteiles „Rund" ist aus der von Heinrich Hertz entdeckten Radialwirkung der elektrischen Wellen herzuleiten). Aufgrund dieser Abgrenzung vom Korrespondenzfunk durch die Ausstrahlung an die Allgemeinheit, darf als erster, insbesondere auf keinen Abonnentenkreis[97] fixierter, deutscher Rundfunk die Sendung der „Deutschen Stunde"[98] am 29.10.1923 bezeichnet werden.[99]

[90] Vgl. Lerg, Entstehung, S. 19

[91] Vgl. Fischer, Dokumente zur Geschichte des deutschen Rundfunks S. 70

[92] Hervorhebung durch den Verfasser

[93] Vgl Internationales Handbuch sub B 1

[94] Hans Bredow wird allgemein der „Vater des Rundfunks" genannt.

[95] Vgl. Internationales Handbuch sub B 2

[96] Vgl. Hans Bausch in: ARD Jahrbuch 1983, S. 19

Zur Begriffsklärung des Terminus Rundfunk lassen sich für die damalige Zeit nur wenige rechtliche Regelungen oder ähnliche Anhaltspunkte ausmachen. Zwei Quellen seien jedoch erwähnt:

1. Im Gesetz über Fernmeldeanlagen (FAG) vom 14.1.1928 (RGBl. I S. 8), das die Begründung eines staatlichen Funkhoheitsrechtes für die Deutsche Reichspost postulierte, findet sich in § 1 folgende Passage über Telegraphenanlagen, Fernsprechanlagen und Funkanlagen: Diese sind definiert als

> "elektrische Sendeeinrichtungen, sowie elektrische Empfangseinrichtungen, bei denen die Übermittlung oder der Empfang von Nachrichten, Zeichen, Bilder oder Tönen ohne Verbindungsleitungen oder unter Verwendung elektrischer, an einem Leiter entlanggeführter Schwingungen stattfinden kann."

Zu diesem den Drahtfunk miteinbeziehenden Gesetz bemerkt jedoch das Bundesverfassungsgericht nach der Feststellung, es sei „eine gesetzliche Regelung des Rundfunks ... in der Zeit bis 1933 nicht getroffen worden"[100], daß es sich „bei unbefangener Deutung auf die Regelung funktechnischer Fragen"[101] beschränke und insofern keine Hinweise auf die Deutung des Rundfunkbegriffes geben könne.[102]

2. Darüber hinaus ist die am 9.11.1932 in Madrid beschlossene Telecommunication Convention aufschlußreich, in der eine international-einheitliche Definition der Telekommunikation wie folgt beschrieben wurde:

---

[97] Dies sah noch der drahtlos-telephonische Wirtschaftsrundspruchdienst vom 1.9.1922 vor (vgl. Schütte S. 13)

[98] Die Vorbereitungen für dieses Programm hatten schon am 22.5.1922 begonnen (vgl. Internationales Handbuch sub B 2), womit Lerg die Geschichte des Rundfunks „definitiv" beginnen läßt (Lerg, Entstehung S. 115).

[99] Vgl. Doll, Spannweite einer verfassungsmäßigen Änderung S. 2 und Nachweis im Internationalen Handbuch sub B 2 unter „Gründung des deutschen Rundfunks", vgl. auch BVerfGE 12, 205 [208]. Ausführlich in diesem Zusammenhang auch Badura, Verwaltungsmonopol S. 178 ff.

[100] Vgl. BVerfGE 12, 205 [231]

[101] Vgl. BVerfGE a.a.O.

[102] Damit bleibt für die Definition des kulturell-rechtlichen Rundfunkbegriffs die Kontroverse unergiebig, ob Drahtfunksysteme unter den „Funk"-anlagenbegriff des § 1 Abs. 1 Satz 2 FAG falle. So Lerche, Rundfunkmonopol S. 16, und die heute h. M. unter Hinweis auf den Wortlaut — "oder unter Verwendung elektrischer an einem Leiter entlanggeführter Schwingungen" — sowie mit der Überlegung, daß bei dem Motiv, funktechnisch relevante Störungen durch Funkanlagen aller Art zu vermeiden, der Gesetzgeber deren Grenzwert offenlassen dürfe (heutige Erkenntnisse belegen tatsächlich Störungen des Funkverkehrs durch Frequenzüberschattung mit den Kabelanlagen). Anders Demme, Das Kabelfernsehen S. 44 ff., der den Drahtfunk lediglich unter den Oberbegriff „Fernmeldeanlage" i.S.v. § 1 Satz 1 subsumieren will mit dem Argument (a.a.O. S. 48), historisch seien „wesensmäßig drahtlose arbeitende Systeme" gemeint und unter Verweis auf die von der Deutschen Bundespost festgelegten Grenzwerte. Nach diesen liegt nämlich erst bei einer freien Abstrahlung von über 10 KHz. durch eine drahtgebundene Signalübermittlung eine Funkanlage vor.

"Any ... communication of signs, signals, writings, images and sounds of any nature by wire radio (wireless) or other systems of processes of electric or visual (semaphore) signaling."[103]

Demzufolge umfaßt auch sie den leitungsgebundenen Funk.

b) Enge Interpretationen des Rundfunkbegriffs

Daß während der Weimarer Zeit der Drahtfunk keinen terminologischen Eingang in den Rundfunkbegriff gefunden hatte, zeigt eine Äußerung Hans Bredows:

"Der Rundfunk ist keine Erfindung, denn er beruht auf der selbstverständlichen Ausnutzung der Rundwirkung der von Heinrich Hertz 1888 in Karlsruhe entdeckten elektrischen Wellen, mittels derer es möglich ist, von einer Stelle aus ohne Leitungsverbindung gleichlautende Nachrichten und Darbietungen an beliebig viele Aufnahmestellen gleichzeitig zu übermitteln."[104]

Diese enge Auslegung des Rundfunkbegriffs wurde unter Berufung auf die bisherige Technik mit ihrer „Rund"-Wirkung der Wellen bis in die späten 60er Jahre vehement vertreten.[105] Dabei dienten zu ihrer argumentativen Stützung:

1. die Äußerung des Bundesverfassungsgerichtes im ersten Fernsehurteil, daß sich der Rundfunk „zur drahtlosen Übermittlung des Programm elektrischer Wellen, die durch Sender ausgestrahlt werden"[106], bediene,

2. die explizite Nebeneinanderstellung von Fernsehrundfunk und Drahtfunk in § 20 UrhG, sowie

3. etliche internationale Definitionen des Rundfunks, welche lediglich die drahtlose Ausstrahlung miteinbeziehen[107].

---

[103] Zitiert nach George Arthur Codding jr. The International Telecommunication Union S. 140.

[104] Bredow, Vier Jahre deutscher Rundfunk, Berlin 1927, S. 9, Hervorhebung vom Verfasser.

[105] Vgl. die eindrucksvollen, vielfachen Nachweise bei Demme, Das Kabelfernsehen S. 22 ff., sowie Pohle, Der Rundfunk als Instrument der Politik S. 19 (ebenfalls m.w.N. auf S. 15 ff.), obgleich er die Dynamik der technischen Entwicklung ("Erfindung der Lichtbogen-, Maschinen- und Röhrensender", S. 20) registriert hatte und hervorhob.

[106] BVerfGE 12, 205, [226].

[107] Vgl. dazu:

(1) den Internationalen Fernmeldevertrag Atlantic City 1947 i.V.m. dem Zustimmungsgesetz vom 29. Januar 1952 (BGBl. II 341 ff., Art. 48, Anhang 2)

(2) den Internationalen Fernmeldevertrag Buenos Aires 1952 i.V.m. dem Zustimmungsgesetz vom 27. Januar 1955 (BGBl. II 9 ff., Art 49, Anhang 3)

(3) die damalige (die bis heute zwar weitgehend — letztmalig auf der Weltweiten Funkverwaltungskonferenz(WARC) in Genf vom 24. September bis 6. Dezember 1979 — revidiert wurde, jedoch immer noch auf den terrestrischen Funkbereich beschränkt ist)

c) Argumente gegen die enge Auslegung des Begriffes

aa) Der engere internationalrechtliche Terminus wurde gewählt, um die (im Gegensatz zum Kabelfunk) vorhandenen Probleme einer Frequenzverteilung oder des „Sichüberschneidens" von Wellenlängen, welche vor den Grenzen einzelner Länder nicht haltmachen, juristisch zu lösen. Darüber hinaus müssen bei der Transformation zwischenstaatlicher Verträge zwar die getroffenen Vereinbarungen eingehalten werden. Diese Pflicht impliziert hingegen nicht eine Verbindlichkeit, national den im Vertrag gewählten Sprachgebrauch[108] generell, d. h. über seinen Regelungsgehalt hinaus, zu übernehmen.

bb) Des weiteren führt § 20 UrhG den Drahtfunk neben dem Fernsehrundfunk nur zur Klarstellung[109] auf. Als Bundesgesetz könnte er zudem allenfalls indizielle Bedeutung bezüglich der Rundfunkdefinition erlangen. Denn der Verfassungsbegriff Rundfunk wird durch das Grundgesetz bestimmt. Sofern man hierbei auf seine Konkretisierung durch das einfache Gesetz abstellte, könnte ein Gesetz des Bundes allenfalls den fernmelderechtlichen Teil des Rundfunks mitumschreiben.[110]

cc) Schließlich stellt das unter b) Nr. 1 aufgeführte Zitat eine kaum vertretbare Verkürzung der Gedankengänge des Bundesverfassungsgerichtes dar. Wie der nächste Satz zeigt, sollten „*diese*"[111] (drahtlosen) Rundfunk-

---

Vollzugsordnung Funk von 1959 für den Funkdienst unter Nr. 7 i.V.m. Nr. 8, in der der „Funk" als aus Funkwellen bestehend definiert wird, welche sich „ohne künstliche Führung" im freien Raum als elektromagnetische Wellen ausbreiten, abgedr. in den Vollzugsordnungen für den Funkdienst, herausgegeben vom Bundesministerium für das Post- und Fernmeldewesen 1961.
In allen dort beschriebenen Rundfunkdefinitionen als Teilbereich der telecommunication (Fernmeldeverkehr) zählt der Rundfunkdienst zu den drahtlosen Funkdiensten.

[108] Vgl. Lerche, Rundfunkmonopol S. 16

[109] Vgl. v. Ungern-Sternberg in Schricker Urheberrechtskommentar bei § 20, der insoweit nur den drahtlosen Rundfunk von den herkömmlichen Rundfunksendern unterscheidet, sowie Vinck in Fromm/Nordemann Urheberrechtskommentar § 20, der eine Differenzierung — ohne spezifisch auf den Rundfunk abzustellen — nur zwischen Funk und Drahtfunk unternimmt. Beide können Übertragungsmittel des Rundfunks darstellen.

[110] Vgl. die entsprechenden Passagen des Bundesverfassungsgerichtes im ersten Fernsehurteil zur Kompetenz des Bundes im Rundfunkbereich (BVerfGE 12, 205 [225]. Dementsprechend führen die Rundfunkreferenten der Länder in ihren Erläuterungen zu den Beschlußvorschlägen für den Rundfunkbegriff des Schlierseepapiers unter C zu Ziffer I c) aus:

> "In bundesgesetzlichen Regelungen wie in § 1 Abs. 1 Satz 2 des Gesetzes über Fernmeldeanlagen vom 14. Januar 1928 (RGBl. I S. 8), und in Randnr. 417 in Anhang 2 zum Internationalen Fernmeldevertrag vom 12. November 1965 (BGBl. 1968 II S. 931/978) enthaltene Definitionen berühren die Regelung in § 1 Abs. 1 des Staatsvertrages nicht, da es dem Bund schon an der Kompetenz in materiellrechtlicher und organisatorischer Hinsicht für die Veranstaltung von Rundfunksendungen fehlt (vgl. BVerfGE 12, 205 ff.)."

[111] BVerfGE 12, 205 [226], Hervorhebung durch den Verfasser

sender lediglich in der Eigenschaft als Funkanlagen unter das Fernmelderecht im Sinne von Art. 73 Nr. 7 GG subsumiert werden. Das Bundesverfassungsgericht wollte daher mitnichten einen numerus clausus an Rundfunkübertragungsmöglichkeiten begründen. Dies wird anderenorts noch deutlicher, wo das Fernmeldewesen allgemein, d. h. unabhängig von seiner spezifischen Übertragungsart, definiert wird als

> "Übermittlung der sendefertigen Ton- und Bildsignale vom Rundfunkstudio zu einem oder mehreren Sendern (Übermittlung durch Leitungen oder durch Funk); es umfaßt sodann die Ausstrahlung der Sendung und die sich etwa *daran anschließenden technischen Vorgänge* bis zum Empfang der Sendung"[112].

Hinfällig wurden somit die den Drahtfunk aus dem Rundfunkbegriff des Art. 5 Abs. 1 Satz 2 GG ausklammernden Meinungen, welche sich auf historisch-grammatikalische Gesichtspunkte stützten, d. h. allein auf das technische Mittel „Funk" im geschichtlichen Sinne abstellten, auch wenn sie (insofern vermittelnd) dem Drahtfunk die Möglichkeit zubilligten, sich zu einer dem (herkömmlichen) Rundfunk vergleichbaren publizistischen bzw. meinungsbildenden Institution[113] zu entwickeln[114].

Die bisherigen Ausführungen dokumentieren, daß der Rundfunkbegriff verfassungsrechlich hinsichtlich seiner übermittlungstechnischen Voraussetzungen neuen Technologien *offenstehen* sollte. Der Bayerische Verfassungsgerichtshof bemerkt hierzu, daß es keinen „Anhalt dafür (gebe), daß eine derartige Beschränkung auf den ‚klassischen Rundfunk' im Sinne der drahtlosen Übertragung in Wort, Bild und Ton gewollt war."[115]

Den Willen zu einem flexiblen Rundfunkbegriff belegt insbesondere die Entstehungsgeschichte zu Art. 5 Abs. 1 Satz 2 GG, wo in der Diskussion um die Einführung eines Rundfunksystems (neben der Frage öffentlich-rechtliche oder private Ordnung) auch dessen Offenheit im Blick auf zukünftige technische Innovationen befürwortet wurde[116]. Ebenso enthält bereits das

---

[112] BVerfGE 12, 205 [227], Hervorhebung durch den Verfasser

[113] Vgl. zu diesem Begriff auch BVerfGE 12, 205 [262]

[114] Vgl. z.B. Krause, UFITA Band 30 S. 267 Fn. 46, der die theoretische Chance der Entwicklung des Drahtfunks zu einer „selbständigen publizistischen Institution" sieht, faktisch diesem aber nur die Stellung eines „Nebenbetriebes" bescheinigt.

[115] BayVerfGHE 30, 78 [92]; vgl. auch Groß Media Perspektiven 11 1983 S. 790 ("kein statischer Begriff"); Fuhr/Krone FuR 10/1983 S. 517 ("dynamische Umschreibung des Rundfunks"); siehe dazu auch die Parallele im Telegraphenwegegesetz mit dem für die Einbeziehung von Breitbandkabeln ebenso entwicklungsoffenen Begriff der „Fernmeldeanlage", vgl. dazu BVerwG NJW 1987 S. 2097 f. m.w.N. zur h. M.).

[116] Vgl. z. B. die Äußerung des Abgeordneten Dr. Eberhard in der 32. Sitzung des Grundsatzausschusses des Parlamentarischen Rates (am 11. Januar 1949): „Ich meine, wir sollten darauf verzichten, im Grundgesetz die Gesetze der nächsten zehn Jahre im voraus zu bestimmen. Die technische Entwicklung kann es vielleicht bald ermöglichen, daß beinahe jeder seine eigene Wellenlänge hat." (ausführlich zitiert bei Tettinger, Neue

erste Fernsehurteil des Bundesverfassungsgerichts Gedanken über die Berücksichtigung technischer Veränderungen. Wenn den fernmeldetechnischen Einrichtungen nämlich nur noch „untergeordnete, dienende Funktionen“[117] zugewiesen werden und zugleich die Zulässigkeit des Rundfunkmonopols der öffentlich-rechtlichen Anstalten in Bezug auf den nicht-finanziellen Aspekt der Sondersituation“[118] nur „unter den *gegenwärtigen* technischen Gegebenheiten“[119] bejaht wird, so wird deutlich, daß das Gericht eine Fortentwicklung des gesamten Rundfunksystems durch das Miteinbeziehen technischer Neuerungen für denkbar hielt. Keineswegs sollten diese aus dem Rundfunkbegriff eliminiert werden.

Ist daher nicht nur in den fernmelderechtlichen Rundfunkterminus, sondern auch in die kulturellrechtliche Rund-“Funk“-Definition der „Funk“ über den Draht, zu integrieren, so kann an der Schnittstelle von Bundes- (Art. 73 Nr. 7) und Landeskompetenz (Art. 70 Abs. 1, Art. 30 GG) mit einem einheitlichen Rundfunkbegriff gearbeitet werden. Für die kompetenzrechtliche Abgrenzung gilt es weiterhin, auf den jeweilig materiell betroffenen Aspekt des Rundfunks abzustellen.

3. Folgerungen

Viele Probleme bei der Erschließung des Rundfunkbegriffs sind m.E. auf die eher kontrastierenden Definitionsbemühungen von Bund und Ländern zurückzuführen, welche aus der Teilung dieses Phänomens[120] in die Erstellung eines sendefertigen Signals (Landeskompetenz)[121] und in dessen Sendung bis zum Empfang (Bundeskompetenz) resultieren. Zwar mag das Verfassungsrecht oftmals auf die Konkretisierung durch das einfache Gesetzesrecht angewiesen sein, weil etwa die dreizehn Worte des Art. 5 Abs. 1 Satz 2 GG nur vage Anhaltspunkte bieten. Dies umso mehr, wenn wie hier

---

Medien S. 16 ff. (18)); vgl. zur Entstehungsgeschichte der Kompetenzverteilung des Grundgesetzes eingehend Redeker, Neue Informations- und Kommunikationstechnologien S. 98 ff. m.w.N.

[117] Vgl. BVerfGE 12, 205 [227]

[118] Vgl. BVerfGE a.a.O., S. 261.

[119] Vgl. BVerfGE a.a.O. S. 262, Hervorhebung durch den Verfasser

[120] Gemeint ist Phänomen im ursprünglichen Wortsinn als ein sinnlich erfaßbarer Vorgang.

[121] Tendenzen, die auf eine Ausgrenzung der Herstellung von Rundfunksendungen aus dem Fernmeldebereich trotz des weitreichenden Geltungsbereiches des FAG zielten, lassen sich schon früh belegen und finden ihren Niederschlag in der Rundfunkreform von 1932, nach der für inhaltliche Fragen nicht mehr die Post, sondern das Innenministerium und die Länder zuständig waren. Die Trennung von Produktion und Übermittlung wurde auch in der Zeit von 1933-1945 beibehalten; vgl. zum Ganzen Redeker, Neue Informations- und Kommunikationstechnologien S. 95 ff. m.w.N.

neue Techniken zu beurteilen sind.[122] Auch ist einsichtig, daß der Rundfunkbegriff in den Einzelgesetzen durchaus verschiedene Funktionen haben kann, also mit dem Verfassungsbegriff „keineswegs deckungsgleich“[123] sein muß. Jedoch darf „Rundfunk“ als Verfassungsrechtsbegriff, ohne ihm als einer Art „Zauberformel“[124] übertriebene Bedeutung beizumessen, ebensowenig wie die grundgesetzlichen Termini „Religion“, „Beruf“, „Persönlichkeit“ etc. landesrechtlich beliebig interpretiert und gehandhabt oder im Verhältnis Bund-Länder ambivalent aufgefaßt werden.

Es mag richtig sein, wenn man dem Rundfunkbegriff auf Verfassungsebene einerseits die Bedeutung als Abrenzungskriterium insbesondere gegenüber neuen Massenmedien abspricht, diese also im Wege teleologischer Extension oder Analogie unter Art. 5 Abs. 1 Satz 2 GG subsumiert. Andererseits muß dann jedoch begründet werden, warum die verschiedenen Rundfunkformen unterschiedlichen Strukturbedingungen unterworfen werden sollen[125], warum die Weiterverbreitung als bloße „Randphase der Massenkommunikation“ eines geringeren Schutzes[126] bedürfen soll. Wann und inwieweit den Gesetzgeber die Ausgestaltungspflicht trifft, vermag nur in der Auseinandersetzung mit der Funktionsweise des Rundfunks und ihren potentiellen Gefahren und Gefährdungen ergründet zu werden. Sofern mit der Einspeisung in Kabelanlagen „Rundfunk“ betrieben wird, muß eine Gleichbehandlung mit dem herkömmlichen Rundfunk stattfinden, wenn „Rundfunk“-freiheit verwirklicht werden soll. Es macht dabei einen Unterschied, ob man bereits auf dem Wege der Auslegung (dann völlige Gleichbehandlung) oder erst mit Hilfe teleologischer Extension oder Analogie (dann Gleichbehandlung nur, wo die Sachverhalte identisch sind) zur Einbeziehung der Einspeisungsvorgänge in den Rundfunkbegriff gelangt. Der Verfassungsrechtsbegriff „Rundfunk“ ist daher zwar inhaltlich offen, für die jeweils anzulegenden Grundrechtsmaßstäbe ist jedoch die Abgrenzung des herkömmlichen Rundfunks von anderen Rundfunkformen unerläßlich. Diese für die Verbreitungsvorgänge entscheidende Abgrenzung vermag aber nur über die intensive Durchdringung des ursprünglichen Rundfunkbegriffsinhaltes zu gelingen.

Scharf zu trennen von der definitorischen Frage (Verbreitung — Rundfunk im ursprünglichen Sinne?) ist die Problematik der Ausformung des jeweiligen Rundfunk-*Systems*, insbesondere der Einspeisungsregelungen. Lediglich hierfür hat das Bundesverfassungsgericht[127] einen gewissen Spielraum

[122] Vgl. zu diesen Auslegungsproblemen bereits Lerche Bay. VBl. 1976 S. 531; vgl. auch Bethge DVBl. 1986 S. 866, der wegen der mit dem technologischen Wandels verbundenen Umbruchsituation für die Offenheit des Rundfunkbegriffes plädiert.

[123] Jarass Gutachten zum 56. DJT G 17

[124] Jarass Gutachten zum 56. DJT G 11

[125] Jarass a.a.O. G 15

[126] Jarass a.a.O. G 14 und G 17 Fn. 33

anerkannt. Dagegen kann die Frage, ob sich „aus den Landesgesetzen ein relevanter Anhalt dafür ergibt, das Kabelfernsehen aus dem kulturellrechtlichen Funkbegriff auszunehmen“[128], zur Begriffsfindung keinen entscheidenden Beitrag leisten. Sie ist aber vor dem Hintergrund zu verstehen und zu billigen, daß jedes für die verfassungsrechtliche Interpretation behilfliche Indiz (also auch solche aus den Landesgesetzen) pro oder contra eines Einbezuges des Kabelfernsehens willkommen ist.[129]

4. Ergebnis

Zum Abschluß des historischen Exkurses sollen die wesentlichen rundfunkterminologischen Erkenntnisse zusammengefaßt werden, welche in der folgenden Betrachtung der Weiterverbreitung eine Rolle spielen:

1. „Rundfunk“ ist kein ursprünglicher, in der Rechtsordnung fundamentierter Begriff und wurde ebensowenig durch diese hervorgebracht. Er stellt vielmehr eine Erscheinungsform der Kommunikation dar, der das Recht zunächst unter fernmelderechtlichen Sachzwängen einen Rahmen und später — nach dessen Perversion zum Manipulationsinstrument von 1933 bis 1945 — eine Funktion im demokratischen Rechtsstaat des Grundgesetzes zuweisen mußte.[130] Ist daher die Entstehungsgeschichte für den Begriff prägend, so ist zugleich der entwicklungstechnische Fortschritt[131] Ursache für seinen schnellen Bedeutungswandel.

2. Für das Bundesverfassungsgericht und die heute h. L. stehen Art und Weise der technischen Übermittlung nicht mehr im Mittelpunkt[132] der Diskussion[133]. Jede elektronische Übertragungsmethode über Frequen-

[127] Vgl. BVerfGE 57, 295 [325]; BVerfGE 73, 118 [153]

[128] Vgl. Lerche, Rundfunkmonopol S. 18.

[129] So prüft Lerche, nachdem er keine abweichenden Beschreibungen in den Landesgesetzen gefunden hatte, den „Einklang mit Art. 5 GG“, den er mit dem Hinweis auf den „elastischen“ Rundfunkbegriff des Bundesverfassungsgerichts bejaht, Lerche a.a.O., S. 21.

[130] Vgl. Hermann, Geschichte des Rundfunks S. 21.

[131] Vgl. dazu auch „Würzburger Papier“, in Ring sub F I 1.6 B: „Die Dienste des Rundfunks unterliegen also während ihres relativ kurzen Bestehens einer durch den technischen Fortschritt und die damit verbundenen zusätzlichen Möglichkeiten verursachten heftigen, sich ständig ausweitenden Entwicklung.“

[132] Vgl. auch BayVerfGHE 30, 78 [92]: „Rundfunk vermittelt und bildet zugleich öffentliche Meinung (VBerfGE 12, 205/260). Die Art der Verbreitungstechnik tritt demgegenüber zurück.“

[133] Eine Ausnahme bildet dabei die Diskussion um die Abgrenzung von Rundfunk und Presse, wo allgemein (vgl. Tettinger, Neue Medien S. 26, Schmitt Glaeser, Kabelkommunikation, S. 184, Scherer Telekommunikationspolitik, S. 601) die Übertragungstechnik als Abgrenzungsmerkmal — hier Print-Medium, dort unverkörperte, flüchtige Darbietung — dient.

zen[134] liegt daher innerhalb des *begriffsinhaltlichen* Spektrums des Rundfunks, sofern nur seine übrigen essentiellen Merkmale gegeben sind.

3. Für die Herleitung einer Definition des Rundfunks muß zuallererst das grundgesetzliche Verständnis von der Rundfunkfreiheit untersucht werden.[135] Unterschiedliche Rundfunkformen können, sofern sie sich im Meinungsbildungsprozeß verschieden auswirken, gesetzlich differenziert ausgestaltet werden. Soweit sie aber denselben Einfluß wie der herkömmliche Rundfunk besitzen, bedarf es einer legislatorischen Gleichbehandlung hinsichtlich der anzulegenden Maßstäbe. Hierzu ist eine Auseinandersetzung mit der Definition des herkömmlichen Rundfunks unerläßlich. Dabei können bundes- oder ländergesetzliche bzw. -staatliche Regelungen allenfalls indiziell zu einer Klärung beitragen.[136] Ganz explizit findet sich diese Prämisse in der Begründung des rheinland-pfälzischen Landesmediengesetzes:

> "Der Begriff des Rundfunks wird nicht definiert, weil er vom Grundgesetz vorgegeben und im Staatsvertrag der Länder über die Regelung des Rundfunkgebührenwesens fortentwickelt worden ist."[137]

Die Behauptung, „welche Bedeutung das Wort „Rundfunk" in den einschlägigen Rechtsnormen hat, ist jeweils anhand der betreffenden Rechtsquellen zu erörtern"[138], muß daher dahingehend ausgelegt werden, daß in den einzelnen Gesetzen nach dem jeweilig betroffenen Teilaspekt des Rundfunks zu suchen ist. Jedoch hat dieses Vorantasten bei der Begriffsbestimmung sich immer am Sinn und Zweck des Art. 5 GG zu orientieren.

III. Die indiziellen und judikativen Quellen für eine aktuelle Rundfunkdefinition

Die folgenden Passagen geben einen Überblick über die positivierten, informellen und judikativen Quellen für den Rundfunkbegriff[139] in Gesetzes-

[134] Daher verwehrt sich Bullinger in NJW 1984 S. 385 zur Kennzeichnung von den Kommunikationsmitteln Breitbandkabel und Satellit gegen den Begriff „neue Medien" im funktionellen Sinn, da sie sich in „Art und Struktur" nicht von terrestrischen Sendern oder Schmalbandnetzen unterscheiden. Sowohl auf den alten wie auf den neuen Wegen können herkömmliche Rundfunkprogramme u.a. Informationen transport werden. Er wendet diesen Terminus allenfalls in einem weiten Sinn an.

[135] Siehe auch Stock, Medienfreiheit, S. 481: „Der Rundfunkbegriff soll der Rundfunkverfassung den Weg bereiten, also ist er von dort aus zu explizieren."

[136] Das „Schlierseepapier" spricht davon, daß die Länder dazu berufen sind, den „verfassungsmäßig *vorgegebenen* Rundfunkbegriff *im einzelnen* zu definieren". (Hervorhebungen vom Verf.), abgedr. in Ring F I 1.5 sub C zu Ziffer I. „Die Länder [können] den Rundfunkbegriff des Grundgesetzes nicht ändern", vgl. „Würzburger Papier" in Ring sub F I 1.6 sub C I.

[137] Begründung des LMG Rh.-Pf. LT Ds. 10/1861, S. 25.

[138] Vgl. Herrmann a.a.O., S. 21.

bestimmungen, Verträgen, Erklärungen der Ministerpräsidenten, sowie Urteilen des Bayerischen Verfassungsgerichtshofes und des Bundesverfassungsgerichtes. Der Abschnitt enthält in seiner Überschrift das Wort „indiziell", um den begrenzten Einfluß der länderrechtlichen Regelungen und landesgerichtlichen Urteile auf die grundgesetzliche Auslegung des Rundfunkbegriffs hervorzuheben.[140]

1. Die Begriffsbestimmungen der Länder

a) Das „Schliersee Papier"

In den Erläuterungen zu den Beschlußvorschlägen der Rundfunkreferenten der Länder zum Schliersee Papier, welche am 29. Juni 1975 von den Chefs der Staats- und Senatskanzleien zustimmend zur Kenntnis genommen wurden, heißt es[141]:

> " § 1 Abs. 1 des Staatsvertrages enthält somit eine allgemein gültige rechtliche Definition des Rundfunkbegriffs. ... für die Praxis dürfte es genügen, mit Hilfe der in § 1 Abs. 1 des Staatsvertrages enthaltenen Kriterien der „Verbreitung", „Allgemeinheit", und „Darbietung" zu einer Abgrenzung des Rundfunkbegriffs bei der Beurteilung der Einzelfälle zu gelangen."

Zur Auslegung obiger Wesensmerkmale wird (sinngemäß) ausgeführt[142]:

(1) „Allgemeinheit" meint einen unbestimmten Personenkreis ohne gegenseitige Beziehung untereinander oder zum Veranstalter.[143]

(2) „Verbreitung" bedeutet das unmittelbare (optisch-akustische) Empfangbarmachen der Darbietung außerhalb einer überblickbaren räumlichen Einheit ohne vorherigen konkret-individuellen Abruf.

(3) „Darbietung" ist die nicht-singuläre Wiedergabe einer für die öffentliche Meinungsbildung relevanten Veranstaltung.

---

[139] Insbesondere sind im Zusammenhang mit der Weiterverbreitung die Merkmale „Verbreitung" und „Veranstaltung" ausschlaggebend.

[140] Vgl. dazu auch H.H.Klein, Rundfunkfreiheit S. 23: Die Definition des Rundfunkgebührenstaatsvertrages sei nicht ohne weiteres eine „authentische Interpretation des Verfassungsbegriffes Rundfunks."

[141] Abgedr. in Ring sub F I 1.5 C zu Ziffer 1

[142] Abgedr. in Ring sub F I 1.5 B II 1 a-c

[143] Nicht eingegangen werden soll hier auf das Problem, wann mit der Programmzusammenstellung in Gemeinschaftsantennenanlagen eine „Allgemeinheit" angesprochen wird, so daß deren Betreiber selbst wiederum als Veranstalter die für die Veranstaltung geltenden Normen zu beachten haben. Vgl. hierzu Ricker in AfP 1985 S. 195, sowie Art. 35 Abs. 1 Satz 4 Bay.MEG, § 43 Abs. 6 Satz 1 LMG Hmbg., § 41 Abs. 4 LRG NW.; § 52 a Abs. 1 i.V.m. § 1 a Nr. 8 LRG Saarl. mit erheblichen abweichenden Obergrenzen für die Teilnehmerzahl (ab 29 bis 100) im einzelnen.

Zunächst ist anzumerken, daß die länderstaatsvertragliche Regelung allenfalls einen Versuch einer allgemeingültigen Rundfunkdefinition zum Inhalt haben kann, also lediglich indizielle Bedeutung erlangen kann. Ihr Zweck und Vorteil liegt darin, ein homogenes Begriffsbild in den Bundesländern herbeizuführen. Maßstab für den Rundfunkbegriff bleibt jedoch allein die Verfassung. In den Regelungen der Länder ist vielmehr nach Teilaspekten des Rundfunks zu suchen und daraufhin ihre Vereinbarkeit mit der Verfassung zu analysieren (siehe soeben B II a.E.).

Darüber hinaus weisen bereits diese Erläuterungen unter dem Gesichtspunkt der Übertragung terminologische Überschneidungen auf. So soll die Verbreitung das „Empfangbarmachen" einer Darbietung ausdrücken. Die Darbietung selbst wiederum enthält die „Wiedergabe" der Veranstaltung als unerläßliche, da sinngebende Voraussetzung. Es ist nicht zu verkennen, daß die Rundfunkreferenten mit dem rundfunkbegrifflichen Aspekt der Darbietung vornehmlich eine Aussonderung der für die öffentliche Meinungsbildung irrelevanten Vorgänge — wie Polizeidurchsagen, Hörsaalübertragungen, Hintergrundmusik in Supermärkten o. ä. — bezweckten. Unter Wiedergabe kann jedoch nur die Reproduktion, respektive das Ausstrahlen einer Sendung über die jeweilige Frequenz verstanden werden. Da die Wiedergabe letztlich immer zu einem möglichen[144] Empfang führt, ist ein Unterschied zum Empfangbarmachen, d.h. zum Verbreitungsbegriff rechtlich und tatsächlich kaum feststellbar. Allenfalls aus systematischer Perspektive lassen sich die Begriffe insoweit kontrastieren, als die Verbreitung eher die Signalaufnahme beim Rezipienten, die Darbietung hingegen die Fertigstellung und Abgabe der Signale betont. Erstere stellt daher auf den technischen Vorgang, letztere auf den aktiv-inhaltlichen ab. M. E. liegt bereits in der Einbeziehung zweier partiell, d. h. bezüglich des Kommunikationstransports nicht abgrenzbarer Definitionsbestandteile, und in der Tatsache, daß die Veranstaltung, obwohl Definitionsinhalt des Rundfunkgebührenstaatsvertrages, keine nähere Erläuterung fand, mitunter ein Grund für die späteren Einordnungsprobleme bei der Weiterverbreitung.

b) Das „Würzburger Papier"

Für die Rundfunkdefinition aufschlußreiche Anhaltspunkte liefert auch das „WürzburgerPapier"[145] der Rundfunkreferenten vom 25.Mai1979. Eine begriffliche Revision war wegen der Frage nach der rechtlichen Einordnung

[144] Ob die potentiellen Empfänger tatsächlich erreicht werden können (Stichwort: Verkabelung), ist eine Frage der technischen Infrastruktur, welche fernmelderechtlich zu beurteilen ist und auf den kulturell-rechtlichen Rundfunkbegriff keinen Einfluß hat.

[145] Abgedr. in Ring sub F I 2.1

der neuen Dienste wie Video-, Kabel-, Bildschirmtext erforderlich geworden. In dem Papier wird der denkbare Vorwurf, „der Rundfunkbegriff wäre von den Ländern willkürlich gebildet worden", energisch zurückgewiesen[146]. Es sei davon auszugehen, daß für einen medienrechtlichen Einbezug der neuen Teleschriftformen „der bisher umschriebene Rundfunkbegriff nicht geändert werden kann"[147]. Zugleich wird festgestellt, daß das Schliersee-Papier nur „eine Anwendung des Begriffs ‚Rundfunk' auf *einzelne* Sachverhalte"[148] sei.

Diese Aussagen sind für die Thematik der Weiterverbreitung insofern von Interesse, weil sich die Frage aufdrängt, warum nicht auch bei der Weiterverbreitung die Möglichkeit einer unmittelbaren „Anwendung" des Begriffs ins Auge gefaßt wurde und lediglich ein diffuser Relevanzhinweis genügen sollte.

c) Der Bericht über die Verbreitung von Rundfunkprogrammen in Kabelanlagen und seine Ergänzung

Ausführliches Material zum Verständnis der Länder hinsichtlich der Rundfunkdefinition enthalten der „Bericht über die Verbreitung von Rundfunkprogrammen (Hörfunk und Fernsehen) in Kabelanlagen"[149] in der Fassung vom 4. Februar 1983 und seine „Ergänzung"[150] in der Fassung vom 14. September 1983. Beide wurden von den Ministerpräsidenten am 4. Februar bzw. am 20. Oktober 1983 zur Kenntnis genommen.

aa) Im Bericht vom 4. Februar 1983 wird zunächst, von der *Übernahme*[151] von herangeführten Programmen gesprochen. Die zeitgleiche inhaltlich unveränderte, vollständige Übernahme der in der Luft vorhandenen Rundfunkprogramme wird als eine „rundfunkrechtlich nicht . . neue Rundfunk*veranstaltung*"[152] bezeichnet. Auch der Begriff der *Verbreitung*[153] taucht im Zusammenhang mit den Dritten Fernsehprogrammen, deren Verbreitung „schon gegenwärtig rundfunkrechtlich möglich"[154] sein soll, auf. Da diese nicht als in der Luft vorhandene Programme zu qualifizieren[155] und

[146] Vgl. „Würzburger Papier" unter C I, abgedr. in Ring sub F I 1.6

[147] Vgl. „Würzburger Papier" a.a.O.

[148] Vgl. „Würzburger Papier" a.a.O., Hervorhebung vom Verf.

[149] Abgedr. bei Ring sub F III 1.5

[150] Abgedr. bei Ring sub.F III 1.6

[151] Vgl. Ring F III 1.5 S. 1

[152] Ring a.a.O., Hervorhebung vom Verfasser

[153] Ring a.a.O. S. 2

[154] Ring a.a.O.

[155] So kann Bayern 3 z. B. nicht in Schleswig-Holstein über den Äther empfangen werden.

somit technisch heranzuführen sind, vermag man sowohl von einer Übernahme, als auch von einer Verbreitung herangeführter Programme sprechen. Um eine terminologische Häufung zu vermeiden, wird im folgenden der Begriff der Übernahme zugunsten seines Synonyms „Verbreitung“ aufgegeben.

Die beiden hier maßgeblichen Begriffe des § 1 des Rundfunkgebührenstaatsvertrages — „Veranstaltung“ und „Verbreitung“ — finden sich zugleich im Kontext mit den in der Luft befindlichen Programmen (der Wortlaut spricht bezüglich der Verbreitung hier von „Übernahme“, was jedoch unschädlich ist, siehe soeben). Dagegen ist im Hinblick auf die herangeführten Programme nur von Verbreitung die Rede, weil es für sie noch zu klären galt, ob deren zeitgleiche, unveränderte Einspeisung eine *neue* Rundfunk*veranstaltung* sei und somit einem ihr vergleichbaren Kontrollumfang unterliege.

bb) Diese Klärung sollte im *Ergänzungsbericht* folgen. Ihm kann jedoch nur — wie eingangs erwähnt — die diffuse[156] Definition entnommen werden, die Einspeisung herangeführter Programme sei ein rundfunkrechtlich relevanter Vorgang. Der Bericht läßt somit eine konkrete Antwort auf die eigentlich zu lösende und definitorisch weiterführende Frage, ob die Weiterverbreitung eine neue Rundfunkveranstaltung darstellt, vermissen. Lediglich aus der Behauptung, herangeführte Programme unterlägen einem nur verminderten Kontrollniveau, kann geschlossen werden, daß dies nicht der Fall sein sollte. Rechtlich blieb aber weiterhin unklar, ob die Weiterverbreitung nicht doch eine — wenn auch alte — Rundfunk*veranstaltung* sei. Darüber hinaus sucht man vergeblich nach definitorischen Anhaltspunkten für den Begriff der „Verbreitung“. Dieser findet außer in der Überschrift nur noch im Zusammenhang mit der Umgehung inländischer Vorschriften durch eine aus dem Ausland betriebene Einstrahlung von deutschsprachigen, für die Bundesrepublik konzipierten Programmen Erwähnung. Der Leser dieses wenngleich nicht normativen, aber faktisch die Landeslegislative vorwegnehmenden Berichtes vermag sich kaum des Eindrucks erwehren, daß juristisch nur insoweit eine Auseinandersetzung mit der bisherigen Rundfunkdefinition stattfand, als es zur Landeskompetenzbegründung unerläßlich erschien. Die dogmatisch oberflächliche Berufung auf eine wie immer geartete Relevanz für den Rundfunk sollte dafür ausreichen. Der Verzicht auf eine präzise Eingliederung der Weiterverbreitung in das Begriffsgerüst des Rundfunks vermochte zugleich, die Antwort auf die Frage nach dem länderpolitisch umstrittenen Kontrollumfang hinauszuschieben.

---

[156] Die Folgen dieser Undurchsichtigkeit werden anhand der nach dieser Definition vorgenommenen Regelungen der Landesmediengesetze sogleich dokumentiert.

d) Rundfunkdefinitionen in den Landesgesetzen

Indizielle Bedeutung und (teilweise) größere Aktualität besitzen die Rundfunkdefinitionen der Gesetze über die öffentlich-rechtlichen Rundfunkanstalten, sowie vor allem der neuen Landesmediengesetze. Anhand von letzteren soll das Scheitern des von der Ministerpräsidentenkonferenz unternommenen Versuchs einer einheitlichen Begriffsklärung belegt werden.

aa) Die Rundfunkdefinitionen *in den Gesetzen über die Landesrundfunkanstalten* divergieren grammatikalisch vornehmlich in der Miteinbeziehung der Termini Veranstaltung *und/oder* Verbreitung:

α) Veranstaltung und Verbreitung von Hörfunk- und Fernsehprogrammen als Aufgabe der Landesrundfunkanstalten bezeichnen:

— Art. 2 BayRuFuG (GVBl. 1973, S. 563; Art. 2 geändert durch Art. 37 Nr. 1 MEG (GVBl. 1984, S. 445)
— § 1 Abs. 2 des Gesetzes über die Errichtung und die Aufgaben einer Anstalt des öffentlichen Rechts - Radio Bremen (Brem. GBl. 1979 S. 245)
— § 1 des Gesetzes Nr. 1096 Rundfunkgesetz über den Süddeutschen Rundfunk, wobei anstelle des Terminus Verbreitung das Wort „Übermittlung" gesetzt wird (Reg. Bl. 191 S. 1) und
— § 3 des Gesetzes über den „Westdeutschen Rundfunk Köln" (GV. NW. 1985, S. 237)

β) Nur die Verbreitung von Rundfunk beziehen hingegen ein:

— § 2 des Gesetzes über den Hessischen Rundfunk (GVBl. 1948 S. 148)
— § 3 Abs. 3 des Staatsvertrages über den Südwestfunk (Bad. GVBl. 1952, S. 40)

γ) Die Veranstaltung von Rundfunksendungen bzw. -darbietungen als einzig wesentliches Merkmal findet Erwähnung in:

— § 1 des Staatsvertrages über den Norddeutschen Rundfunk (Nds. GVBL. 1980, S. 481)
— § 2 S. 1 der Satzung des Sender Freies Berlin (GVBL. 1975 S. 146)

δ) Wiederum anders differenziert das Rundfunkgesetz für das Saarland (Amtsbl. 1984, S. 1249), welches erstmalig die Regelungen für öffentlich-rechtlichen und privaten Rundfunk vereint. Sein § 1 unterscheidet zwischen „Veranstaltung von Rundfunk" und „Weiterverbreitung vorhandener Rundfunkprogramme in Kabelanlagen" und weist dem Saarländischen Rundfunk in § 11 Abs. 2 die „Gestaltung und Verbreitung von Programmen des Hörfunks und des Fernsehens" zu.

Die gleiche Differenzierung zwischen der Veranstaltung und der Weiterverbreitung von Rundfunkprogrammen findet sich in § 1 Landesmediengesetz Hamburg (GBBl. 1985, S. 315).

bb) Die Umschreibungen des Rundfunkbegriffs in den nach 1984 erlassenen *Landesmediengesetzen* ergeben ebenfalls kein einheitliches Bild. Dies darf mit einem Blick auf den soeben geschilderten, unzulänglichen Versuch einer Klassifizierung der (Weiter-)"Verbreitung" im Ergänzungsbericht vom 14. September 1983 nicht verwundern:

α) Die *Veranstaltung und Verbreitung* als Rundfunk in ihren Geltungsbereich beziehen mit ein:

— § 1 Abs.2 LMedienG Baden-Württemberg (BW GBl. 1985 S. 539), das zudem in § 6 Nr. 1 und Nr. 2, zwischen der erstmaligen Verbreitung und der unveränderten und zeitgleichen Weiterverbreitung (vgl. dazu auch § 7 Abs. 2), zur Verbesserung und Erweiterung der Empfangsmöglichkeiten unterscheidet. Die Weiterverbreitung umfaßt dabei die drahtlosen landesrechtlichen, die ortsüblich empfangbaren, sowie die herangeführten Programme (vgl. § 7 Abs. 2 Nr. 1-3).
— § 1 Abs. 1 Nr. 1 Landesrundfunkgesetz Nordrhein-Westfalen (GV. NW. 1987, S. 22), welches aber zusätzlich (!) in § 1 Abs. 1 Nr. 3 die „Weiterverbreitung von herangeführten Rundfunkprogrammen in Kabelanlagen"[157] erwähnt.
— § 2 Abs. 1 Nr. 1 Hessisches Privatrundfunkgesetz (GVBl. II 74-13), das jedoch ebenfalls zwischen der Veranstaltung von Rundfunk und der Weiterverbreitung von herangeführten Rundfunkprogrammen unterscheidet (vgl. §§ 1 Abs. 1 i.V.m. 32 Abs. 3).
— § 2 Abs. 1 Bremisches Landesmediengesetz (GBl. Nr. 6 1989 S. 77). In § 2 Abs. 10 wird die leitungsgebundene Verbreitung durch Kabelanlagen als eine Verbreitungsart definiert. In Abschnitt X taucht dann unvermittelt der Begriff der Weiterverbreitung auf, welcher alle Programmtypen umfaßt unabhängig von ihrer Empfangbarkeit (vgl. § 34).

β) Eine Differenzierung zwischen der Veranstaltung von Rundfunk und bloßer „Verbreitung" von Programmen unternehmen:

— § 1 Abs. 1 S. 1 Landesrundfunkgesetz Niedersachsen (Nds. GVBl. 1987 S. 44), wobei hier der Terminus Verbreitung summarisch für alle einspeisbaren Programme verwandt wird. Ein Unterscheidung zwischen den gesetzlich bestimmten bzw. erlaubten, ortsüblichen und herangeführten wird durch zusätzliche Erläuterungen erreicht (vgl. §§ 44 Abs. 1, 46 Abs. 1 i.V.m. Abs. 2).
— § 1 Abs. 1 S. 1 Landesrundfunkgesetz Rheinland-Pfalz (Rh.-Pf. GVBl. 1986, S. 159), welcher sogar ausdrücklich nur die „Veranstaltung von Fernsehen und Rundfunk" als Rundfunk (in Klammern) bezeichnet.
— § 1 Abs. 1 Nr. 1 Landesrundfunkgesetz Schleswig-Holstein (GVOBl. Schl. H. 1984 S. 214), der nur die Veranstaltung von Hörfunk und Fernsehen als Rundfunk definiert und zusätzlich davon die Weiterverbreitung unter-

[157] Unterstreichung und Hervorhebung vom Verf.

scheidet. Rundfunkveranstalter hingegen soll sein, wer „Hörfunk-und Fernsehprogramme in eigener Verantwortung gestaltet *und verbreitet*", jedoch nicht derjenige, wer „inländische oder ausländische Rundfunkprogramme unverändert, vollständig und zeitgleich *weiterverbreitet*" (§ 3 Abs. 1 und 2, Hervorhebung vom Verfasser). Die Weiterverbreitung betrifft *alle* drei Programmkategorien (also die gesetzlich bestimmten bzw. erlaubten, die ortsüblich empfangbaren und die herangeführten Programme, vgl. §§ 25, 26, 28).

— § 1 Abs. 1 Nr. 1 hamburgisches Landesmediengesetz, das jedoch nicht von Verbreitung, sondern in § 1 Abs. 1 Nr. 4 nur von „Weiterverbreitung" spricht (Hmbg. GBBl. 1985 I S. 315), welche ebenfalls alle Programmarten betrifft.

γ) *Teilweise unklar* formuliert ist Art. 1 Abs. 1 Bayerisches Medienerprobungs- und -entwicklungsgesetz, der lediglich die *Veranstaltung* von Hörfunk und Fernsehen als Rundfunk bezeichnet und definiert[158]. Den gesetzlichen Anwendungsbereich des MEG dehnt der Gesetzgeber auf die im 5. Abschnitt geregelten Dienste aus, ohne jedoch damit die Weiterverbreitung (des 6. Abschnitts) miteinzubeziehen. Für deren rundfunkrechtliche Zuordnung gibt es daher keine grammatikalische Stütze. Deutlich wird nur der Regelungsumfang der Weiterverbreitung, welche ortsübliche und herangeführte Programme miteinschließt. Bemerkenswert ist ferner, daß der Begriff Weiterverbreitung auch im Zusammenhang mit zeitversetzten oder unvollständigen Programmen Anwendung findet (vgl. Art. 35 Abs. 3).

δ) Für eine umfassende Rundfunkdefinition *unergiebig* ist das Berliner Kabelpilotprojektgesetz. Diese enthält im Gesetzestext, obwohl es mit der Änderung vom 27. März 1986 (GVBL. 1986 S. 526) nunmehr den drahtlosen Rundfunk mitumfaßt (§ 60 Abs. 3 spricht insofern von „Veranstaltung"), keine unmittelbaren für die Begriffsfindung erheblichen Hinweise. Anstelle einer Rundfunkdefinition werden alle Erscheinungsformen der Breitbandkommunikation — das „Gesamtangebot" — eigenwillig nach Übertragungsformen und Stufungen (§§ 2 Abs. 2, 8) unterschieden. Alle unentgeltlichen Rundfunkprogramme der Stufen 1 (ortsübliche) und 2 (nur im Kabel empfangbare, also zugelassene und herangeführte Programme) werden demnach als „einfache Verteildienste" bezeichnet und übermittelt (§ 9 Abs. 4). Anstelle von Veranstaltern finden sich in der Nomenklatur von „Anbieter" (§ 2 Abs. 4 Satz 2), statt (Weiter-) Verbreitung wird lediglich das Wort „Einspeisung" benutzt (§ 58).

Bleibt somit die gesetzliche Rundfunkterminologie vieldeutig und beliebig, so geht auch der Versuch fehl, in den Begründungen zu den einzelnen Gesetzen klärende oder gar zu einer Harmonisierung führende Aufschlüsse zu gewinnen.

---

[158] Vgl. die Begründung zum MEG zu Art. 1, abgedr. in Ring sub F VI 2.2 B 1.

e) Hinweise in den Begründungen zu den Landesmediengesetzen

aa) Die Einzelbegründung des hamburgischen Landesmediengesetzes legt zunächst „ohne eigenständige Regelung“[159] die Legaldefinition der Regelung des Rundfunkgebührenstaatsvertrages, als generell gültig zugrunde. Differenziert wird jedoch zwischen der Veranstaltung und Weiterverbreitung von Rundfunkprogrammen wegen der unterschiedlich hoch zu bemessenden Regelungsdichte und dem Offenen Kanal, der wegen der Einzelbeiträge kein zusammenhängendes Programm biete. Dieser sei als „Sonderform keine Veranstaltung von Rundfunkprogrammen nach Absatz 1 Nummer 1“[160], stelle also ein „neues Element“[161] dar. Die Begründung bringt im Hinblick auf eine rundfunkrechtliche Einordnung des — m. E. etwas undurchsichtig charakterisierten — Offenen Kanals ebensowenig[162] Aufhellung, wie für die neuartige, auf Rundfunkprogrammtypen[163] und nicht mehr auf den Rundfunkbegriff abstellende Nomenklatur der §§ 1 und 2.

bb) Die Begründung zum Berliner KPPG legt die Motivation offen, den spezifischen Rundfunkbegriff nicht anwenden zu wollen. Denn das auch der Erprobung von Formen der Individualisierung von Kommunikation dienende Gesetz könne „nicht den Rundfunkbegriff als Abgrenzungskriterium verwenden, wie er in § 11 Abs. 1 des Staatsvertrages über die Regelung des Rundfunkgebührenwesens vom 31. Oktober 1968 definiert ist. Der herkömmliche Rundfunkbegriff gründet sich auf die Trennung von Massen- und Individualkommunikation. ... Diese Trennlinie verliert ihre scharfen Konturen, wenn die Möglichkeiten der Kabelkommunikation ausgeschöpft werden. ...“ Gemeint ist die gezielte Ansprache von Fernsehteilnehmern mit speziellen Sendungen bzw. die Übertragung eines Angebots nur auf Abruf des Empfängers. „In der Versuchsphase erscheint es (daher) nicht ratsam, schon vor den durch den Versuch zu erwartenden Erkenntnissen Festlegungen über die Weiterentwicklung des Rundfunkbegriffes zu treffen. ...“ Daher werden „Ansätze entwickelt, die dies differenzierter und flexibler

---

[159] Drucksache 11/3769 vom 25. 02. 85 der Bürgerschaft der Freien und Hansestadt Hamburg, S. 18

[160] a.a.O. S. 18

[161] a.a.O. S. 27

[162] Allenfalls mittelbar läßt sich der Willen seiner Zuordnung zum Rundfunk ausmachen, wenn es in einer Passage heißt, daß der Offene Kanal „im Rundfunk und im Fernsehen vorgesehen (sei), um ... die programmliche Vielfalt zu erweitern“ und er eine „Veranstaltungsmöglichkeit“ darstelle, a.a.O. S. 27. Vgl. hiergegen aber sogleich nächste Fn.

[163] Der Veranstaltung und dem § 1 Abs. I Nr. 1 zugeordnet werden gem. § 2 Abs. 1 überregionale, regionale und örtliche (für Teilgebiete Hamburgs) Programme, sowie Programme für Sendungen in größeren Wohneinheiten. Daneben existieren gem. § 1 Abs. I Nr. 2 und 4 das Programm des Offenen Kanals und die weiterverbreiteten Programme.

ermöglichen, als es bei der alleinigen Verwendung des Rundfunkbegriffes möglich wäre."[164]

Diese Argumentation führt bedauernswerterweise dazu, selbst für den herkömmlichen Rundfunk, sowie die für den rein massenkommunikativen Kabelfunk erforderlichen definitorischen Ansätze zu unterlassen. Es findet sich allein die nicht weiterführende Feststellung, daß die Übertragungsform „ein wesentliches Element des Rundfunkbegriffes" und Rundfunk „ein an die Allgemeinheit gerichteter Verteildienst"[165] sei. Andererseits enthält die Begründung eine Unschärfe in der Bemerkung, daß die Heranführung und Einspeisung „nach der übereinstimmenden Auffassung der Bundesländer ein rundfunkrechtlich relevanter Vorgang"[166] sei. Hingegen hatten die Länder mit dieser Umschreibung nur die Einspeisung gemeint. Für das Ob einer Heranführung sollte allein die Genehmigung nach der für den Einspeisungsvorgang zu kodifizierenden rundfunkrechtlichen Verfahren entscheidend sein.[167] Denn jener technische Ablauf ist der Einspeisung allein logisch-physikalisch vorgeschaltet und allenfalls fernmelderechtlich zu beurteilen.

cc) Ein besonders plastisches Beispiel definitorischer Heterogenität auf der Länderebene und auch in seinem Wortlaut zeigt die Begründung zum Landesmediengesetz Rheinland-Pfalz. Hierin wird nicht nur festgestellt, daß — dies sei nebenbei erwähnt — „Abrufdienste, die der Allgemeinheit angeboten werden, den Rundfunkbegriff erfüllen" sollen, was zweifelsohne noch einer Klärung bedarf (vgl. die soeben geschilderte, diesbezüglich konträre Meinung in der Begründung zum Berliner KPPG), sondern auch vorausgeschickt[168] und wiederholt betont[169], daß mit dem Gesetz „nur die Veranstaltung von Rundfunk (Hörfunk und Fernsehen) geregelt werden" solle. Die Weiterverbreitung herangeführter Programme, welche in den §§ 22 f. gleichfalls normiert ist, müßte somit im Rundfunkbegriff integriert sein. Dafür spricht auch der Satz, daß „das Gesetz allein den drahtlosen und drahtgebundenen Rundfunk, Videotext, Kabeltext, den Satellitenrundfunk und an die Allgemeinheit gerichtete Abrufdienste erfassen"[170] würde.

Verwirrend und homogenisierungsbedürftig werden diese Formulierungen einerseits im Hinblick auf den im § 1 Abs. 1 des LMG beschriebenen Geltungsumfanges. Dieser scheint mit den Worten, daß das Gesetz „für die Veranstaltung von Fernsehen (Rundfunk) *sowie* für die Verbreitung von

[164] Vgl. Abgeordnetenhaus von Berlin Drucksache 9/1718 vom30.03.84, S. 18.

[165] Vgl. a.a.O.

[166] Vgl. a.a.O. Begründung vor §§ 56 ff.

[167] Vgl. Ergänzungsbericht über die Verbreitung von Rundfunkprogrammen a.a.O.; Ring F III 1.6. sub IV.

[168] Vgl. Begründung zum LMG Rhl.-Pf.LT Ds. 10/1861 S. 25, nachfolgende Hervorhebung vom Verfasser.

[169] a.a.O. zu § 1 S. 27

[170] a.a.O. sub A „Allgemeines", S. 25

Rundfunkprogrammen in Kabelanlagen" gelte, tatsächlich jedoch einen weiteren Regelungsbereich *neben* der Veranstaltung von Rundfunk zu eröffnen. Zum anderen deutet die Begründung zu § 21, die auf die länderrechtliche Definition der Weiterverbreitung — gemeint ist hier die Einspeisung herangeführter Programme — als einem rundfunkrechtlich relevanten Vorgang zurückgreift[171], ebenfalls auf eine neue Kategorie des Rundfunks außerhalb des Veranstaltungsbegriffs hin. Dies steht im Widerspruch zu obiger Vorgabe, „nur" die Veranstaltung regeln zu wollen.

dd) In der Begründung zum saarländischen Landesrundfunkgesetz (Amtsbl. 1984 S. 1249) und zu dessen Änderung (Amtsbl. 1987 S. 1005), das nun eine „umfassende Ordnung des Rundfunkwesens"[172] anstrebt, stößt man auf zwei erwähnenswerte Passagen.

Wiederum terminologisch uneinheitlich werden teils die Heranführung durch fernmeldetechnische Mittel[173], teils die Weiterverbreitung herangeführter Programme[174] als rundfunkrechtlich relevante Vorgänge bezeichnet. Zum anderen finden sich Erläuterungen zu den Begriffen „Veranstaltung" und „Veranstalter":

"Veranstaltung" ist danach „die eigenverantwortliche Gestaltung und Verbreitung von Rundfunkdarbietungen"[175] und „Veranstalter" derjenige, der die „rundfunkrechtliche Verantwortung", d. h. „eigene inhaltliche Verantwortung für das Programm"[176] trägt, und dem es überlassen bleibt, „in welcher Technik diese [Programme] übermittelt werden sollen"[177]. Auf den mittlerweile im neu eingefügten § 1 a LRG niedergelegten Aspekt der Verantwortung wird ebenso zurückzukommen sein[178], wie auf die Bemerkung, daß die „Weiterverbreitung vorhandener Programme nicht den Rechtscharakter einer *originären* Rundfunkveranstaltung"[179] habe. Somit bedürfe sie nicht der „für die Veranstaltung von Rundfunk verfassungsrechtlich gebotenen Regelungen"[180], im Gegensatz zur Einspeisung eines durch Umstellungen veränderten Programmes, das als „*neue* Rundfunkveranstaltung"[181] gelte.

ee) Wegen ihrer engen Anlehnung an die Definition des Ergänzungsberichtes vom 14. September 1983 lassen sich die Passagen in der Begründung

171 a.a.O. zu § 21 S. 31
172 Begründung zum LRG LT Ds. 8/1988 S. 1
173 Vgl. a.a.O. S. 5
174 Vgl. a.a.O. S. 34 zu § 48
175 Vgl. a.a.O. S. 7
176 Vgl. Begründung zum Änderungsgesetz LT Ds. 9/897 S. 2 zu Nr. 1
177 Vgl. Begründung zum LRG a.a.O. S. 3
178 s.u. sub B I 3 c) und d)
179 Vgl. a.a.O. S. 34 zu § 48, Hervorhebung vom Verfasser
180 Vgl. a.a.O. S. 7 zu § 1
181 Vgl. a.a O. S. 34 zu § 48, Hervorhebung vom Verfasser

zum schleswig-holsteinischen Landesrundfunkgesetz relativ leicht nachvollziehen. Die Rundfunkdefinition wird als bekannt vorausgesetzt. Im übrigen wird scharf zwischen der Veranstaltung (neuer) Programme und der Weiterverbreitung von (vorhandenen) Programmen, deren Einspeisung einen rundfunkrechtlich relevanten Vorgang bedeute[182], differenziert.

ff) Das bayerische MEG will in seinem Art. 1 Abs. 1 auf die „Legaldefinition des ‚Rundfunks' im Sinne der ‚Veranstaltung von Hörfunk und Fernsehen'"[183] zurückgreifen. Die Begründung zum MEG rechtfertigt die Landesgesetzgebungskompetenz für die Weiterverbreitung mit dem Argument, daß „nicht Bereiche der Sendetechnik berührt [werden], sondern die inhaltliche, medienrechtliche Frage angesprochen [wird], welche Programme unter welchen Voraussetzungen und in welcher Reihenfolge in Kabelanlagen weiterverbreitet werden"[184]. Der Begriff „Verbreitung" steht dabei im Zusammenhang mit der übertragungstechnischen Seite. So wird beispielsweise die „herkömmliche Verbreitung" den neuen „technischen Gegebenheiten und Entwicklungen"[185] gegenübergestellt. Der Terminus „Veranstaltung" wird hingegen mehr dem inhaltlich-organisatorischen Bereich zugeordnet. Zwar wird mit dem sich auf den Bayerischen Verfassungsgerichtshof[186] beziehenden Hinweis, daß bei „geänderten Verhältnissen auch für den Verfassungsgesetzgeber eine Verpflichtung entstehen könne, Privaten die Veranstaltung von Rundfunk zu überlassen" erkennbar, daß „Veranstalter" allein die Landesmedienzentrale ist. Jedoch zeigt der bald darauffolgende Satz, daß die „Veranstaltung" von Rundfunk eher umfassend als Gesamtprozeß verstanden wird und somit über die Veranstaltereigenschaft hinausgeht:

> "Die in dem Gesetzentwurf vorgesehene Aufteilung (Wahrnehmung von *Verantwortung* und Trägerschaft durch die Landeszentrale; *Organisation* durch dezentrale privatrechtliche Kabelgesellschaften; *Programmproduktion und Gestaltung* durch eine Vielzahl von Anbietern) entspricht den Anforderungen, die durch die neue technische Entwicklung an die Veranstaltung von Rundfunk gestellt werden."[187]

gg) Die Begründungen zu den Landesmediengesetzen von Nordrhein-Westfalen (die zu den §§ 1 und 2, also für den Geltungsbereich und die

[182] Begründung zum schleswigholsteinischen Landesrundfunkgesetz LTDs. 10/450 S. 30 f.

[183] Begründung zum Bay.MEG (LT-Ds.10/3856, abgedr. bei Ring sub F VI 2.2) zu Art. 1 S. 5

[184] a.a.O. S. 4

[185] a.a.O. S. 3, vgl. auch die Verwendung des Verbum „verbreiten" in der Begründung zu Art. 32, a.a.O. S. 24, wo von „breitbandig und schmalbandig verbreiteten" Diensten die Rede ist.

[186] Vgl. BayVerfGHE 30, 78 [97 f.]

[187] Begründung a.a.O. S. 2 f, Hervorhebung vom Verfasser

Begriffsbestimmungen ganze zwei Zeilen enthält[188]), Baden-Württemberg, Hessen und Niedersachsen bringen zu den obigen Erläuterungen für die Rundfunkdefinition keine wesentlich neuen Erkenntnisse. Lediglich sei hervorgehoben, daß in letzterer nur eine Unterscheidung „zwischen der Veranstaltung von *neuen*, in Niedersachsen zugelassenen Programmen (§§ 2 ff.) und der Verbreitung von solchen, die außerhalb des Geltungsbereiches dieses Gesetzes zugelassen sind (§ 39)“[189], stattfindet und der Begriff der Weiterverbreitung überhaupt nicht zur Anwendung gelangt.

f) Ergebnis

Es kann nach den obigen Ausführungen (a-e) festgehalten werden, daß trotz oder vielmehr infolge des zu undurchsichtig geratenen Begriffsklärungsversuches von 1983 eine einheitliche Definition des Rundfunks, wie sie bereits 1975 im Schlierseepapier unternommen wurde, bislang auf Länderebene nicht erreicht ist. Ein konkreter Bedeutungsinhalt der Begriffe „Veranstaltung“, „Verbreitung“ bzw. „Weiterverbreitung“ läßt sich (in Bezug auf die beiden ersteren) am ehesten noch dem Schlierseepapier entnehmen, weil es die umfassendsten Erläuterungen enthält.

Doch bleibt ungeklärt, inwieweit die Begriffe „Veranstaltung“ und „Verbreitung“ alternativ-singuläre oder kumulative Voraussetzungen für eine den Rundfunkbegriff erfüllende Subsumtion bilden. Es stellt sich mit anderen Worten die Frage, ob die Weiterverbreitung lediglich eine besondere Übertragungsform ohne Veranstaltungscharakter darstellt, welche allein wegen ihres Einflusses auf die Rundfunkordnung regelungsbedürftig wird (dann gäbe es „Rundfunk“ ohne Veranstaltung), oder ob sie (auch) eine Veranstaltungskomponente zum Inhalt hat. Solange die Begriffe „Veranstaltung“ und „Verbreitung“ und ihr Verhältnis zueinander nicht expliziert werden, kann konsequenterweise auch die Einordnung der hier zu definierenden Weiterverbreitung in das Rundfunksystem nicht juristisch-exakt erfolgen. Es sei auf die Gefahr hingewiesen, daß nach erster Variante (singulärer Ansatz) der Rundfunkbegriff sich aufzulösen begänne und wiederum Abgrenzungsprobleme zu den dann nicht-rundfunkrechtlich-relevanten Signalübertragungsformen entstünden[190]. Es sei zudem eine dritte denkbare Variante vorgestellt, nach der, sofern man sich einem kumulativen

---

[188] Siehe Begründung zum Landesrundfunkgesetz NRW LT Ds. 10/1440, S. 55.

[189] Vgl. Begründung zum niedersächsischen Landesrundfunkgesetz LT Ds. 10/1120, S. 27.

[190] Denn gerade das Kriterium der Veranstaltung sollte zur Abgrenzung zu den in keiner Weise für die Meinungsbildung relevanten Übertragungen an die Allgemeinheit dienen, wie z.B. schul-, universitätsanstaltsinterne Übertragungen, Börsenkursmitteilungen, Verkehrsfunkdurchsagen o. ä.

Ansatz anschließt und gleichzeitig die Eigenschaft 'Veranstaltung' negiert, die Weiterverbreitung als bloße 'Verbreitung' nur ein Segment des Rundfunkbegriffes erfüllte und damit überhaupt nicht als „Rundfunk" im (herkömmlichen) Sinne gelten könnte. Dann müßte von dem mühsam errichteten Begriffsgerüst Abschied genommen und neue Kriterien entwickelt werden; zumindest käme ein unmittelbarer „rundfunk"-rechtlicher Gesetzesvorbehalt nicht mehr in Betracht.

Bevor zur Lösung dieses Dilemmas ein eigener Vorschlag gemacht werden soll, ist noch ein Blick auf die für den Rundfunkbegriff maßgebliche Rechtsprechung zu werfen.

2. Höchstrichterliche Urteile zum Rundfunkbegriff

a) Die Urteile des Bayerischen Verfassungsgerichtshofes

Infolge der auf Art. 111 a Abs. 2 beruhenden bayerischen Sondersituation einer verfassungsrechtlich verankerten öffentlich-rechtlichen Verantwortung und Trägerschaft des Rundfunks fielen dem Bayerischen Verfassungsgerichtshof — im Gegensatz zu den übrigen Landesverfassungsgerichten — wichtige Entscheidungen im Medienrecht zu. So kann in ihnen nach rundfunkdefinitorischen Hinweisen gesucht werden. In Betracht kommen dabei vor allem die Urteile vom 30. Juni 1977 und vom 21. November 1986.

aa) Im ersteren stellt der Verfassungsgerichtshof zunächst in Anlehnung an das Bundesverfassungsgericht fest, daß die Art der Verbreitung hinter die Meinungsbildungsfunktion des Rundfunks zurücktrete[191]. Dem- und der verfassungsrechtlich zu berücksichtigenden Möglichkeit eines Hinzutretens privater Veranstalter zufolge behandelt das Gericht weniger Fragen der Übertragung unter dem Rundfunkaspekt, als vielmehr solche nach dem „Zugang zum Rundfunk, *d.h.* die Veranstaltung von Rundfunksendungen"[192]. Auch im weiteren Urteilstext wird ausschließlich die Veranstaltung im Zusammenhang mit dem Rundfunkbegriff erwähnt[193].

bb) Die zweite Entscheidung besitzt für die Begriffsdefinition mehr Gehalt. Sie differenziert nämlich weiterführend zwischen dem allein eigenverantwortlichen Rundfunkveranstalter — in Bayern die Landesmedienzentrale — und dem „Rundfunkbetrieb", in dessen Gesamtgefüge auch die Kabelgesellschaften und die Anbieter einbezogen sind.[194] Folglich seien „alle an

---

[191] Vgl. BayVerfGHE 30, 78 [92]

[192] BayVerfGHE a.a.O. S. 95, Hervorhebung vom Verfasser

[193] Vgl. besonders BayVerfGHE a.a.O. S. 96 f.

[194] BayVerfGHE vom 21.11.86 (abgedr. in Bay.VBl. 1987 S. 77 und bei bei Ring unter AIV3); vgl. insbesondere den 3. Leitsatz, wo von „Rundfunkbetrieb in öffentlich-rechtlicher Trägerschaft" die Rede ist.

der Veranstaltung von Rundfunk *Beteiligten* einschließlich der Kabelgesellschaften und Anbieter unmittelbar gebunden"[195] an die Programmgrundsätze des Art. 4 MEG. Um dem Gebot öffentlicher Trägerschaft und Verantwortung nach Art. 111 a Abs. 2 BV gerecht zu werden, werden der Landesmedienzentrale in ihrer Eigenschaft als Veranstalter weitgehende Befugnisse wie die Programmgestaltung (Art. 15 Abs. 1 und 2 MEG), die Auswahl, Genehmigung (und deren Widerruf) von Kabelgesellschaften und Anbietern (vgl. Art. 11, 22 ff. MEG u.a. mehr) eingeräumt. Das Spektrum der Veranstaltereigenschaft, welche genaugenommen vom Terminus der Veranstaltung als deren Umsetzung in einen aktiven Vorgang nicht abstrahiert werden kann, zieht der Verfassungsgerichtshof mithin sehr weit, ohne sie jedoch exklusiv und generell mit der Institution Rundfunk — hier Betrieb genannt — zu identifizieren.

Ein weiterer die Definition des Rundfunks betreffender Satz findet sich im Zusammenhang mit seiner Abgrenzung von den Textdiensten und anderen Diensten der Art. 31 ff. MEG. Diese sei insofern vorzunehmen, als der „Rundfunk als Massenkommunikationsmittel dadurch gekennzeichnet ist, daß der Veranstalter die gesendeten Beiträge in einem laufenden Programm gesteuert zusammenfaßt"[196]. Dieses Kriterium unterscheide ihn von den Zugriffs- bzw. Abrufdiensten. Die Differenzierung macht offenkundig, daß der Veranstalter die Ordnungs- und Selektionsfunktion innehaben muß, so daß nach Auffassung des Verfassungsgerichtshofes die Veranstaltung die *geregelte Abfolge* eines Programmes verkörpert.

Schließlich wird mit der im Urteil anzutreffenden Formulierung vom „Übertragungsmittel *des* Rundfunks"[197], also mit der sprachlichen Distanzierung der Technik vom Medium, nochmals angedeutet, wie stark sich das Essentielle des Rundfunkbegriffs zum Programminhalt hin verlagert hat. Die Übertragungsform diene lediglich als Differenzierungskriterium gegenüber anderen Medien, vornehmlich der Abgrenzung zur Presse[198].

b) Die Rundfunkurteile des Bundesverfassungsgerichtes

Entscheidende[199], d. h. den Gesetzgeber bindende Kriterien zur Auslegung des Rundfunkbegriffes finden sich in den Rundfunkurteilen des Bundesverfassungsgerichtes, die im folgenden zusammengestellt werden sollen.

---

[195] Vgl. BayVerfGHE a.a.O. sub V B 2 d) aa)

[196] Vgl. BayVerfGHE a.a.O. sub V B 6 a) aa)

[197] Vgl. BayVerfGHE a.a.O. Leitsatz 4, Hervorhebung vom Verfasser.

[198] Vgl. z. B. für die Bildschirmzeitung Starck NJW, 1980, 1359/1363; Bullinger NJW 1984, S. 385 (388).

[199] Vgl. dazu Badura: Es liege nahe, „das gemeindeutsche Rundfunkrecht in Verbindung mit seinen verfassungsrechtlichen Grundlagen exegetisch und dogmatisch aus der Gerichtspraxis zu entwickeln" (JA 1987 S. 180).

aa) Das erste Rundfunkurteil

Von Interesse ist zunächst die im ersten Rundfunkurteil enthaltene Formulierung, daß dem Norddeutschen Rundfunk das Recht vorbehalten sei, „Nachrichten und Darbietungen in Wort, Ton und Bild für die Allgemeinheit zu verbreiten, also Rundfunksendungen zu veranstalten“[200]. Veranstaltung und Verbreitung scheinen danach in einem synonymisierenden Kontext zu stehen.

Ferner ist die Aussage zu erwähnen, daß den Veranstaltern, d.h. den Rundfunkanstalten die „Programmgestaltung sowie Studio- und Sendetechnik ... [als deren] Sache“[201] vorzubehalten ist. Hinsichtlich der Übermittlung der Sendungen stellt das Gericht fest, daß das Fernmeldewesen als solches erst mit der Übertragung der „sendefertigen Ton- und Bildsignale vom Rundfunkstudio zu einem oder mehreren Sendern“ beginne und „sodann die Ausstrahlung der Sendung und die sich etwa daran anschließenden technischen Vorgänge bis zum Empfang der Sendung“[202] umfasse. Das Fernmeldewesen im Sinne von Art. 73 Nr. 7 GG betreffe in diesem Prozeß nur den „geordneten Ablauf des Betriebs der Rundfunksender“, womit eine ordnungsrechtliche Störungsabwehr unter „funktechnischen Gesichtspunkten“[203] gemeint ist. Soweit hingegen „Vorschriften organisatorischer Art für Institutionen, die Veranstaltung von Rundfunksendungen und Betrieb von Sendeanlagen in sich vereinigen, erlassen werden müssen, steht also die Kompetenz für die sendetechnischen Angelegenheiten dem Landesgesetzgeber kraft Sachzusammenhang zu“[204]. Der Bund dürfe daher „Verträge über die Benutzung von bundes(post-)eigenen Rundfunkanlagen nicht von „Auflagen“ abhängig machen ..., die über den Bereich sendetechnischer Angelegenheiten hinausgehen“[205]. Da insofern nur die „Zuteilung der Wellenbereiche“, nicht allein hinsichtlich terrestrischer Frequenzen, sondern „auch für den Bereich der Leitungstechnik“[206] in die Zuständigkeit des Bundes falle, konnte folglich schon aus dem ersten Fernsehurteil die Länderkompetenz für die Verbreitung bzw. Weiterverbreitung von Rundfunkprogrammen entnommen werden. Denn bei diesen Vorgängen steht nicht die Verteilung von Wellen*bereichen* an die Sender inmitten, sondern die Vergabe und Belegung freigegebener, d. h. von der Bundespost bereits definierter Kabelfrequenzen an die Veranstalter.

---

200 BVerfGE 12, 205 [223]

201 a.a.O. S. 210

202 a.a.O. S. 227

203 Vgl. a.a.O. S. 227

204 a.a.O. S. 238

205 a.a.O. S. 249

206 a.a.O. S. 249

bb) Das zweite Rundfunkurteil

Das *zweite Rundfunkurteil* ist besonders aufschlußreich für den Aspekt der Veranstaltung, da eingehend das Beschäftigungsfeld der Veranstalter konturiert und gegenüber rein gewerblicher Tätigkeit abgegrenzt werden mußte. Das Sendeprogramm, das „als einheitliche Veranstaltung gesehen werden“[207] soll, muß vorbereitet werden. Denn die Rundfunkanstalten müssen „Material beschaffen, Aufnahmen machen, Vortragende engagieren, Filme produzieren oder produzieren lassen“[208]. Ihre „eigentlichen“[209] Aufgaben liegen im „öffentlichen Bereich“ und bestehen in der Wahrnehmung der „integrierenden Funktion für das Staatsganze“[210], verwirklicht durch die Sendetätigkeit.

cc) Das dritte Rundfunkurteil

Daß das Bundesverfassungsgericht die Notwendigkeit materieller, organisatorischer und verfahrensrechtlicher Anforderungen allein im Zusammenhang mit dem Begriff der Veranstaltung von Rundfunk sieht, verdeutlicht das *dritte Rundfunkurteil*. Denn deren Normierung wird wegen der technisch und finanziell bedingten Sondersituation zu einer Pflicht des Gesetzgebers. Die mit der Sondersituation verbundene Problematik findet jedoch ausschließlich im Kontext mit der Veranstaltung von Rundfunk Erwähnung[211]. Die Verbreitung tritt demgegenüber als deren technische Voraussetzung zurück. Unter dem Gesichtspunkt eventuell erforderlicher sondersituationsbedingter Frequenzengpässe heißt es daher:

> "Sofern die zur Verfügung stehenden Verbreitungsmöglichkeiten es nicht erlauben, allen auftretenden Bewerbern den Zugang zur Veranstaltung privater Rundfunksendungen zu eröffnen, müssen in die Zugangsregelungen auch Regeln über die Auswahl der Bewerber aufgenommen werden.“[212]

Der Mangel an Übertragungswegen zwingt per se nicht zum Gesetzeserlaß, sondern allein der aus ihm resultierende Verlust von Veranstaltungschancen.

---

207 BVerfGE 31, 314 [326]

208 BVerfGE 31, 314 [325]

209 a.a.O. S. 325

210 a.a.O. S. 329; „integrierend“ meint die staatlich unbeeinflußte Beteiligung aller relevanten gesellschaftlichen Kräfte. Seine „Funktion für das Staatsganze“ liegt in der Wahrnehmung der Aufgabe ("herkömmlicher“, vgl. BVerfGE 12, 205 [244]) öffentlicher Verwaltung, diese Integration zu sichern.

211 Vgl. BVerfGE 57, 295 [322f.], sowie schon BVerfGE 12, 205 [261 ff.]

212 BVerfGE 57, 295 [327]

Ausführungen zu dem Problem der Kontroll- und Regelungsbedürftigkeit der Einspeisung außerhalb eines Landes veranstalteter Programme, sowie zu deren Qualifizierung, finden erst im folgenden Urteil weiten Raum.

dd) Das vierte Rundfunkurteil

Mit dem *vierten* und für die gegenwärtigen Rundfunkmodelle maßgeblichen *Rundfunkurteil* betrat das Bundesverfassungsgericht terminologisches Neuland, indem es den Begriff der Weiterverbreitung einführte:

> "Von der bisher erörterten Veranstaltung unterscheidet das Niedersächsische Landesrundfunkgesetz ebenso wie die übrigen neuen Landesmediengesetze die Verbreitung von Rundfunkprogrammen (§ 1 Abs. 1 LRG); darunter versteht es die inhaltlich unveränderte Weiterverbreitung von außerhalb des Geltungsbereichs des Gesetzes veranstalteten Hörfunk- und Fernsehprogrammen durch technische Übertragungseinrichtungen in Niedersachsen. Es regelt diese in §§ 44 und 46 Abs. 2 und 3 LRG."[213]

Dieser Satz bedarf einer mehrfachen Richtigstellung. Zum einen unterlegt es fälschlicherweise den Terminus „Weiterverbreitung" dem niedersächsischen Landesgesetzgeber, der diesen (s. o.) weder im Gesetzestext noch in der Begründung verwendet. Daneben übersieht das Bundesverfassungsgericht, daß auch in den übrigen Landesmediengesetzen keinesfalls durchgehend dieselbe Differenzierung zwischen Veranstaltung und Verbreitung wie in Niedersachsen realisiert wurde (siehe dazu oben sub III d) bb)). Und schließlich ist festzuhalten, daß mit dem Begriff der Weiterverbreitung überwiegend nur die Einspeisung herangeführter[214], also nicht die der ortsüblich empfangbaren Programme bezeichnet wird[215].

Obwohl das Bundesverfassungsgericht die Möglichkeit einer differenzierten Behandlung beider Programmtypen erkennt[216], unterläßt es eine terminologische Unterscheidung bzw. Eingrenzung. Allenfalls ein vager, die Wei-

---

[213] BVerfGE 73, 118 [196]

[214] Dies entspricht dem oben sub A I 1 empfohlenen engen Weiterverbreitungsbegriff.

[215] Diese fallen ohne weiteres unter die Voraussetzungen des § 44 Abs. 1 ("außerhalb des Landes veranstaltet") und werden „durch technische Übertragungseinrichtungen... verbreitet"; sie unterliegen nur nicht der in § 44 Abs. 2 Satz 1 normierten Anzeigepflicht.

[216] Ob diese Differenzierung nur für den Empfang über die Antenne gilt oder auch bei der Einspeisung vorzunehmen ist, ist fraglich, da das Gericht sich in diesem Punkt zu widersprechen scheint. Denn einerseits ist vom „Grundsatz freier Weiterverbreitung" und von der nicht erforderlichen „Zulassung der Weiterverbreitung von Rundfunkprogrammen" (BVerfGE 73, 118 [197 f]) ohne Unterscheidung nach den obigen Programmtypen die Rede. Andererseits davon, daß „anders als die unmittelbar empfangbaren, außerhalb des Landes veranstalteten Programme... die Einspeisung herangeführter Programme in Kabelanlagen dem Einfluß des Gesetzgeber nicht entzogen" (BVerfGE a.a.O. S. 199 f.) seien. Näheres dazu unten sub B III 1).

terverbeitung in den Rundfunkbegriff miteinbeziehender Hinweis findet sich in der Äußerung, daß „die Entwicklung der Neuen Medien zu grenzüberschreitendem *Rundfunk* führt.“[217] Denn diese Bemerkung folgt unmittelbar nach einer Feststellung über die Bedeutung *herangeführter* Programme für die Rundfunkordnung.

Somit bleibt der Umfang der Weiterverbreitung und ihr Bezugsort innerhalb des Rundfunkbegriffsgefüges des Grundgesetzes ungeklärt. Ohne terminologischen Rückhalt greift das Gericht bei der Frage nach dem Gesetzesvorbehalt für die Weiterverbreitung pauschal auf die Regelungsbedürftigkeit zur Sicherung der Rundfunkfreiheit zurück, die bereits im dritten Rundfunkurteil entwickelt wurde.[218] Die dogmatisch wesentliche Frage, ob und inwieweit die Weiterverbreitung herangeführter Programme und die Verbreitung ortsüblicher Programme überhaupt „Rundfunk“ darstellen, wird unbeantwortet gelassen.

ee) Der Beschluß vom 24. März 1987

Im Beschluß des Bundesverfassungsgerichtes zu den Verfassungsbeschwerden des Süddeutschen Rundfunks und des Südwestfunks vom 24. März 1987 (sogenanntes *fünftes Fernsehurteil*) finden sich keine erhellenden Ausführungen über die Einordnung der Weiterverbreitung. Auch der Passus, in dem „die herangeführten, zur Weiterverbreitung zugelassenen und die ortsüblich empfangbaren Programme“[219] nebeneinander erwähnt werden, macht nicht deutlich, ob die Weiterverbreitung beide Programmtypen umfaßt. Denn nach dem Wortlaut werden auch die ortsüblich empfangbaren Veranstaltungen weiterverbreitet, ohne im Gegensatz zu den herangeführten einer Zulassung zu bedürfen. Richtungsweisend (wenngleich nicht sonderlich präzisierend) für die Rundfunkdefinition sind die Darlegungen des Gerichts zur Einordnung der neuen Dienste i. S. des § 1 Abs. 2 Nr. 2 LMG, also zu den dort als „rundfunkähnlich“ bezeichneten Text-, Ton- und (Bewegt-) Bilddarbietungen in Sendungen. Hierzu stellt es fest[220]:

1. “Der in Art. 5 Abs. 1 Satz 2 GG verwendete Begriff 'Rundfunk' läßt sich nicht in einer ein für allemal gültigen Definition erfassen. Inhalt und Tragweite verfassungsrechtlicher Begriffe und Bestimmungen hängen (auch)

---

[217] a.a.O. S. 196, Hervorhebung vom Verfasser.

[218] Das Bundesverfassungsgericht beruft sich zunächst auf den Satz der BVerfGE 57, 295 [326], daß zu prüfen sei, „ob bei der Aufnahme weiterer Veranstalter den Anforderungen der Rundfunkfreiheit Genüge getan ist“ und prüft dann, ob insofern bei der Weiterverbreitung „den Anforderungen der Rundfunkfreiheit Genüge getan ist.“(BVerfGE 73, 118, [198])

[219] BVerfGE 74, 297 [328]

[220] a.a.O. S. 350 ff.

von ihrem Normbereich ab; ihre Bedeutung kann sich bei Veränderungen in diesem Bereich wandeln (vgl. BVerfGE 73, 118 [154]). Soll die Rundfunkfreiheit in einer sich wandelnden Zukunft ihre normierende Wirkung bewahren, dann kann es nicht angehen, nur an eine ältere Technik anzuknüpfen, den Schutz des Grundrechts auf diejenigen Sachverhalte zu beschränken, auf welche diese Technik bezogen ist, und auf diese Weise die Gewährleistung in Bereichen obsolet zu machen, in denen sie ihre Funktion auch angesichts der neuen technischen Möglichkeiten durchaus erfüllen könnte."

2. Als „positives Merkmal" des Rundfunks gilt die Übertragungstechnik.

3. „Schwerlich als bedeutsam" erachtet das Gericht den Unterschied zur rundfunkähnlichen Kommunikation, daß diese nur auf Abruf an „jeden Beliebigen" bzw. auf Zugriff an „jedermann" (§§ 1 Abs. 3 Nr. 1 und Nr. 2) erfolge, wohingegen „Rundfunk" voraussetzungslos für die Allgemeinheit bestimmt sei. Ebensowenig Bedeutung hätte die Tatsache, daß der Rundfunk zum gleichzeitigen Empfang bestimmt sei, die rundfunkähnliche Kommunikation dagegen hinsichtlich des Zeitpunktes vom Empfänger bestimmt werde.

4. Allein entscheidend unter dem Blickwinkel des Art. 5 Abs. I GG sei „der Inhalt der Sendungen", welcher sich gleiche, und „die am Kommunikationsprozeß Beteiligten", die sich hier wie dort aus einer unbestimmten Vielzahl zusammensetzten und ihre Auswahlentscheidungen durch Ein- und Ausschalten träfen.

Nach diesen Feststellungen wäre eine präzise Auseinandersetzung mit der Frage nach der Subsumtion der neuen Dienste unter den wandelbaren Rundfunkbegriff wünschenswert gewesen, um den gegenwärtigen Begriffszersplitterungen und -verwirrungen ein Ende zu machen. Das Bundesverfassungsgericht war insoweit jedoch nicht zur Entscheidung berufen:

> "Ob hiernach die Ausklammerung der rundfunkähnlichen Kommunikationsdienste aus dem Rundfunkbegriff in § 1 Abs. 2 LMedienG berechtigt ist, kann dahingestellt bleiben. Jedenfalls kann sich aus der rein deskriptiven Unterscheidung des Gesetzes nicht ergeben, daß die Veranstaltung von Videotext sowie von Ton- und Bewegtbilddiensten auf Abruf und auf Zugriff verfassungsrechtlich nicht der Gewährleistung der Rundfunkfreiheit unterfällt."[221]

Wegen des „Dahingestelltbleibenkönnens" beseitigte der baden-württembergische Gesetzgeber in der Änderung des Landesmediengesetzes zwar den verfassungswidrigen Ausschluß der öffentlich-rechtlichen Anstalten von den rundfunkähnlichen Kommunikationsdiensten in § 45, er sah sich jedoch nicht veranlaßt, diese in § 1 klärend dem Rundfunkbegriff zuzuordnen. Die allmähliche Verwässerung des Rundfunkbegriffs stimmt, ohne damit den Gesetzespositivismus grammatikalisch überfordern zu wollen, bedenklich.

---

[221] a.a.O. S. 352

Mittlerweile werden nämlich neben „rundfunkrechtlich relevanten" Vorgängen nun auch „rundfunkähnliche" im Hinblick auf die Rundfunkfreiheit (irgendwie) regelbar.

Ob und inwieweit die heute schon faktisch vorhandenen und daher potentiell definierbaren Entwicklungen im Rundfunkbereich[222] normierungsbedürftig sind, vermag der einzelne Gesetzgeber, ohne Bezüge zum herkömmlichen Rundfunkbegriff herzustellen, kaum sicher abzuschätzen. Selbst wenn deskriptive Elemente hinter den materiellen Sinngehalt eines Tatbestandes in der verfassungsrechtlichen Bewertung zurücktreten, darf zumindest in den Fällen, in denen begrifflich eine eindeutige Zuordnung möglich ist, vor dieser aus Gründen der Rechtsfolgenklarheit[223] nicht stehengeblieben werden. Sonst ist es nur eine Frage der Zeit, wann das Bundesverfassungsgericht ein nächstes Mal zur Klärung rundfunkrechtlich relevanter Vorgänge angerufen wird.[224]

B. Vorschlag zur terminologischen Harmonisierung

Die bisherigen Ausführungen beweisen die Dringlichkeit, alle mit der Einspeisung zusammenhängenden Vorgänge in der Rundfunkterminologie greifbar zu machen.

Der folgende Ansatz will dies — unter Integration der vom Bundesverfassungsgericht geforderten Gewährleistungen für die grundgesetzliche Rundfunkfreiheit — versuchen und sich zugleich mit den zu diesem Problemkreis (spärlich) vorhandenen Literaturmeinungen auseinandersetzen.

I. Wiedereinführung des Begriffs „Gesamtveranstaltung"

1. Bisheriges Auftreten des Begriffs in der medienrechtlichen Diskussion

Der dem hier vertretenen Harmonisierungsansatz zugrundeliegende Begriff der *Gesamtveranstaltung* fand in der bisherigen medienrechtlichen

---

[222] Das Versäumnis ihrer begrifflichen Konkretisierung kann folglich nicht mit dem Argument eines erst zukünftigen Wandels gerechtfertigt werden.

[223] Siehe dazu bereits die Ausführungen sub A II 3

[224] Vgl. zu der heftigen Kritik in der Literatur in Bezug auf die Charakterisierung der Kommunikationsdienste als „rundfunkähnliche" Dienste Degenhart, Bonner Kommentar Art. 5 Rdnr. 308 ff. m. vielen w. N. Lediglich der Videotext könne als „Randnutzung" dem Rundfunk zugeordnet werden.

Auseinandersetzung nur periphere Erwähnung. Das Bundesverfassungsgericht hat in seiner sogenannten Umsatzsteuerentscheidung von 1971 erstmals diesen Terminus verwendet. Er sollte veranschaulichen, daß keine gewerblichen Einzelbeziehungen i. S. eines strengen „do ut des" zwischen dem Teilnehmer und einer öffentlich-rechtlichen Anstalt bestünden. Denn der Teilnehmer sei nicht nur wegen der Empfangbarkeit ausländischer Sendungen, sondern vor allem als Folge der Zusammenarbeit dieser Anstalten in der ARD, des Finanzausgleiches und der gemeinsamen Finanzierung eines Zweiten Deutschen Fernsehens, nicht auf ein spezielles Programm beschränkt, das allein von seiner (landesrechtlich! erhobenen) Gebühr getragen werde. Die Gebühr sei somit das von den Ländern bewilligte Finanzierungsmittel für eine Gesamtveranstaltung. Der Rundfunk werde daher „als Gesamtveranstaltung behandelt."[225] Mit diesem Begriff fiel in der Zeit des öffentlich-rechtlichen Rundfunkmonopols angesichts der auf das Angebot dieser Anstalten beschränkten Programmvielfalt die bis heute anzutreffende Formulierung vom „Gesamtangebot" (vgl. z. B. BVerfGE 57, 295 [323 ff.] oder § 23 Berl. KPPG)[226] zusammen.

2. Begriffsumfang der Gesamtveranstaltung

Im weiteren Verlauf der Untersuchung sollen über den ursprünglichen Begriffsinhalt hinaus unter Gesamtveranstaltung alle über den Äther oder das Kabel empfangbaren Programme verstanden werden, sofern sie einer landesgesetzgeberischen Regelung zugänglich sind[227]. Denn „die Verbreitung aller Programme [wird] vom Gewährleistungsauftrag des Gesetzgebers umfaßt."[228] Zugleich wird die für Einspeisungsfragen bisher übliche Unterscheidung zwischen den in der Luft vorhandenen, zum unmittelbaren Empfang bestimmten, und den extern heranzuführenden Programmen aufgegeben. Hierfür sprechen folgende Überlegungen:

a) Die Verbreitungsform bildete in den anfänglichen Definitionsbemühungen lediglich das Abgrenzungskriterium zu den beiden anderen in Art. 5

[225] Vgl. BVerfGE 31, 314 [329]; in den Erläuterungen zu den Beschlußvorschlägen des Schliersee Papiers haben die Länder diese Begriffsbildung zwar übernommen, jedoch mit Anführungszeichen versehen (vgl. Schlierseepapier sub C zu Ziffer 1, abgedr. bei Ring sub F I 1.5, S. 7).

[226] Siehe dazu auch Starck JZ 1983 S. 408, der die Wiedergabe der bestehenden, für die freiheitliche Demokratie konstitutiven Meinungsvielfalt im „Gesamtangebot" als feststehendes „Ziel" im Rahmen der Gestaltungsfreiheit des Gesetzgebers für die Rundfunkorganisation postuliert.

[227] Nicht eingeschlossen sind somit allein die terrestrisch oder über Satellit individuell empfangbaren Sendungen, die nach Regelungen außerhalb des Gesetzgebungsbereichs eines Landesgesetzgebers veranstaltet werden. Dies gilt nicht, wie noch zu zeigen sein wird, für die Frage nach der Zulässigkeit ihrer Einspeisung.

[228] Vgl. Hoffmann-Riem a.a.O. S. 471

Abs. 1 genannten Medien, Presse und Film. Sind nach dieser Differenzierung die Weichen gestellt, so hatte und sollte die Art der Verbreitung keinen weiteren Einfluß auf die nach dem Grundgesetz erforderlichen Schutzvorkehrungen haben. Dann gilt es vielmehr, auf die potentiellen materiellen Auswirkungen der verbreiteten Sendung auf die Rundfunkordnung abzustellen. Dies ist jedoch eine Frage der Veranstaltung und nicht der Übertragungsweise.

Daß ferner für die Überprüfung dieser Auswirkungen nicht der Blick auf die einzelne Veranstaltung genügen kann, zeigt bereits die Entscheidung des Bundesverfassungsgericht aus dem Jahre 1961. Denn aus Gründen der für die Demokratie unerläßlichen und konstitutiven Meinungsbildungsfreiheit sei der Rundfunk als Institution[229], also *als Ganzes* vor übermäßigem gesellschaftlichen oder staatlichen Einfluß zu schützen. Bei der Beurteilung solcher Gefahren legte das Gericht den Akzent weniger auf die einzelne Rundfunksendung und das einzelne Programm, sondern vielmehr auf das gesamte durch alle Rundfunkveranstaltungen erzeugte Meinungsspektrum.

b) Bei genauerer Analyse des zweiten Fernsehurteils stößt man auf ein weiteres stützendes Argument. Wenn der Urteilstext von einem nicht in seine Teile zerlegbaren, einzelnen[230] „Sendeprogramm" spricht, das eigenständig „als einheitliche Veranstaltung"[231] gesehen werden muß, dann kann das „Gesamtprogramm"[232] — als Summe aller Sendungen — als Gesamtveranstaltung begriffen werden. Auch im dritten Rundfunkurteil werden die Begriffe Gesamtprogramm bzw. Gesamtprogrammangebot wiederholt und die an sie zu stellenden Anforderungen präzisiert[233]. An einer Stelle ist der Urteilstext leider etwas unscharf, in der es heißt, daß „bei 'binnenpluralistischer' Struktur der Veranstalter... diese Anforderung [gemeint ist das Postulat von einem Mindestmaß von inhaltlicher Ausgewogenheit, Sachlichkeit und gegenseitiger Achtung] für das Gesamtprogramm *jedes* einzelnen Veranstalters"[234] gelte.

Jedoch enthält bereits das vierte Fernsehurteil explizit den Rückgriff auf den ursprünglich intendierten Wortsinn, indem das „'Gesamtprogramm' als Inbegriff aller in einem Lande empfangbaren Programme"[235] bezeichnet

[229] BVerfGE 12, 205 [262]

[230] Daß es sich dabei wohl um ein einzelnes Sendeprogramm handeln muß, ist dem Kontext zu entnehmen, in dem von der möglichen Tendenzbildung durch Art der Auswahl und Gestaltung der Sendungen die Rede ist.

[231] Vgl. BVerfGE 31, 314 [326]

[232] Das Gesamtprogramm wird in der h. L. als Gegenstand der Rundfunkgewährleistung gesehen, vgl. v. Mangoldt/Klein/Starck Art. 5 Rdnr. 62; v. Münch Art. 5 Rdnr. 32; Degenhart Art. 5 Rdnr. 22.

[233] BVerfGE57, 295 [325 f.]

[234] BVerfGE a.a.O. S. 326, Hervorhebung vom Verf.

[235] BVerfGE 73, 118 [157]

wird. Die benutzten Anführungszeichen lassen eine gewisse terminologische Einschränkung vermuten. Diese steht aber keinesfalls im Widerspruch zu dem hier vorgeschlagenen Begriff der Gesamtveranstaltung. Denn die von Sendungen direktstrahlender Satelliten ausgehenden unvermeidbaren Störungen gestatten im Kontext nicht die Anwendung des Terminus als Verfassungsrechtsbegriff. Das Gesamtprogramm bzw. die Gesamtveranstaltung im Rechtssinne kann nur die im nationalen Rundfunkgefüge regelbaren Veranstaltungen umfassen, da es unmöglich ist, die Gewährleistungspflichten des Art. 5 GG in Bezug auf die dem gesetzgeberischen Einfluß faktisch entzogenen Veranstaltungen zu erfüllen (impossibilium nulla obligatio est). Es ist daher zwischen der Gesamtveranstaltung im Rechtssinne und dem Gesamtprogramm im weiteren, d. h. faktischen Sinne zu unterscheiden. Allein im letzteren sind Defizite im Blick auf die programminhaltlichen Anforderungen hinnehmbar.

c) Schließlich verlagert das durch die technische Entwicklung ermöglichte Hinzutreten weiterer Anbieter die rechtliche Thematik insofern, als neben das Regelungsbedürfnis für die einzelne Veranstaltung Ordnungsfragen des gesamten (dualen) Rundfunksystems in den Mittelpunkt rücken. Demzufolge befassen sich die Landesmediengesetze sowohl mit *der* Veranstaltung, als auch mit dem Gesamtprogramm, dem „Gesamtangebot" (vgl. inbes. Art. 3 Bay. MEG, § 23 KPPG Berl.), d. h. mit den Problemen der Gesamtveranstaltung. Auch das Bundesverfassungsgericht richtet den Blick auf die „Veranstaltungen von Rundfunkprogrammen"[236] privater und öffentlich-rechtlicher Anbieter und sieht generell die Veranstaltungstypen[237] jeweils im „Gesamtzusammenhang"[238] mit der verfassungsrechtlich zu gewährleistenden Rundfunkfreiheit. Bei der Ausübung landesgesetzgeberischer Kompetenzen liegt also — wie bei der Presse[239] — der Schwerpunkt auf der Gewährleistung der Institution.[240] Die Gesamtveranstaltung „Rundfunk" bedarf eines Schutzes, um ihrer für die Demokratie unerläßlichen, konstituierenden Meinungsbildungsfunktion gerecht zu werden.[241] In ihr muß die Gewährleistung der Erfüllung dieser Aufgabe und die Verpflichtung der einzelnen Beteiligten[242] hierauf angelegt sein.

[236] Vgl. BVerfGE 73, 118 [194]

[237] Vgl. z. B. die Ausführungen zur „Veranstaltung nicht bevorzugter Vollprogramme" (BVerfGE a.a.O. S. 188).

[238] BVerfGE a.a.O. S. 157

[239] Vgl. BayPrG: hier wird in § 3 Abs. 1 die Aufgabe der Presse, d. h. das Dienen für den demokratischen Gedanken festgelegt, daraufhin in Abs. 2 die hierfür notwendigen Pflichten umschrieben.

[240] Ausgenommen natürlich die fernmelderechtlichen, funktechnischen Gesichtspunkte, die in die Zuständigkeit des Bundes fallen.

[241] In eine ähnliche Richtung dürfte die Auffassung Lerches gehen, der das „nationale Rundfunkgefüge" als eine „gesellschaftliche Gesamtleistung" begreift, die sich an einem Qualitätsstandard messen lassen müsse, vgl. Lerche Sitzungsbericht O zum 56. DJT, S. 42.

Die Frage lautet nicht mehr, wie bei der Veranstaltung des einzelnen Programmanbieters die Gewährleistung freier individueller und öffentlicher Meinungsbildung erreicht werden kann, sondern wie diese nach dem für Private eröffneten „Zugang zur Veranstaltung" und in einem überregionalen bzw. internationalen Rundfunkmarkt zu sichern ist.

Nach den bisherigen Ausführungen definiert sich der Rundfunk

a) durch die Verbreitungsform in Abgrenzung zu den Massenmedien Film und Presse, d. h. — wie oben dargelegt in wortidentischer Übernahme des Art. 1 Rundfunkgebührenstaatsvertrages — durch die Übertragung „unter Benutzung elektrischer Schwingungen ohne Verbindungsleitung oder längs oder mittels eines Leiters", sowie

b) durch die Summe der Veranstaltungen von Darbietungen aller Art in Wort, Ton und Bild, und ist daher eine in besonderer Form verbreitete, unter dem Blickwinkel des Art. 5 Abs. 1 GG, also wegen seiner Funktion für die öffentliche und individuelle Meinungsbildung, zu regelnde Gesamtveranstaltung.

Alle Bausteine, d. h. die einzelnen, meinungsbildungsfördernden[243] und insofern gleichermaßen regelungsbedürftigen Veranstaltungen, die zu dieser Gesamtveranstaltung beitragen, sind Teil des rundfunkrechtlichen Regelungskomplexes.

In den folgenden Passagen, soll zunächst der Begriff der „Veranstaltung" konkretisiert werden. In einem weiteren gedanklichen Schritt (sub II) wird gezeigt, daß für die Gesamtveranstaltung eine universelle Kontrollebene, sowie für die einzelne Veranstaltung eine individuelle Kontrollebene, welche sich graduell nach der Kontrollbedürftigkeit differenzieren läßt, zu bilden sind.

3. Die „Veranstaltung" in der rechtlichen Terminologie

Die Konkretisierung des juristischen Veranstaltungsbegriffs bereitet nicht unerhebliche Schwierigkeiten, da dieser bis dato keine explizite Erläuterung gefunden hat.[244] Er kann daher nur systematisch und teleologisch aus dem Umfeld der grundgesetzlichen Rundfunkfreiheit erschlossen werden.

242 Vgl. insbesondere §§ 4, 5, 11, 14 BayPrG.

243 Vgl. Schliersee Papier a.a.O. sub C zu Ziffer II Nr. 3 b), wo festgeschrieben wird, daß die Geeignetheit einer Darbietung zur Bildung der öffentlichen Meinung über ein gewisses Ausmaß hinausgehen muß, also eine Grenze zu überwinden ist, „bei deren Überschreitung sie zu einem derartigen Faktor der öffentlichen Meinungsbildung wird", für den dann erst die bundesverfassungsgerichtlichen Anforderungen gelten.

244 Im Schliersee Papier der Länder, das den Rundfunkbegriff durch seine Zerlegung in Einzelbestandteile und durch die anschließende Bestimmung derselben zu fixieren suchte, wurde nur der Terminus der Darbietung, nicht hingegen der der Veranstaltung definiert.

Im Eingang der sich anschließenden Betrachtung soll jedoch zunächst in der gebotenen Kürze ein Blick auf grammatikalische und kommunikationswissenschaftliche Ansatzpunkte geworfen werden.

a) „Veranstaltung" im ursprünglichen Wortsinn bedeutet „sorgfältiges herrichten als handlung" und „veranstalten" das „ins werk setzen einer sache"[245]. Der Wortlaut ist insofern umfassend und umschreibt lediglich eine zielgerichtete Aktivität, ohne deren Inhalt fixieren zu wollen. Die grammatikalische Auslegung ist insofern wenig ergiebig.

b) Der notwendigen Entwicklung des Begriffes für den Bereich des Rundfunks mag daher ein kurzer Seitenblick auf die mit den Massenmedien befaßte Kommunikationswissenschaft dienlich sein. Diese stellt vornehmlich auf den Begriff des Kommunikators ab, unter dem sie „jede Person oder Personengruppe, die an der Produktion von öffentlichen, für die Verbreitung durch ein Massenmedium bestimmten Aussagen beteiligt ist, sei es schöpferisch-gestaltend oder selektiv oder kontrollierend"[246], versteht. Im Rundfunk wirken an der Programmgestaltung eine Vielzahl von Einzelkommunikatoren — vom Drehbuchautor über den Regisseur bis zum Programmchef — mit, welche die einzelnen Beiträge initiieren, auswählen und zu einer Programmfolge zusammenfügen (= lat. communicare).

> "Die Programmgestaltung -Planung, Vorbereitung und Produktion der Rundfunksendungen- ist essentiell Sache der Rundfunkunternehmen. ... Sie gestalten durch ihre Informationsgebung[247] das Bild mit, das sich die Rezipienten von der politischen, wirtschaftlichen, kulturellen und gesellschaftlichen Lage außerhalb ihres unmittelbaren Lebensbereiches machen."[248]

"Die gestaltete Folge von Beiträgen mit einer Mehrzahl von Aussagen ist das Programm", wobei die Tendenz und die Wirkung nicht durch den einzelnen Beitrag, sondern durch ihre Gesamtheit bestimmt werde; „. . .auch hier ist das Ganze nicht die Summe seiner Teile."[249]

c) Unter dem Aspekt der Rundfunkfreiheit, welche als Teil der Meinungsbildungsfreiheit ein für die Demokratie unerläßliches Wesensmerkmal darstellt, ist vor allem die Zusammenstellung von Informationen, d. h. der Begriff der Selektion bei der Programmgestaltung von überragender Bedeu-

[245] Vgl. Deutsches Wörterbuch von Jacob und Wilhelm Grimm, Band 25, S. 79, 1956 (mit der dort üblichen Kleinschreibung)

[246] Maletzke, Psychologie der Massenkommunikation S. 43

[247] Diese wird in Anlehnung an den Sprachgebrauch der Kommunikationswissenschaft i.w.S verstanden und umfaßt Aussagen jeder Art, also auch reine Unterhaltungssendungen o. ä.

[248] Herrmann S. 28 f., sowie Fn. 13 auf S. 29

[249] Herrmann a.a.O. S. 28, vgl. ebenso die Definition des Rundfunkprogramms in § 2 Nr. 1 LMG Baden-W.:
Das Rundfunkprogramm ist „eine planvolle und zeitlich geordnete Folge von Rundfunksendungen eines Veranstalters."

tung. Es ist „für den kulturellrechtlichen Rundfunkbegriff bestimmend, daß Aussagen senderseitig selektiert und in einen Zusammenhang gebracht werden, der dann an die Empfänger verteilt wird."[250] In Bezug auf das Verbot staatlicher Einflußnahme spricht auch das Bundesverfassungsgericht von der „Programmfreiheit der Veranstalter", die vor unmittelbaren und mittelbaren „Einflüssen auf Auswahl, Inhalt und Gestaltung der Programme..., welche die Programmfreiheit beeinträchtigen"[251], geschützt werden müsse. Die Programmfreiheit umfaßt daher wie die Pressefreiheit[252] die Beschaffung von Informationen, deren Verarbeitung sowie deren endgültige Zusammenstellung.

Die Selektionsbefugnis des Veranstalters ist dabei das essentielle Charakteristikum[253], weil sie schließlich das Programm vor seiner Ausstrahlung konkretisiert. Durch sie werden die für die Öffentlichkeit bestimmten Einzelaussagen zu einem sendefertigen Signal gebündelt. Erst dieses Programm kann *nach* dessen Ausstrahlung (wegen des Verbotes der Vorzensur[254]) auf die Einhaltung gesetzlicher Anforderungen kontrolliert werden.

Ebenso wird im Presserecht, soweit die Verfolgung von Ordnungswidrigkeiten oder Straftaten (vgl. z. B. §§ 11 ff. BayPrG) inmitten steht, auf das *fertige* Druckwerk abgestellt. Dieses ist nach seiner Definition (vgl. § 6 BayPrG) nämlich eine bereits hergestellte, für die Öffentlichkeit bestimmte Schrift, Darstellung oder Musikalie. Damit einher geht zwar die Verantwort-

250 König, Die Teletexte S. 120

251 BVerfGE 73, 118 [183]

252 Vgl. BVerfGE 50, 234 [240]; Herzog in Maunz/Dürig Art. 5 GG Rdnr. 129 ff.

253 Ähnlich Obermayer, ZUM 10/1985 S. 465 und Stettner, ZUM 11/1986 S. 569, die im Blick auf den einzigen Veranstalter in Bayern, d. i. wegen Art. 111 a Abs. 2 Satz 1 Bay.Verf. die Bayerische Landeszentrale für neue Medien, die Programmgestaltung, sowie deren Verantwortung als „Kernstück" der Trägerschaft von Rundfunk bezeichnen.

254 Nur die nachträgliche inhaltliche Überprüfung auf die Einhaltung der allgemeinen Regeln bzw. Schranken der Meinungsfreiheit, also ein Eingriff nach Herstellung oder Verbreitung, ist zulässig (vgl. BVerfGE 33, 52 [72]). Dieser Vorgehensweise haben sich alle Landesmediengesetze in ihren Untersagungs-, Unterlassungs- bzw. Widerrufsregelungen (auch hier ist die Nomenklatur kunterbunt) angeschlossen (mit beträchtlichen Unterschieden im einzelnen). Danach findet die Untersagung eines Programms nur bei wiederholten oder schweren Verstößen statt (vgl. §§ 11 Abs. 4, 12 Abs. 1 LMG BW; Art. 35 Abs. 2 Satz 3 Bay MEG; § 59 Abs. 2 i.V.m. § 30 KPPG Berl.; § 37 Abs. 1 Nr. 2 Brem.LMG; § 45 Abs. 3 Hamb.MedienG; § 44 Abs. 4 LRG Nieders.; § 40 LRG NRW; § 22 Abs. 3 LRG Rh.-Pf.; § 52 Abs. 2 LRG Saarl.; § 34 Abs. 2 LRG Schl.-Holst.). Unter genanntem Aspekt daher sehr bedenklich Starck NJW 1980, S. 1362, der beim Zeit- und Anknüpfungspunkt der Kontrolle schon auf die Einspeisung mit folgenden Erwägungen abstellen will: einerseits könne der Empfang beim Rezipienten nicht wegen der Unverletzlichkeit der Wohnung gem. Art. 13 Abs. 1 GG unterbunden werden, zum anderen wäre jede nach der Einspeisung durchgeführte Unterbindung auch nicht praktikabel. Aber selbst die im Landespresserecht vorgesehene vorläufige Beschlagnahme ist bei Zeitungen, die wegen des Aktualitätsbezuges mit der Fernsehsendung allein vergleichbar ist, nicht zulässig (vgl. § 16 Abs. 2 Bay.PrG.).

lichkeit aller „am Erscheinen eines Druckwerks" Mitwirkenden (§ 11 Abs. 3 Satz 1 BayPrG), jedoch wird vorrangig der die Einzelbeitragsauswahl treffende Redakteur haftbar gemacht (§§ 5 Abs. 1, 11 Abs. 2 BayPrG).

Es ist „die geistige Handhabung (*Programmgestaltung*) des Rundfunks, die ihn als Instrument der Unterhaltung, Belehrung, Erbauung, Information und Beeinflussung erscheinen läßt"[255], ihn also über das Wesen als Medium hinaus auch zum „eminenten Faktor der öffentlichen Meinungsbildung"[256] geraten läßt.

d) Faßt man die obigen Gesichtspunkte zusammen, so stellt sich die einzelne Veranstaltung als ein Ausschnitt aller disponiblen Sendungen dar, als das Resultat der Selektion und der Zusammenstellung von Informationen zu einer sendefertigen Einheit. Infolge seiner meinungsbildenden Wirkung muß es von demjenigen verantwortet werden, der die Selektion vorgenommen hat, also dem Veranstalter[257]. Die Veranstaltung kann demzufolge nur aus einer Sendung bestehen — diese entsteht ebenfalls selektiv mit der Auswahl von Geschehnissen oder Zuständen, die für veröffentlichenswert befunden werden — oder aus einer Sendefolge, einem Programm. Ob eine einzelne Sendung oder ein ganzes Programm sich als Veranstaltung darstellt, muß konsequenterweise nach dem Selektionsumfang beurteilt werden, der einem Veranstalter zukommt. D. h. sobald derjenige, der das letzte Wort über die Gestaltung der sendefertigen Einheit hat und daher verantwortlich zeichnet (= Veranstalter), seine Entscheidung getroffen hat, ist vom Vorhandensein einer Veranstaltung auszugehen.

Der Vorteil dieser Definition liegt zum einen darin, daß nunmehr einem Veranstalter eine Veranstaltung zugeordnet werden kann. Hingegen kann man diese terminologische Kongruenz mit der bisherigen Rundfunkdefinition wegen des Singulars — "Rundfunk ist *die* Veranstaltung" nicht erreichen. Rundfunk wird nun einmal von mehreren[258] Veranstaltern gemacht, deren Veranstaltungen nicht nur als einzelne sondern auch in ihrer Gesamtheit ("Gesamtveranstaltung") zu betrachten und zu kontrollieren sind. Darüber hinaus korrespondiert das Abstellen auf die zuletzt getroffene

[255] Pohle, Rundfunk als Instrument der Politik (Hans Bredow Institut 1955) S. 19, Hervorhebung vom Verf.

[256] BVerfGE 12, 205 [260]; vgl. ähnlich auch Badura, Rundfunkfreiheit und Finanzautonomie, der die „Programmfreiheit" (S. 43), d. h. „Auswahl, Inhalt und Gestaltung" (S. 58) als Kernstück der Rundfunkfreiheit begreift.

[257] Siehe auch Jarass, ZUM 6/1986, S. 304: Beim Veranstalten geht es „in der Sache ... um die eigenverantwortliche Erstellung und Ausstrahlung von Rundfunksendungen, insb. die Zusammenstellung des Programms, sei es aus eigenen Produktionen, sei es aus den Produktionen Dritter (Fremdproduktionen)"(Hervorhebung vom Verf.). Daß die Verantwortlichkeit für das ausgestrahlte Programm zu einem der Hauptwesensmerkmale des Veranstalters gehört, belegen u. a. die Regelungen der §§ 1 a Nr. 5 LRG Saarl. und § 2 Nr. 6 LRG BW.

[258] Mit Ausnahme Bayerns, wo allein die Landesmedienzentrale Veranstalter sein kann.

Selektionsentscheidung mit dem Zeitpunkt, in dem frühestens seine Zweckbestimmung, d. h. seine Ausrichtung auf die Allgemeinheit, angenommen und somit ein weiteres Definitionsmerkmal des Rundfunks erfüllt werden kann[259]:

> "Die Veranstaltung einer für die Allgemeinheit bestimmten Darbietung — und damit eine Rundfunkveranstaltung — liegt aber erst dann vor, wenn das sendefertige Signal keiner inhaltlichen Veränderung unterzogen und an den Rezipientenkreis, für den es bestimmt ist, übermittelt werden kann.... Erst in diesem Moment ist ein Programm entstanden, das objektiv dazu bestimmt und geeignet ist, an einen Personenkreis weitergeleitet zu werden, der nicht durch persönliche Bindungen oder Verbindungen zum Veranstalter gekennzeichnet ist (so die Definition der 'Allgemeinheit' im sog. Schlierseepapier der Rundfunkreferenten der Länder, abgedr. in FuR 1975, S. 652)."[260]

Somit kann die „Veranstaltung" wie folgt definiert werden:

Eine Veranstaltung ist das sendefertige Resultat einer Auswahl und Gestaltung sendefähiger, meinungsbildender[261] Beiträge, für die ein Veranstalter die Verantwortung trägt. Die Summe aller Veranstaltungen ergibt die Gesamtveranstaltung.

Bevor im nächsten Abschnitt der Kontrollbedarf bei der einzelnen „Veranstaltung" bzw. bei der „Gesamtveranstaltung" erörtert werden kann, soll aus Gründen terminologischer Klarheit auf einen kleinen, wenngleich unmaßgeblichen Unterschied zwischen diesen Begriffen hingewiesen werden. Die „Veranstaltung" als solche ist ihrer Intention nach auf Verbreitung angelegt. Ob sie jedoch ein Glied der vorhandenen Gesamtveranstaltung, also in die Summe aller regel- und empfangbaren Sendungen integriert werden kann, steht erst nach ihrer Zulassung zur Verbreitung fest. Die „Gesamtveranstaltung" (= Rundfunk) findet mithin bereits statt, während die „Veranstaltung" lediglich stattfinden soll, also auch „ausfallen" kann.

II. Die Probleme einer Kontrolle bei der Einspeisung von Rundfunkprogrammen

Um die Darstellung der Kontrollebenen etwas zu erleichtern, soll zunächst die herkömmliche Nomenklatur beibehalten werden. Unter 2. wird dann die relativ einfache Angleichung an die soeben vorgestellten Definitionen durchgeführt. Im weiteren Fortlauf dieses Abschnitts soll daraufhin die zentrale

---

[259] Hermann S. 44 ff. und Ricker, Einspeisung von Rundfunkprogrammen in Kabelanlagen S. 56.

[260] Ricker, Einspeisung von Rundfunkprogrammen in Kabelanlagen, S. 56.

[261] Zu den weiten Mitwirkungsmöglichkeiten am Prozeß der öffentlichen Meinungsbildung durch Sendungen fast aller Art vgl. BVerfGE 12, 205, [260]; kritisch hierzu Lerche in SitzungsberichtO zum 56. DJT S. 39 ff. Siehe ausführlich hierzu 3. Kapitel D II a. A.

Frage nach der Anwendbarkeit des Veranstaltungsbegriffes auf die Weiterverbreitung untersucht werden.

1. Die Kontrollebenen

Potentielle Gefahren für die Rundfunkfreiheit des Art. 5 Abs. 1 Satz 2 GG gehen zum einen von den zur Ausstrahlung gelangenden Sendungen aus, wenn auch weniger gravierend. Denn inhaltliche Verstöße gegen die allgemeinen Gesetze i. S. des Art. 5 Abs. 2 GG, gegen das aus Art. 5 Abs. 1 GG folgende Gebot[262], ein „Mindestmaß von inhaltlicher Ausgewogenheit, Sachlichkeit und gegenseitiger Achtung"[263] an den Tag zu legen, oder gegen das Verbot, die Wiedergabe der bestehenden Meinungsvielfalt[264] durch beherrschenden Einfluß zu verkürzen, können zumindest offenkundig werden. Daher können ihnen gegenüber zivil-, verwaltungs- und strafrechtliche Sanktionen eher ausgesprochen werden.

Andererseits liegt eine Bedrohung der Rundfunkfreiheit in der Möglichkeit, einen Beitrag zu unterdrücken und damit die Meinungsbildungsfreiheit zu verdrängen oder zu verzerren. Bei der Einspeisung werden in einem außenpluralistischen Modell unter dem letzterem Aspekt die einzelnen Beiträge jedoch nur auf ihre Vereinbarkeit mit der „auch" für sie gültigen grundgesetzlichen Verpflichtung zu „sachgemäßer, umfassender und wahrheitsgemäßer Information und zu einem Mindestmaß an gegenseitiger Ach-

---

[262] Der Mindeststandard folgt aus dem Gebot zur Sicherung der Institution Rundfunk und ist daher der Grundrechtsverwirklichung als Schranke immanent. Er gehört zu der gesetzlichen Ausgestaltung, die sich als Voraussetzung zur Entfaltung darstellt. Dies ergibt sich aus den Ausführungen des Bundesverfassungsgerichtes im ersten Rundfunkurteil (BVerfGE 12, 205 [263]), wo es sinngemäß heißt, die Sicherung der Rundfunkfreiheit verlange diese Forderungen, sowie aus BVerfGE 57, 295 [326], das die Veranstalter daneben (neben den Mindestgeboten) an die allgemeinen Gesetze bindet. Vgl. auch H. H. Klein, Rundfunkfreiheit S. 36, der die wahrheitsgemäße Berichterstattung als „gegenständliche" Eingrenzung begreift. Hierfür spricht ferner, daß bereits die Meinungsäußerungsfreiheit zumindest bewußt unwahre Meinungsäußerungen nicht umfaßt, vgl. Degenhart Bonner Kommentar Art. 5 Rdnr. 139. Ebenso Jarass Gutachten G 25. Insofern geht die Ansicht fehl, die diese Maßstäbe dem Art. 5 Abs. 2 GG, also den allgemeinen Gesetzen entnehmen will (vgl. Schneider in Schwarze, Rundfunk und Fernsehen S. 20 mit indirektem Verweis auf die §§ 823,1004 BGB; § 185 ff. StGB). Ebenso aber auch Starck in JZ 1983, S. 412, der das Mindestmaßgebot unter dem Aspekt des Art. 5 Abs. 2 GG prüft und wegen seines nicht auf den (etwa zu verbietenden) Inhalt einer einzelnen, bestimmten Meinung, sondern nur auf die Informationsgewinnung und -aufmachung abzielenden Charakters mit ihm für vereinbar hält. Siehe dagegen ferner die Entscheidung des Bundesverfassungsgerichtes zur Wahrheitspflicht der Presse, die „in der Bedeutung der öffentlichen Meinungsbildung am Gesamtorganismus einer freiheitlichen Demokratie begründet" (BVerfGE 12, 113 [139]) ist.

[263] Vgl. BVerfGE 12, 205 [263]; 57, 295 [326]

[264] Vgl. BVerfGE a.a.O.

tung"[265] überprüft. Denn bei ihnen erübrigt sich eine individuelle Ausgewogenheitskontrolle (Stichwort: Pluralismus durch Programmsvielfalt)[266], es sei denn, die Ausgewogenheit des Gesamtprogramms würde durch ein Programm in erheblichem Maße gestört. Durch das Wort „auch" wird klargestellt, daß es sich bei der Qualifizierung der Informationsvermittlung nur um eine Konkretisierung bzw. erläuternde Formulierung des in dem Mindestmaßgebot enthaltenen Sachlichkeitspostulat handeln kann. Ihr darf daher keinesfalls eine Anhebung der Kontrollmaßstäbe oder sogar eine versteckte Einführung eines internalisierten Ausgewogenheitsgebotes entnommen werden[267]. Eine derartige Sichtweise hieße, verbreitete Programme strikter zu reglementieren als die in einem Bundesland zur Veranstaltung zugelassenen, gäbe also keinen rechten Sinn.

In letzterer Hinsicht, d. h. in Bezug auf die Gefahren für den Pluralismus ist vor allem eine Aussage des Bundesverfassungsgerichtes zu § 15 LRG Niedersachsen von herausragender Bedeutung, in der es folgende verfassungsrechtliche Maßgabe aufstellt:

> "Soweit § 15 LRG 'Programme in ihrer Gesamtheit' und eine Beurteilung der für einzelne Programme geltenden Anforderungen 'in Verbindung mit anderen Programmen' voraussetzt, ist zu berücksichtigen, daß — vor allem bei der Übertragung privater Rundfunkprogramme durch Kabel — von einer den ganzen Geltungsbereich des Gesetzes umfassenden Gesamtheit von Programmen nur bedingt die Rede sein kann; externe Ausgewogenheit läßt sich allein auf das *jeweilige Übertragungssystem* oder auf das jeweilige Verbreitungsgebiet derjenigen Programme beziehen, von denen angenommen wird, sie glichen einander aus."[268]

[265] Vgl. BVerfGE 57,295 [326] i.V.m. mit BVerfGE 73, 118 [199 f.], das diese Anforderungen auch für die Weiterverbreitung i.w.S. gelten läßt.

[266] Ausdrücklich BVerfGE 57, 295 [326], sowie BVerfGE 73, 118 [200]

[267] So aber Stock, Medienfreiheit S. 497 ff. (insbes. S. 500), der als Folge einer „Überlappung" der Attribute „sachgemäß, umfassend und wahrheitsgemäß" und „ausgewogen" (S. 500) entgegen der eindeutig „erscheinenden" (S. 498) Passage des Bundesverfassungsgerichtes auch im außenpluralistischen System zu einer Binnenwirkung des Ausgewogenheitsgebotes im einzelnen Programm gelangt. So dürfe die Information „nicht pressespezifisch-einseitig bzw. scheinbar 'meinungsfrei'", sondern allenfalls „in gewissem Umfang positional und perspektivistisch beschaffen sein."(S. 500). Dem ist trotz aller Problematik dieser bundesverfassungsgerichtlichen Postulate (vgl. z. B. kritisch Degenhardt DÖV 1981 S. 960 ff.) — dem obigen Text hinzufügend — entgegenzuhalten, daß ein Programm sehr wohl stark tendenziös berichten, d. h. die Akzente in der Gewichtung einer Problemdiskussion verschieben oder sogar ganze, als nicht erwähnenswert erachtete Themenbereiche unberücksichtigt lassen kann, ohne deshalb gegen journalistische Mindestregeln zu verstoßen. Gegen die die Veranstalterfreiheit einengende Sichtweise spricht auch die Tatsache, daß das Bundesverfassungsgericht im ersten Fernsehurteil diese Minimalforderungen unter dem Aspekt des 'Nichtausgeliefertwerdendürfens' des Rundfunks an den Staat oder eine gesellschaftliche Gruppe erhoben hat. Es sollte also eine Manipulation bzw. propagandistische Perversion des für die Demokratie eminent wichtigen Meinungsbildungsinstruments verhindert werden, nicht aber ein harter und sachlicher Austausch der Meinungen.

[268] Vgl. BVerfGE 73, 118 [162]

Was demnach zählt, ist nicht nur die aus einer Addition von über die Antenne empfangbaren und den eingespeisten Programmen resultierende gleichgewichtige Vielfalt, sondern auch der sich in dem jeweiligen Verbreitungsmittel ergebende Pluralismus.[269] Der Rundfunk als Gesamtveranstaltung läßt sich demnach nach den Übertragungstechniken differenzieren, wobei für jede, d. h. sowohl für Kabel- als auch für über Antennen empfangbare Programme, Kontrollmechanismen zu entwickeln sind.[270]

In Kabelanlagen steht dabei das Selektionsverfahren für die (Nicht-) Zulassung von Programmen zur Einspeisung oder für ihr Ausscheiden im Vordergrund des rechtlichen Regelungsbedürfnisses. Denn diese Entscheidungen sind Ergebnisse der — wie soeben festgestellt — notwendigen Prüfung, ob das Pluralismusgebot (durch die Programme in ihrer Gesamtheit) und der inhaltlichen Mindeststandard (durch jedes einzelne Programm) eingehalten werde. Die in Kabelanlagen einzuspeisenden Programme müßten daher bei konsequenter Transformation der eben geschilderten Gesichtspunkte zum Schutze der Rundfunkfreiheit in zweierlei Hinsicht kontrolliert werden:

a) Das einzelne Programm bezüglich seiner Vereinbarkeit mit den allgemeinen Gesetzen und der Erfüllung seiner Verpflichtung zu „sachgemäßer, umfassender und wahrheitsgemäßer Information und zu einem Mindestmaß von gegenseitiger Achtung“. Es findet insofern eine individuelle Niveaukontrolle statt.

b) Das Gesamtprogramm, als die Vielzahl aller für die Einspeisung ausgewählten und zugelassenen Programme, hinsichtlich seiner Vereinbarkeit mit den Pluralismusanforderungen, also seiner Ausgewogenheit in Form einer universellen Kontrolle.

Ob jedoch tatsächlich alle Programme einer derartigen Prüfung unterliegen, ist äußerst strittig.

2. Die Übernahme der neuen Terminologie

Die Übertragung dieser Anforderungen bereitet mit der hier vorgeschlagenen Terminologie formal und inhaltlich keine Schwierigkeiten.

Zunächst ist festzuhalten, daß die soeben beschriebenen „Programm“-Grundsätze für die *Veranstaltung* gelten müssen. Denn das Programm ist neben der Sendung lediglich ein Unter- wenn auch der Regelfall der Veran-

[269] So auch Stock, Medienfreiheit S. 490 mit der Bemerkung, daß Defizite im terrestrischen Rundfunk nicht mit dem Verweis auf nicht überall zugängliche Kabelprogramme wettgemacht werden können. Siehe dazu auch Stender-Vorwachs, Gruppenferne S. 142.

[270] Vgl. dazu auch § 11 Abs. 2 LRG Schl.-Holst., sowie zustimmend Fuhr in ZUM 1987 S. 153.

staltung.[271] Nach obigem Definitionsansatz muß darüber hinaus auch bei der Weiterverbreitung eine Veranstaltung vorliegen. Eine terminologische Differenzierung gegenüber der Zulassung zur erstmaligen Veranstaltung in einem Bundesland kann hiernach nicht stattfinden. Denn hier wie dort stehen nach vorausgegangener Selektion sendefertige Resultate zur Verbreitung an. Daher bedarf zunächst jedes dieser Resultate einer individuellen Kontrolle.

Wenn weiterhin bewiesen werden kann, daß unter dem Aspekt der Rundfunkfreiheit *alle* eingespeisten Programme in ihrer Gesamtheit (universell) mit Blick auf den zu wahrenden Pluralismus kontrollbedürftig sind und zwar unabhängig von ihrer Empfangsmöglichkeit, muß auch die bisher übliche Differenzierung zwischen dem herkömmlichen Rundfunk und der Weiterverbreitung als rundfunkrechtlich-relevantem Vorgang aufgegeben werden. Der Begriff der *Gesamtveranstaltung* (innerhalb ihres in dieser Arbeit zu untersuchenden Teilbereich Kabelrundfunk) böte für den umfassenden Kontrollbedarf eine Erklärung. Denn das Kabelgesamtprogramm stellt wiederum das Ergebnis einer *Selektion* aus allen auf Verbreitung angelegten Einzelveranstaltungen dar.

Demgegenüber stellen rundfunkrechtliche Literatur und Landesmediengesetze eine angeblich geringere Kontrollintensität bei weiterverbreiteten, zumindest aber bei ortsüblich empfangbaren Programmen fest. Die überwiegend anzutreffende These — mit unterschiedlicher Argumentation im einzelnen — lautet, die Einspeisung ortsüblicher und (teilweise sogar) herangeführter Programme erfülle nicht den Tatbestand einer Veranstaltung (nähere Ausführungen folgen solgeich). Daher seien andere Maßstäbe anzulegen. Die Prämisse dieser These — mag ihr Ergebnis zum Teil mit anderen Gründen aufrechtzuerhalten sein —[272], daß eine Ungleichbehandlung infolge unterschiedlicher Empfangbarkeit (vor allem aus Gründen der Informationsfreiheit) vorzunehmen sei, soll im folgenden widerlegt werden[273].

3. Die Ansätze der rundfunkrechtlichen Literatur im einzelnen

In der medienrechtlichen Literatur lassen sich in der Frage nach der rundfunkrechtlichen Qualifizierung einzuspeisender Programme vornehmlich zwei Meinungsrichtungen ausmachen. Diese stimmen insoweit überein,

---

271 Siehe soeben B I 3 d).

272 Hierzu siehe B III 4 a).

273 Die Frage, ob eine Differenzierung nach Empfangbarkeitskriterien vorgenommen werden kann, präjudiziert zugleich erheblich die Rangfolgethematik, siehe dazu das 3. Kapitel am Anfang.

als es sich bei der bloßen Verbesserung der Empfangsmöglichkeiten für die in der Luft befindlichen Programme, nicht um eine Veranstaltung von Rundfunk handeln könne: „Rundfunkempfang ist eben nicht Rundfunkveranstaltung."[274] Denn das Kabel sei lediglich ein Antennenersatz, der Empfang erfolge nur in technisch anderer Form.

Darüber hinaus steht jedoch im Streit, ob die inhaltlich unveränderte, vollständige und zeitgleiche Weiterverbreitung herangeführter Programme eine Veranstaltung[275] zum Inhalt habe oder allein der Verbreitung[276] zuzurechnen sei. Beide Auffassungen berufen sich auf die Wortschöpfung des Ergänzungsberichts der Ministerpräsidentenkonferenz, also auf die rundfunkrechtliche Relevanz dieses Vorganges. Dies zeigt einmal mehr das aus der unpräzisen Definition entstehende Dilemma.

a) Fuhr/Krone als Vertreter der ersten Auffassung gelangen zu diesem Ergebnis, indem sie die Sach- und Rechtslage bei der Weiterverbreitung mit derjenigen eines über einen direktstrahlenden Rundfunksatelliten ausgestrahlten Programmes vergleichen. Da sie das Gewicht auf die Verbreitung *an die Allgemeinheit* als Voraussetzung zur Erfüllung des Rundfunkbegriffs legen, sei erst bei der Empfangbarkeit beim Rezipienten eine Kongruenz der Tatbestände (ohne nähere Erläuterung dieser Annahme) zu bejahen. Sobald das herangeführte Programm eingespeist werde, läge somit Rundfunk vor, nicht hingegen schon mit dem Signaltransport vom Fernmeldesatelliten zur Übergabestation.

b) Groß ordnet gleichfalls die herangeführten Programme der Veranstaltung zu, da eine Entscheidung hinsichtlich ihrer Einspeisung erfolgen müsse. Denn diese sei nicht allein eine Empfangsverbesserung[277], sondern setze einen Entschluß über die Übernahme in das Kabel voraus, welcher nur von einem landesgesetzlich bestimmten, die Verantwortung tragenden Rundfunkveranstalter gefällt werden dürfe[278]. Groß geht jedoch fehl in der Annahme, daß sich diesen Standpunkt bereits der Bericht der Rundfunkreferenten vom 4.2.1983 zu eigen gemacht habe, mit dem Argument, dieser habe nur die Frage nach der Regelungsdichte *bei der Heranführung* außerhalb eines Landes veranstalteter Programme unbeantwortet lassen wollen und nicht etwa den Normierungsbedarf bei der Einspeisung. Daß jedoch bei der Abfassung des ersten Berichtes nur irrtümlicherweise der (technische) Termi-

[274] Vgl Groß, Media Perspektiven 11/83 S. 791, ders. NJW 1984 S. 409, 413; Hesse ZUM 1/87 S. 22; Ricker, Die Einspeisung in Kabelanlagen S. 50.

[275] Groß NJW 1984 S. 413, Fuhr/Krone FuR 1983 S. 520.

[276] Ricker, Die Einspeisung von Rundfunkprogrammen in Kabelanlagen, sowie ders. in Privatrundfunkgesetze, Hesse ZUM 1/87 S. 22.

[277] Lediglich als Empfangsverbesserung und damit nicht als Rundfunkveranstaltung sieht Groß die Verbreitung der ortsüblichen Programme an, vgl. in Medienlandschaft im Umbruch S. 30.

[278] Groß NJW 84, S. 413, ders. Media Perspektiven 11/83 S. 791.

nus der Heranführung mit dem (medienrechtlichen) Begriff der Einspeisung vertauscht wurde, zeigt folgende Passage des Ergänzungsberichtes:

> "In dem am 4. Februar 1983 von den Regierungschefs zur Kenntnis genommenen Bericht waren vor allem folgende Fragestellungen offengeblieben:
> Offen war, ob die inhaltliche unveränderte, vollständige und zeitgleiche *Einspeisung* von Rundfunkprogrammen, die für das Sendegebiet nicht gesetzlich bestimmt sind, eine neue Rundfunkveranstaltung ist."[279]

Eine Teilung der Problematik in Fragen der Heranführung einerseits und der Einspeisung andererseits war also nicht beabsichtigt.

c) Eingehend mit der Problematik 'Weiterverbreitung und Rundfunkdefinition' hat sich Reinhard Ricker auseinandergesetzt[280].

Rickers Definition der Veranstaltung wurde bereits erwähnt.[281] Diese sei nach Maßgabe der Rundfunkdefinition der Länder streng von der Verbreitung als einem der drei originären und konstitutiven Elemente (nämlich „Veranstaltung", „Verbreitung" und „Allgemeinheit") des Rundfunks zu trennen[282]. Die Verbreitung umfasse dabei die sich der Erstellung des sendefertigen Signals „anschließenden technischen Vorgänge, die der Übermittlung der Programmsignale an die Rezipienten dienen."[283] Daher werde der Rundfunkbegriff in allen seinen Merkmalen erst dann erfüllt, wenn die Verbreitung eines Programmes im landesgesetzlich bestimmten Übertragungsgebiet erstmalig über das Kabel stattfinde. Im originären Verbreitungsgebiet sei es dann „nach den dort geltenden rundfunkrechtlichen Vorschriften [als Veranstaltung (Anm. des Verf.)] auch zu verantworten."[284] Indem Ricker zum einen das Vorliegen einer Veranstaltung nur im originären Verbreitungsgebiet bejahen will, zum anderen aber die additive Komplementarität aller Einzelmerkmale zur Erfüllung des Rundfunkbegriffs verlangt, wird er gezwungen, für die Weiterverbreitung außerhalb des ursprünglichen Sendegebiets veranstalteter Programme nach einer neuen rundfunkrechtlichen Kategorie zu suchen, da sie „weder bloßen Empfang darstellt (sondern der Verbreitung zuzurechnen ist), noch andererseits den Rundfunkbegriff ganz ausfüllt."[285]

Wiederum müssen nebulöse Aussagen aus der Misere helfen. Die Weiterverbreitung gehöre eben wegen der Verbreitung von Programminhalten an einen weiteren, bisher nicht zugänglichen Rezipientenkreis der „Rundfunk-

---

279 Ergänzungsbericht, abgedr. bei Ring sub F III 1.6, S. 3.

280 Vgl. hierzu umfänglich Ricker, Die Einspeisung von Rundfunkprogrammen in Kabelanlagen, sowie Ricker, Privatrundfunkgesetze im Bundesstaat.

281 Siehe sub B I 3 d).

282 Ricker, Die Einspeisung S. 57.

283 a.a.O. S. 56.

284 a.a.O. S. 57.

285 a.a.O. S. 70.

materie" an. Für sie gälten aber nicht die strengen, vom Bundesverfassungsgericht nur auf die Veranstaltung bezogenen Anforderungen. Die Einspeisung von an einem anderen Ort bereits veranstalteter und verbreiteter Programme sei insofern nur ein „minus", für das jedoch infolge der Zugehörigkeit zur Rundfunkmaterie als einem wesentlichen Bereich rundfunkgesetzliche Regelungen erforderlich seien.[286]

4. Kritik

a) Fuhr/Krone ist entgegenzuhalten, daß sich ihrer pauschalen Behauptung, erst mit der Einspeisung und nicht schon bei der Übermittelung der Signale über einen Fernmeldesatelliten mangels Bestimmung für die Allgemeinheit läge *wiederum Rundfunk* vor, nichts weiteres zum eigentlichen Thema, ob die Weiterverbreitung letztlich auch eine Veranstaltung zum Inhalt habe, entnehmen läßt.

Ricker folgert jedoch in einer kritischen Anmerkung aus der obigen Formulierung mit Blick auf die drei Komponenten des Rundfunkbegriffs, daß nach dieser Auffassung eine „neue Rundfunkveranstaltung ggfs. erst bei der Einspeisung" beginne.[287] Daraufhin versucht er mit dem Argument, daß ein weiterverbreitetes Programm am Ort seiner primären Verbreitung den Rundfunkbegriff schon vollständig erfüllt habe, zu begründen, warum das finale Element der Ausrichtung auf die Allgemeinheit nicht mehr zu prüfen sei. Ricker verkennt dabei, daß die Autoren lediglich die Heranführung aus dem Rundfunkbegriff auszuscheiden beabsichtigten, da dieser Vorgang technisch noch nicht unmittelbar an die Allgemeinheit gelange (sie findet ihr Ende an der Übergabestation). Erst mit der Einspeisung, die das Programmsignal unmittelbar der Allgemeinheit vermittelt, finde Rundfunk statt. Die Heranführung stelle also noch „keinen medienrechtlichen Akt"[288] dar, die landesgesetzlichen Regelungen hätten vielmehr an den Akt der Einspeisung anzuknüpfen. Die Ausführungen thematisieren daher den Rundfunkdefinitionsteil (Bestimmung für die) „Allgemeinheit" und nicht den der „Veranstaltung". Wann eine „Veranstaltung" vorliegt, kann somit nicht gesagt werden. An dieser Stelle sei bemerkt, daß die eigentliche Lösung dieser Problematik nicht vor dem Hintergrund des Begriffes der Allgemeinheit, welche nur die Beziehungslosigkeit der Rundfunkteilnehmer auf der Rezipientenseite, also die Unbestimmtheit des Adressatenkreises sicherstellen

[286] a.a.O. S. 70 f.

[287] a.a.O. S. 66.

[288] Manfred Kühn, Die Einspeisung von Rundfunkprogrammen in Kabelanlagen in J. Schwarze S. 90; Hans Schneider, Einheitliche Grundsätze für die Verbreitung und Verteilung von Rundfunkprogrammen, ebda. S. 25.

soll, zu finden ist.[289] Sie ist eher beim Terminus der Verbreitung zu suchen. Denn eine Verbreitung ist rundfunkrechtlich nur gegeben, sofern sie sich nicht allein „innerhalb einer überblickbaren räumlichen Einheit vollzielt."[290] Demzufolge steht beim Signaltransport eines Programms zur Einspeisungsstelle objektivierte Destination, d. h. die finale Ausrichtung auf die Allgemeinheit, letztlich nicht in Frage. Vielmehr liegt bei der Heranführung noch keine Verbreitung im Sinne der Rundfunkdefinition vor. Sie dient als technische Vorbereitungshandlung lediglich deren Realisation.[291]

b) Gegen die Argumentation Rickers muß folgendes eingewandt werden:

Zum einen leistet die Behauptung, die Weiterverbreitung gehöre der „Rundfunkmaterie" an, keinen Beitrag zu einer definitorischen Klärung. Zudem verkennt die von ihm angestrengte Parallele — die Verbreitung gehöre der Rundfunkmaterie ebenso an wie die Freiheit der Presse auch den Vertrieb umfasse[292] —, daß im Rundfunk fernmelderechtliche und kulturellrechtliche Fragen auseinanderzuhalten sind. Mit der Auslieferung von Presseerzeugnissen könnten allenfalls erstere in Verbindung gebracht und verglichen werden. Denn letztere stellen sich im Presserecht mangels einer dem Rundfunk ähnlichen Sondersituation völlig anders dar. Bei der rundfunkrechtlichen Einordnung der Weiterverbreitung und der damit zusammenhängenden Bestimmung des Umfangs des (kulturellrechtlichen) Gesetzesvorbehalts stehen jedoch gerade die Konsequenzen aus dieser Sondersituation zur Diskussion.

Mithin findet sich die Behauptung, daß das Bundesverfassungsgericht „im Ergebnis, ohne dies jedoch ausdrücklich zu erwähnen, die These vom rundfunkrechtlich relevanten Vorgang nicht beanstandet"[293] habe. Allein die Anwendung des Verbreitungsbegriffes im vierten Fernsehurteil und die Feststellung der gegenüber der „bisher erörterten Veranstaltung"[294] Regelungsdichte vermag die Auffassung der h.L. und Rickers jedoch nicht zu stützen. Zum einen liegt eine Schwäche darin, daß sie lediglich vermuten kann. Denn eine konkrete Position des Gerichts in der Problematik einer *begrifflichen* Differenzierung zwischen der Veranstaltung und der Weiterverbreitung ist nicht auffindbar.

Zum anderen stellt sich bei der „Verbreitung" als technische Übertragungsform die Frage, inwieweit sie wegen ihres materiellen Gehalts regelungsbedürftig ist. Dies hängt wiederum davon ab, ob dieser sich als

[289] Wohl a.A. aber Albrecht Hesse DÖV 1986 S. 189.

[290] Vgl. Schlierseepapier abgedr. bei Ring sub F I 1.5.

[291] Vgl. auch oben A I 1).

[292] Ricker a.a.O. S. 70.

[293] So Albrecht Hesse in ZUM 87/1 S. 23.

[294] BVerfGE 73, 118 [196]

Veranstaltung darstellt. Daß hierbei eine Ausgliederung der Weiterverbreitung aus dem Rundfunkbegriff, also eine Negierung der Veranstaltungseigenschaft dem Urteil nicht zu entnehmen ist, ergibt sich aus der gerichtlichen Argumentation, warum die verbreiteten Programme nicht denselben verfassungsrechtlichen Anforderungen zu unterwerfen seien wie bei der ursprünglichen Veranstaltung: Nicht etwa weil ihr Veranstaltungscharakter zu bezweifeln wäre, sondern weil sie am Ort ihrer ürsprünglichen Veranstaltung bereits nach weitgehend homogenen länderrechtlichen Normen kontrolliert sind.[295] Mit dem Urteilswortlaut allein läßt sich daher der materielle Sinngehalt der Verbreitung (Veranstaltung oder rundfunkrechtlich-relevanter Vorgang) nicht explizieren.

Schließlich liegt in Rickers Argumentation eine Unsicherheit, wenn er es letztlich „dahingestellt" sein läßt, „ob in der Auswahl von Programmen eine eigene Rundfunkveranstaltung liegt."[296] Denn nach dem Ergebnis seines Gutachtens sei den Rezipienten aus Gründen der Informationsfreiheit die Selektionsbefugnis zu überlassen. Da diese nur zum Schutz gegen äußerste Gefahren gesetzlich beschränkt werden dürfe, komme es auf den für den Gesetzesvorbehalt ansonsten wesentlichen terminologischen Streit — Veranstaltung Ja oder Nein — nicht mehr an. Selbst wenn man diese These billigte[297], so kann für den Tatbestand einer Veranstaltung lediglich eine Rolle spielen, *ob* eine Selektion vorgenommen wird, jedoch nicht durch wen — seien es die Teilnehmer, der Kabelbetreiber oder die Landesmedienanstalten. „Das zentrale Argument für die Annahme einer Veranstaltung"[298] entfällt daher keineswegs.

c) Der hier vertetenen Meinung kommt somit die Auffassung von Groß am nächsten, der die Weiterverbreitung als Veranstaltung begreift. Groß stellt dabei zurecht auf die oben bereits besprochenen kohärenten Aspekte der Selektion und der hierfür zu tragenden Verantwortung ab. Jedoch muß nach dem Ansatz dieser Arbeit die Einspeisung aller Programme, d. h. neben den weiterverbreiteten im Gegensatz zu der ganz h. L.[299] auch die Einspei-

---

[295] BVerfGE 73, 118 [197]; das weitere Argument, daß die über die Antenne empfangbaren Programme sowieso der landesgesetzlichen Regelung entzogen seien und daher strenge Anforderungen wenig effektiv seien, spielt für die Weiterverbreitung i. e. S. keine Rolle. Dies wird jedoch sogleich sub B III behandelt werden.

[296] Ricker, Die Einspeisung S. 68

[297] Dazu, daß die Teilnehmerentscheidung für die Gewährleistung der Rundfunkfreiheit nicht ausreicht — hier sei der Aspekt Minderheitenschutz schon einmal erwähnt — siehe 3. Kapitel.

[298] Ricker a.a.O. S. 68.

[299] Vgl. hierzu Kühn in Schneider S. 89; Groß Media Perspektiven S. 791, ders. in NJW 1984 S. 412; Hesse ZUM 1/87 S. 22; Ricker, Die Einspeisung von Rundfunkprogrammen S. 47; ders. in Privatrundfunkgesetze S. 160; vgl. jüngst §§ 32 ff. hessisches Privatrundfunkgesetz vom 30.11.1988 GVBl.II 74-13 mit der üblichen Differenzierung und Kontrollregelung nach Empfangbarkeitskriterien.

sung der in der Luft befindlichen Sendungen als Veranstaltung betrachtet werden.[300]

III. Die Einspeisung ortsüblicher Programme als Veranstaltung

1. Anhaltspunkte in den Entscheidungen des Bundesverfassungsgerichtes

Zunächst ist auf die Überlegung des Bundesverfassungsgerichtes zurückzukommen, daß die Rundfunkfreiheit im jeweiligen Übertragungssystem zu garantieren sei. Dies bedeutet, daß alle in eine Kabelanlage einzuspeisenden Programme in ihrer Gesamtheit einer universellen Pluralismuskontrolle unterliegen und daß jedem einzelnen die Beachtung der Mindestmaßgebote obliegt. Denn „die Verbreitung aller Programme [wird] von dem Gewährleistungsauftrag des Gesetzgebers umfaßt“[301].

Dreh- und Angelpunkt der Argumentation der h. L. bei der Einspeisung der in der Luft befindlichen Programme ist deren ausschließliche Zuordnung zur Empfangsseite, welche jegliche gesetzliche Regelung wegen des Grundrechts der Informationsfreiheit unzulässig mache.[302] Deshalb könne dieser Vorgang keine Veranstaltung darstellen. Nach dieser Schlußfolgerung läßt die h. L. aber dessen konkrete definitorische Einordnung in das Rundfunkbegriffsgefüge vermissen. Da er hiernach weder eine Veranstaltung noch einen rundfunkrechtlich relevanten Vorgang verkörpert, bliebe für die rundfunkrechtliche Nomenklatur lediglich eine neue Kategorie sui generis übrig, d. h. ein von allen legislativen Zulässigkeitsvoraussetzungen freigestellter Typus von Nicht-Rundfunk innerhalb des Rundfunkübertragungssystems Kabelfunk. Das Maß begrifflicher Ungenauigkeit erreicht damit eine weitere Steigerung.

Darüber hinaus steht die These einer völligen Befreiung ortsüblicher Programme von gesetzlichen Restriktionen im Gegensatz zu der soeben dargelegten, vom Bundesverfassungsgericht aufgegriffenen umfassenden Pflicht zur Gewährleistung der Rundfunkfreiheit. Im vierten Fernsehurteil stellt das Gericht nach der Erläuterung der Anforderungen für die Zulassung zur (originären) Veranstaltung folgende Sachlage für die verbreiteten[303], also

---

[300] Die Frage, ob in der Auswahl eines bereits empfangbaren Programmes eine Veranstaltung vorliege oder lediglich eine bessere Vermittlungstechnik, findet sich im Ansatz bereits bei Lerche in Bay.VBl. 1976 S. 532 Fn. 15.

[301] Hoffmann-Riem in Festschrift für Wassermann S. 471.

[302] Vgl. die Nachweise bei Fn. 275.

[303] Das Bundesverfassungsgericht versteht die Verbreitung sehr weit, wenn es sich der niedersächsischen Formulierung anschließt, welche darunter die Weiterverbreitung jeglicher außerhalb des Landes ursprünglich veranstalteten Programmen versteht, also sowohl

sowohl für die eingespeisten ortsüblichen *als auch* „im besonderen" für die herangeführten Programme fest[304]:

> "Zwar bedarf es der Normierung der noch zu erörternden Mindestvoraussetzungen und der zu deren Sicherung erforderlichen Vorkehrungen. Aber diese brauchen entgegen der Auffassung der Antragsteller nicht so weit zu gehen wie die Anforderungen an die Veranstaltung von Rundfunksendungen, zumal verbreitete Programme am Ort ihrer Veranstaltung einer Prüfung unterliegen[305] und in der Bundesrepublik an weitgehend einander entsprechende Voraussetzungen gebunden sind. Es ist auch nicht erkennbar, was mit strengen Anforderungen erreicht werden könnte, wenn *daneben*[306] außerhalb des Landes gesendete, mit durchschnittlichem Antennenaufwand empfangbare Programme als 'allgemein zugängliche Quellen' (Art. 5 Abs. I Satz 1 GG) der landesgesetzlichen Regelung prinzipiell unzugänglich sind. ..."[307]

Daß eine Behinderung des direkten Empfangs über die Antenne aus Gründen der Informationsfreiheit und daher landesgesetzliche Restriktionen ausscheiden müssen, ist unstreitig.[308] Fraglich und entscheidend ist somit allein, ob das Bundesverfassungsgericht mit dieser Äußerung auch der Kontrollbefugnis bei der Einspeisung ortsüblicher Programme eine Absage erteilt hat. Daß letzterer Gedanke nicht dem — manchmal etwas unscharfen — Wortlaut entnommen werden kann, zeigt sich an weiteren Textstellen desselben Urteils:

a) "Der Verfügung des Landesgesetzgebers entzogen sind jedoch unmittelbar empfangbare Programme aus anderen Bundesländern sowie direkt (über Satellit) empfangbare oder kraft rechtlicher Verpflichtung über Kabel verbreitete ausländische Sendungen, mit denen in zunehmenden Maße zu rechnen ist."[309]

Hierbei wird offenkundig, daß das Bundesverfassungsgericht ausdrücklich *neben* den direkt empfangbaren die kraft rechtlicher Verpflichtung verbreiteten Programme erwähnt. Ferner sind nach dem sonst präzise nach Sendetypen differenzierenden Urteilswortlaut die über Kabel verbreiteten

---

die herangeführten und insofern anzeigepflichtigen, als auch die ortsüblichen, nicht anzeigepflichtigen Programme (vgl. § 44 LRG).

[304] BVerfGE 73, 118 [196].

[305] Gemeint ist also die ursprüngliche, originäre Veranstaltung.

[306] Hervorhebung vom Verfasser.

[307] Zu ausländischen Rundfunksendungen als allgemein zugängliche Quellen vgl. Krafczyk, Ausländische Rundfunksendungen als „allgemein zugängliche Quellen" im Sinne des Art. 5 Abs. 1 Grundgesetz, 1983, insbesondere S. 27 ff.

[308] Vgl. hierzu die Begründung zum Regierungsentwurf zum LMG B/W (LTDr. 9/955) unter A II 1, wo auf die Nichtbehinderung des Empfangs von Direktsatellitenprogrammen aus dem Ausland in Großbritannien und in den Niederlanden wegen des Aspekts der Informationsfreiheit hingewiesen wird.

[309] BVerfGE 73, 118 [156].

inländischen Programme der landesgesetzgeberischen Verfügung nicht entzogen. Dies sind allein die „kraft rechtlicher Verpflichtung“ über das Kabel verbreiteten ausländischen Sendungen. Daß die genannte rechtliche Verpflichtung keine aus der grundgesetzlichen Informationsfreiheit resultierende sein kann, ergibt sich aus der Überlegung, daß eine heterogene Behandlung von inländischen und ausländischen Programmen im Blick auf das Grundrecht aus Art. 5 Abs. 1 Satz 1 GG verfassungsrechtlich nicht zu legitimieren wäre. Mit der rechtlichen Verpflichtung in Zusammenhang setzt das Bundesverfassungsgericht vielmehr — wie der folgende Text beweist — die Entstehung eines „übernationalen Rundfunkmarktes“. Hierzu hat es bei der Schilderung der gegenwärtigen und zukünftigen Situation des Rundfunks registriert, daß vor allem innerhalb der EG das Bestreben bestehe,

> "Hindernisse einer solchen, der europäischen Integration förderlichen Entwicklung abzubauen oder auszuschließen.... Unter dem 29. April dieses Jahres hat die Kommission dem Rat der Europäischen Gemeinschaften den Vorschlag einer Richtlinie über die Koordinierung bestimmter Rechts- und Verwaltungsvorschriften der Mitgliedstaaten über die Ausübung der Rundfunktätigkeit vorgelegt (Kom. [86]146 endg.). Rechtlich werden diese Bestrebungen auf einzelne Bestimmungen des EWG-Vertrages sowie auf Art. 10 EMRK gestützt."[310]

Es ist, wenn nicht ganz eindeutig, so doch wahrscheinlich, daß das Bundesverfassungsgericht mit den rechtlichen Verpflichtungen lediglich supranationale, das innerstaatliche Recht derogierende Vorschriften gemeint haben wird. Wo solche Vorgaben jedoch nicht existieren, bleibt dem Landesgesetzgeber die Regelungskompetenz für die Verbreitung ortsüblich empfangbarer Programme in Kabelnetzen erhalten.

b) Diese Auslegung gewinnt in einer anderen Textpassage weiteren Rückhalt. Das Bundesverfassungsgericht sieht die gleichgewichtige Vielfalt innerhalb der Rundfunkordnung eines Landes namentlich durch die direkt empfangbaren ausländischen Sendungen „ohnehin unvermeidlichen Schwankungen oder Störungen“ ausgesetzt, denn diese Programme seien „dem Einfluß der landesrechtlichen Ordnung entzogen“.[311] An dieser Stelle deuten die Worte „unvermeidlich“ und „Einfluß“ darauf hin, daß nicht die Verbreitung ausländischer Programme in Kabelanlagen, sondern nur deren direkte Einstrahlung (wegen des spill over) gesetzlich nicht zu regulieren ist[312]. Es ist nicht einzusehen, warum der Gesetzgeber diesem (eventuellen)

[310] BVerfGE 73, 118 [124].

[311] BVerfGE 73, 118 [159].

[312] Zu denken wäre dabei allenfalls an Störsender. Dagegen jedoch neben dem das ein Antennenverbot aufhebende Urteil des BayVerfGH vom 27.9.85 in NJW 1986 833 ff. (ausführlich bei Ring sub A IV 2) die h. L., vgl. Hoffmann-Riem a.a.O. S. 470, Degenhardt EuGRZ 1983 S. 207, Löwer JZ 1981 S. 730 m.w.N.; ferner zu deren Unzulässigkeit der Störsender aus historischer Sicht BVerfGE 27,71 [80], sowie Lerche „Informationsfreiheit“ in Evangelisches Staatslexikon S. 1004; zum Ganzen Bullinger Kommunikationsfreiheit S. 87 ff.

negativen Einfluß infolge einer nach der h. L. nicht kontrollierbaren Übernahme dieser Programme auch bei der Einspeisung ohnmächtig gegenüberstehen soll.

c) Schließlich muß noch eine letzte Passage in die Diskussion miteinbezogen werden, welche lautet:

> "Anders als die unmittelbar empfangbaren, außerhalb des Landes veranstalteten Programme ist die Einspeisung herangeführter Programme in Kabelanlagen dem Einfluß des Gesetzgebers nicht entzogen."[313]

Dem äußeren Anschein nach könnte man folgern, daß allein die weiterverbreiteten nicht aber die ortsüblichen Programme bei der Einspeisung kontrollierbar seien. Jedoch muß dieser Satz nicht gegen die hier vertretene Auffassung sprechen. Zum einen enthält seine Formulierung insofern eine kleine Ungenauigkeit, als in ihm lediglich die herangeführten Programme genannt werden. Nach dem Kontext hätte aber von allen, d. h. von den i.w.S. weiterverbreiteten Programmen die Rede sein müssen. Denn im vorherigen Satz fordert das Gericht, daß auch für die Weiterverbreitung die Pflicht zur Beachtung der Mindestmaßgebote gelte. In diesem Zusammenhang sei die in § 44 Abs. 3 Satz 1 LRG Nds. getroffene Regelung ungenügend. Diese wiederum umfaßt jedoch sowohl die Einspeisung anzeigepflichtiger als auch die nichtanzeigepflichtigen, also ortsüblichen Programme. Dieser Beanstandung zufolge hat der niedersächsische Landesgesetzgeber richtigerweise das LRG dahingehend geändert, als nunmehr gemäß § 44 Abs. 3 Satz 2 n. F. die Verpflichtung zur sachlichen, umfassenden und wahrheitsgemäßen Information auf *alle* verbreiteten Programme erstreckt wurde.[314]

Auch andere Äußerungen des Bundesverfassungsgerichtes deuten versteckt darauf hin, daß in Fragen der Kontrollbefugnis zwischen den *in Kabelanlagen verbreiteten* ortsüblichen Programmen und den *über die Antenne empfangbaren* zu differenzieren ist. So wenn es heißt, daß „die Freigabe der Einspeisung . . . seine [gemeint ist die des Landesgesetzgebers, Anm. des Verf.] Verantwortung dafür (begründe), daß die durch Kabel verbreiteten Programme der Rundfunkfreiheit nicht zuwiderlaufen."[315] Diese Formulierung korrespondiert mit der im dritten Fernsehurteil erhobenen Forderung, „für den Inhalt des Gesamtprogramms Leitgrundsätze verbindlich zu machen, die ein Mindestmaß von inhaltlicher Ausgewogenheit, Sachlichkeit und gegenseitiger Achtung gewährleisten."[316] Das Gesamtprogramm steht

---

[313] BVerfGE 73, 118 [199f.].

[314] Dies ergibt ein Umkehrschluß, da das LRG im übrigen immer genau zwischen den anzeigepflichtigen und den ortsüblichen Programmen differenziert (vgl. z. B. § 44 Abs. 3 Satz 3 und 4 LRG).

[315] BVerfGE 73, 118 [200].

[316] BVerfGE 57, 295 [325].

hier für den „Inbegriff aller gesendeten inländischen Programme"[317]. Es enthält somit nicht allein die nach jeweiligem Landesrecht ursprünglich veranstalteten Programme, sondern auch die andernorts veranstalteten und verbreiteten.[318]

Im vierten Rundfunkurteil hat das Bundesverfassungsgericht die Beschränkung des „Gesamtprogramms" auf die inländischen Programme revidiert, d.h. seinen Begriffsinhalt auf „alle in einem Lande empfangbaren Programme"[319] erweitert und somit auf die ausländischen Sendungen ausgedehnt. Die Notwendigkeit ihrer Kontrolle innerhalb der inländischen Rundfunkordnung wird noch deutlicher, wenn das Gericht im Falle ihrer Einspeisung ihnen gegenüber einen Gegendarstellungsanspruch sichergestellt wissen will. Dem Gericht „erscheint" die für sie geltende Ausnahme, das Pluralismusgebot nicht beachten zu müssen, lediglich „sachlich", d.h. aus Gründen der Praktikabilität als vertretbar.[320] Im Fall einer massiven Einwirkung durch ausländische Programme auf das bundesdeutsche Meinungsspektrum werden — ebenso wie für den Fall seiner Gefährdung durch die Umgehung inländischer Vorschriften durch die Veranstaltung im Ausland[321] — gesetzliche Vorkehrungen verlangt werden müssen.[322]

d) Gegen die ausschließliche Betrachtung der Einspeisung ortsüblicher Programme unter dem Aspekt der Informationsfreiheit spricht zudem die Tatsache, daß das Bundesverfassungsgericht die Auswahlgrundsätze des niedersächsischen LRG im Falle der Kanalknappheit gebilligt hat. Denn wäre nämlich die Einspeisung ortsüblicher Programme im Zusammenhang mit der Informationsfreiheit nur unter Empfangsgesichtspunkten zu würdigen, so würde der Ausschluß eines solchen Programmes von der Übertragung im Kabelnetz, der nach der Regelung des § 46 Abs. 3 LRG Nds. durchaus möglich ist (es wird nämlich bei der Verwendung der Kapazitäten vornehmlich den mehrheitlichen Wünschen der Teilnehmer Rechnung getragen), einen unzulässigen Eingriff in das Grundrecht des Art. 5 Abs. 1 Satz 1 GG bedeuten. Daher hätte das Fehlen einer Regelung, die einen Vorrang ortsüblicher Programme (vor den herangeführten) — wie in anderen Lan-

[317] BVerfGE 57, 295 [323].

[318] Die Beschränkung auf die inländischen Programme in diesem Zusammenhang ist damit zu erklären, daß in dem Kontext nur die Erfüllung des Pluralismusgebotes behandelt wurde, dem nach Ansicht des Bundesverfassungsgerichtes ausländische Programme infolge ihrer geringeren Ausstrahlungswirkung auf die Meinungsbildung in der Bundesrepublik nicht unterworfen werden müßten.

[319] BVerfGE 73, 118 [157 f.]; dazu, daß der ursprünglichen Begrenzung auf die inländischen Progamme keine weiteren Erkenntnissse zu entnehmen seien, vgl. auch Ossenbühl, Rundfunk zwischen nationalem Regelungsvorbehalt und europäischem Gemeinschaftsrecht S. 60 f.

[320] BVerfGE 73, 118 [200 ff.].

[321] Vgl. zu dieser Vorgabe BVerfGE a.a.O. S. 202 f.

[322] Solche sind z. B. in §§ 33 Abs. 2 a. E., 35 Abs 2 Satz 2 HPRG zu finden.

desmediengesetzen vorgesehen[323] — zum Inhalt hat, moniert werden müssen.

2. Weitere Überlegungen

Für eine Subsumtion der Einspeisung von ortsüblichen Programmen unter den vorgeschlagenen Veranstaltungsbegriff sind zwei weitere Aspekte anzuführen, nämlich das Fortbestehen der Auswahlproblematik (unter a), sowie die Konsequenzen des technischen Fortschritts für die Ausstrahlungswirkung des Grundrechts der Informationsfreiheit (unter b).

a) Die Selektionsproblematik

Auch bei der Einspeisung ortsüblicher Programme kann die der Veranstaltung eigentümliche *Selektion in mehrfacher Hinsicht* nicht unterbleiben:

aa) Mit der Zuweisung des Kanals im Kabel kann der Betreiber die *Reichweite* des jeweiligen Programms beeinflussen, da einerseits die Empfangsgeräte nach dem derzeitigen Stand je nach ihrer Frequenzbandbreite unterschiedlich sonderkanalempfangstauglich sind und andererseits gewisse Kanäle nur bedingt einer Verbreitung zugänglich sind (dazu oben 1. Kapitel). Der Versuch, durch neutralisierende Kriterien wie dem der Empfangsfeldstärke eine vollkommen ermessensfreie, reichweitenindifferente Auswahl durch den Kabelbetreiber auszuschließen, vermag daher nicht gelingen. Zwar haben einige Landesgesetzgeber auf dieses Problem reagiert, indem sie die Rangfolgekriterien bei Kapazitätsengpässen auch in Bezug auf die Empfangsreichweite für maßgeblich erklärt haben.[324] Die fixierten Schemata räumen jedoch nicht die Selektionsbefugnis innerhalb einer Rangfolgekategorie, also die Kanalzuweisungsfreiheit bei mehreren zur Einspeisung anstehenden ortsüblichen oder herangeführten Programmen aus.

bb) Weiterhin ist anzunehmen[325], daß in nicht allzu ferner Zukunft bereits die Vielzahl der über Rundfunksatelliten ausgestrahlten und daher individuell (ortsüblich oder ortsmöglich) empfangbaren Programme die bisherige *Kanalkapazität* erschöpfen können. Auch in diesem Fall müßte generell über

---

[323] Vgl. z. B. § 10 Abs. 2 LMGBW; § 36 Abs. 1 und 2 i. V. m. § 2 Abs. 2 Nr. 1 Berl.KPPG; § 34 Nr. 2 Brem.LMG; § 44 Abs. 1 Nr. 2 Hambg. LMG; § 32 Nr. 2 Hess. PrivatfunkG; § 41 Abs. 1 Nr. 1 NRW LRG; § 23 Abs. 1 Nr. 3 Rh.-Pf.LRG; § 51 Abs. 1 Nr. 2 Saarl.LRG; § 31 Abs. 1 Nr. 2 Schl.-Holst. LRG; aber ohne Vorrang: Art. 36 Bay.MEG.

[324] Vgl. § 3 Abs. 1 Satz 2 Brem.Gesetz über die vorläufige Weiterverbreitung (diese Regelung findet sich nunmehr lediglich zugunsten der gesetzlich bestimmten Programme [weshalb?] in § 34 Abs. 1 Satz 2 Brem.LRG); (explizit) § 32 Abs. 4 Hess.PRG; § 41 Abs. 1 LRG NRW; § 51 Abs. 2 Saarl.LRG; § 31 Abs. 2 Satz 1 LRG Schl.Holst.

[325] Vgl. BVerfGE 73, 118 [197] und oben 1. Kapitel.

die Zulassung zur Einspeisung, sowie speziell über die Verteilung der für die neuen, qualitativ besseren Rundfunktechniken (HDTV, D 2 Mac) tauglichen Kanalplätze verfügt werden, also eine Selektion stattfinden.[326] Die Kabelanlage nimmt folglich nicht nur die Funktion einer bloßen Empfangs- bzw. Verteilungsstation wahr, womit diese in Bezug auf die ortsüblichen (-möglichen) Programme allein unter sende- und empfangstechnischen Gesichtspunkten zu bewerten wäre. Vielmehr liegt in jeder vorgenommenen Einspeisung auch eine eigenständige Gestaltung des Gesamtprogrammes.[327] Die Formung des Gesamtprogrammes kann wiederum nicht ohne eine Berücksichtigung der Garantien des Art. 5 GG vorgenommen werden. Dies erklärt, warum nicht jede bei ortsüblichen Programmen ansetzende Kontrollmaßnahme eine unmittelbar empfängerbezogene Behinderung allgemein zugänglicher Quellen darstellt, die unter dem Aspekt der Informationsfreiheit nicht zu rechtfertigen wären.

Vorbehalte zum Schutze der Rundfunkfreiheit vermögen daher — wenn auch nur im begrenzten Umfang[328] — die Informationsfreiheit verfassungsgemäß einzuschränken. Hingegen lassen einige Begründungen zu den Landesmediengesetzen eine präzise Gedankenführung vermissen, wenn sie den ortsüblichen Programmen ausschließlich aus empfangstechnischen Erwägungen einen Vorrang gewähren, andererseits aber dennoch den Gewährleistungsanforderungen des Bundesverfassungsgerichtes auch bei ihrer Einspeisung Geltung verschaffen.[329] Wäre nämlich deren Einspeisung tatsäch-

---

[326] Dies sieht auch Kull in NJW 1980 S. 1608, der die von Lerche (in Bullinger, Rundfunkorganisation S. 25) erkannten „gewisse(n) strukturelle(n) Unterschiede zur privatwirtschaftlich organisierten Presse" bereits darin sieht, daß „es wohl immer der Zuteilung von Frequenzen oder Kabelkanälen bedarf, während sich im Pressebereich die 'Zuteilung' von Papier und Druckkapazität nach marktwirtschaftlichen Prinzipien reguliert."

[327] Vgl. zu der Differenzierung zwischen der Verteilungsfunktion und der Programmgestaltungsfunktion Degenhart EuGRZ 1983 S. 210.

[328] Die Frage, inwieweit die Informationsfreiheit bei der Einspeisung zu berücksichtigen ist, wird im 3. Kapitel ausführlich behandelt.

[329] So z. B. neben dem erwähnten § 44 Abs. 1 und 3 Nds. LRG: das LRG NRW in § 36 Abs. 1: Das LRG versteht die Weiterverbreitung im weiten Sinn, was sich zum einen aus der Differenzierung zwischen weiterverbreiteten herangeführten Programmen (§§ 35 Abs. 2, 37 und 38) ergibt, so daß, soweit die Unterscheidung nicht vorgenommen wurde, auch die nicht herangeführten weiterverbreiteten, also ortsüblich empfangbaren Programme in die Regelung miteingeschlossen sind. Zum anderen ergibt sich dies aus dem systematischen Kontext, da die Überschrift des neunten Abschnitts universell „Weiterverbreitung von Rundfunkprogrammen in Kabelanlagen" lautet, also alle einzuspeisenden Programme umfaßt (vgl. dazu auch § 39 Abs. 2, wo von weiterzuverbreitenden, nach Absatz 1 Satz 4 gleichrangigen Rundfunkprogrammen die Rede ist und Absatz 1 Satz 4 eindeutig die ortsüblichen mitumfaßt). Vgl. ferner: § 12 i.V.m. §§ 50 Abs. 1 Satz 2, Abs. 4 Satz 2, Abs. 5 Satz 1, 53 Abs. 1 Satz 1 LMG BW; § 30 LRG Schl.Holst., der weitgehende inhaltliche Anforderungen an alle, also auch die genehmigungsfreien, ortsüblichen Programme (vgl. § 27) stellt. Anders hingegen, d.h. ohne jegliche Kontrolle:

lich lediglich Empfang in anderer Form, müßte man die positivierten Kontrollen wegen der Informationsfreiheit als verfassungswidrig verwerfen.

Als Zwischenergebnis ist somit festzuhalten, daß der von den Ländern erwünschte, programm- und reichweitenneutral funktionierende Einspeisungsautomatismus unrealisierbar ist. Auch das diese Absicht motivierende Argument, die Einspeisung ortsüblicher Programme sei lediglich Empfang, kann wegen der ihr immanenten Selektion nicht aufrechterhalten werden.

b) Aufgabe der Programmdifferenzierung nach Empfangbarkeitskriterien

Als zweites wichtiges Argument gegen die bisherige Kategorisierung ist die Tatsache anzuführen, daß bereits heute eine rundfunkrechtliche Differenzierung zwischen ortsüblichen, -möglichen und herangeführten Programmen nicht mehr beibehalten werden kann. Denn die einzige, eine Ungleichbehandlung rechtfertigende These, der Empfang von ersteren über das Kabel stelle lediglich einen Ersatz für die Antenne dar und sei daher *aus Gründen der Informationsfreiheit* im Gegensatz zu den herangeführten Programmen vorrangig bzw. nicht reglementierbar, wird mit dem Voranschreiten der Entwicklung der Sende- und Empfangstechniken im Satellitenrundfunk hinfällig.

Eine Ungleichbehandlung der Programmarten ließe sich nur dann konstituieren, sofern die Ausstrahlungswirkung des Grundrechts der Informationsfreiheit bei ihnen divergierte. Eine Divergenz kann jedoch nur dann angenommen werden, falls die herangeführten Programme realiter nicht zu den allgemein zugänglichen Quellen gezählt würden. Unbestritten ist, daß die Bestimmung der Allgemeinzugänglichkeit nicht staatlicher Verfügung

---

Art. 34 Bay.MEG, §§ 31 ff. HPRG, § 36 Abs. 1 Berl.KPPG, wobei nicht ergründlich ist, wie das in § 23 niedergelegte Postulat des Pluralismus für das „Gesamtangebot", das gem. § 2 Abs. 2 Nr. 1 die ortsüblichen Programme miteinbezieht, ohne Überwachungsmöglichkeit verwirklicht werden soll, wenn beispielsweise starke Tendenzsender das Gesamtprogramm erheblich beeinflussen (freilich wiegt das Problem nicht allzuschwer, da in Berlin unter den ortsüblichen Sendern gem. § 2 Abs. 2 Nr. 1 i.V.m. Abs. 3 nur terrestrische, sowie von Satelliten direkt abgestrahlte Programme, sofern dies auf der Basis eines Länderstaatsvertrages geschieht, verstanden werden). Eine Gefahr für den Pluralismus kann daher nur von den terrestrisch empfangbaren Programmen ausgehen. Da deren Zahl jedoch sehr begrenzt ist, kann die Anstalt für Kabelkommunikation bei der Einspeisung der übrigen Programme gem. § 36 Abs. 2 bzw. gem. § 59 Abs. 1 Satz 2 einen Ausgleich schaffen; § 41 Abs. 1 und Abs. 2 i.V.m. §§ 42 Abs. 1 und 2, 45 Hambg.LMG, d.h. ortsübliche unterliegen im Gegensatz zu den zulassungsbedürftigen Programmen keiner Kontrolle; § 22 LMG Rh.-Pf. und §§ 48 Abs. 1 und 2 i.V.m. § 49 LRG Saarl., die nur die i.e.S. weiterverbreiteten Programme einer Anzeige- bzw. Genehmigungspflicht und damit rundfunkrechtlichen Anforderungen unterwerfen.

unterliegt.[330] Sie bemißt sich allein nach der tatsächlichen Empfangbarkeit oder anders formuliert „nach der Art der Abgabe der jeweiligen Information“[331], d. h. nach der objektiven Eignung, einem nicht individuell bestimmbaren Personenkreis Informationen zu verschaffen.[332] Bei Funkwellen ist somit die Allgemeinzugänglichkeit grundsätzlich mit ihrer Ausstrahlung wegen der einhergehenden Empfangbarkeit[333] anzunehmen, sofern nicht ausnahmsweise „die erforderliche technische Allgemeinzugänglichkeit erst durch staatliches Mitwirken erreicht werden kann.“[334] Für die Wahrnehmbarkeit muß zumindest die Empfangsmöglichkeit über die für den Individualempfang tauglichen (Parabol-)Antennen unter Berücksichtigung ihrer technischen Fortentwicklung[335] entscheidend sein.

Gegenwärtig sind jedoch die über die derzeitigen Fernmeldesatelliten übermittelten und bis dato als herangeführt bezeichneten Programme mit Parabolspiegeln von 1,20 Meter Durchmesser im Zentrum der Bedeckungszone zu empfangen (Ende 1981 hielt die Deutsche Bundespost hierfür noch einen Durchmesser von 8Metern für erforderlich[336]). Bei den moderneren Fernmeldesatelliten[337] wird bereits ein Individualempfang mit einem Antennendurchmesser von 90 cm. realisierbar sein[338]. Ihr Individualempfang ist daher möglich, ohne daß es weiterer staatlicher Maßnahmen bedarf.

Aufgrund dieser Entwicklung wird zugleich der bedenkliche Einwand[339] entkräftet, die Allgemeinzugänglichkeit sei wegen der Nichtverfügbarkeit

---

330 v. Mangoldt/Klein/Starck Art. 5 Rdnr. 29; Degenhart Bonner Kommentar Art 5 Rdnr. 251.

331 Lerche, Informationsfreiheit in Evangelisches Staatslexikon Sp. 1005; vgl. dazu auch BVerfGE 27, 71 [84]; 33, 52 [65]; inbesondere mit historischen Bezügen (gemeint ist die Reaktion des Verfassungsgebers auf nationalsozialistische Informationsverbote bzw. -beschränkungen) auch Löwer JZ 1981, S. 732 f. m.w.N.

332 Vgl. BVerfGE 27, 71 [83].

333 Löwer in JZ 1981 S.733 nennt dies „Wahrnehmbarkeit“.

334 Lerche a.a.O. Sp. 1005.

335 Vgl. Starck in v.Mangoldt/Klein/Starck, Kommentar zum Grundgesetz, Art. 5, Rdnr. 29 m.w.N. Für die Orientierung des Antennenstandards an leistungsfähigen Gemeinschaftsantennenanlagen Degenhart Bonner Kommentar Art. 5 Rdnr. 262. (m.w.N).

336 Vgl. Hartstein/Ring/Kreile Kommentar zum Rundfunkstaatsvertrag, Entstehungsgeschichte S. 28, abgedr. bei Ring subC-0.4.

337 Vgl. dazu Hartstein/Ring/Kreile, Einführung zu Art. 1 in Kommentar zum Rundfunkstaatsvertrag, S. 158, abgedr. bei Ring sub C-0.4.

338 Mit dieser Durchmessergröße hatte die World Administrative Radio Conference (WARC 1977) bereits den Individualempfang von einem direktstrahlenden Satelliten im Blick auf die Vollversorgungsleistung des gesamten Gebietes eines Staates fixiert; vgl. zur WARC 1977 Binz/Strick, Weltweite Verwaltungskonferenz für die Planung des Rundfunkdienstes über Satelliten, Archiv für das Post- und Fernmeldewesen, November 1977, Nr. 6, 29. Jahrgang. Vgl. zu den für den jeweiligen Empfang der Signale eines bestimmten Fernmeldesatelliten benötigten Parabolantennendurchmesser (i.d.R. zwischen 0,8 bis 1,8 Meter) TELE-satellit Nr. 4-5 1988. Siehe zu den Druchmesserproblemen auch Kreile, Kompetenz und kooperativer Föderalismus S. 38.

der technischen Einrichtungen infolge des hohen technischen und finanziellen Aufwandes nicht gegeben. Fernmeldesatelliten sind daher zum heutigen Zeitpunkt „faktisch zu Direktfunksatelliten"[340] geworden. Neben dem Fernmelderecht muß sich das Rundfunkrecht „dieser Entwicklung anpassen."[341] Das „Aufweichen der Abgrenzung zwischen Fernmelde- und Direktsatelliten"[342] wird auch durch die Tatsache belegt, daß die Bundespost bundesweit den Betrieb von schätzungsweise über 35000 für den Empfang von Fernmeldesatelliten geeigneten Einzelantennenanlagen genehmigt hat.[343] Die (sogenannten) herangeführten Programme müssen nach dieser Überlegung dem Grundrecht der Informationsfreiheit unterfallen. Auch eine neue Definition, welche etwa den durchschnittlichen Antennenaufwand zum Empfang ortsüblicher Programme auf unter einen Meter begrenzte, muß als staatliche und mit dem Verdacht der Beliebigkeit behaftete Behinderung der Informationsfreiheit ausscheiden. Denn es kann nicht einerseits die Meinungsfreiheit jeweils nach dem neuesten Stand der Kommunikationstechnik, also entwicklungsoffen verstanden werden[344], hingegen das Grundrecht der Informationsfreiheit lediglich in Relation zu einem herkömmlichen bzw. überkommenen Antennenstandard interpretiert werden[345]. Ein derartiger Auslegungsspielraum verstieße gegen das Postulat, daß die Allgemeinzugänglichkeit keinesfalls staatlicher bzw. gesetzgeberischer Disposition unterliegen darf.[346] Unter dem Gesichtspunkt der Informationsfreiheit muß daher die

[339] So aber Albrecht Hesse in ZUM 1987 S. 23. Seine Argumente dürften sich verfassungsrechtlich kaum halten lassen, da man sonst jeder empfangstechnischen Neuerung die Allgemeinzugänglichkeit absprechen müßte. Genausowenig wie bei der Presse im Zusammenhang mit der Informationsfreiheit auf die Zahl der Abonnenten oder die Kostenintensivität des Vertriebs für die Bejahung des Rechts auf Informationsfreiheit abgestellt werden darf, darf man beim Rundfunk die Allgemeinzugänglichkeit von der Zahl (wie viele?) oder dem Preis (wie hoch?) der Empfangsanlagen abhängig machen. Sonst hätte man beispielsweise in den Zeiten der Einführung des Fernsehens ebenfalls das Recht auf Informationsfreiheit ablehnen müssen. Entscheidend kann immer nur die „technische Eignung zum Empfang" (so Hesse selbst S. 23 und daher widersprüchlich) und nicht der tatsächliche Empfang sein.

[340] Bullinger, Satellitenrundfunk im Bundesstaat, in AfP 1/85 S. 1; insofern ist die Auffassung von Groß, Medienlandschaft im Umbruch 1986 S. 47, daß für die Übertragung der Signale von Fernmeldesatelliten allein die Einspeisung in Betracht käme, bereits überholt.

[341] Bullinger a.a.O.

[342] Albrecht Hesse ZUM 1987 S. 20

[343] Sogenannte ätherpolizeiliche Befugnisse nach dem Fernmeldeanlagengesetz — ein allgemeines, die Informationsfreiheit nach Art. 5 Abs. 2 GG einschränkendes Gesetz — vermögen daher auch nicht mittelbar eine andersartige Behandlung herangeführter Programme zu rechtfertigen.

[344] Vgl. oben sub A II 2 c) cc)).

[345] Ähnlich Degenhart mit der Ablehnung eines an der terrestrischen Antenne orientierten Standards als Anknüpfungspunkt, in Verfassungsfragen neuer elektronischer Medien, BayVBl. 19/1986 S. 584.

[346] Vgl. dazu m.w.N. Delbrück, Direkter Satellitenrundfunk und nationaler Regelungsvorbehalt, 1982 S. 71 f.

jeweils modernste Individualempfangstechnik Maßstab für die Bewertung der Allgemeinzugänglichkeit sein.[347]

Ebensowenig kann eine an der Empfangbarkeit orientierte Relativierung, dergestalt, daß „bei Einschränkungen der Einspeisung herangeführter Programme die Akzente der notwendigen Güterabwägung weniger stark zugunsten der Informationsfreiheit und damit des Zugangsanspruches des einzelnen verteilt sind“[348], in Betracht gezogen werden. Denn das Grundgesetz verlangt bei der Frage nach der Allgemeinzugänglichkeit entweder ein klares Ja oder ein Nein. Die Informationsfreiheit verträgt kein komparativisches Verständnis (wie etwa: Relevanz dieses Grundrechts = proportional steigend mit der Empfangsfeldstärke der allgemein zugänglichen Quelle)[349].

Daher übersieht der Optimismus, daß der unbestimmte Rechtsbegriff „ortsüblich empfangbar“ den jeweiligen Stand der Technik berücksichtigen[350] und insoweit angepaßt werden könne, die eigentliche Folge des technischen Fortschritts: durch ihn ist der Terminus nämlich schon heute differenzierungsuntauglich geworden. Die bisherige Abgrenzung der Begriffe „herangeführt“ und „ortsüblich empfangbar“ unter dem Aspekt des Art. 5 Abs. I Satz 1 2. HsGG ist folglich hinfällig.[351]

c) Erweiterung des Begriffes der Allgemeinzugänglichkeit?

Neben dieser auf rein faktischen Gegebenheiten basierenden Begründung könnte zudem erwogen werden, ob es nicht für die Allgemeinzugänglichkeit allein auf die Ausstrahlung der Sendung an einem anderen Ort ankomme.

---

[347] Es ist daher sehr bedenklich, wenn einzelne Landesmediengesetze auf die Durchschnittlichkeit des Antennenstandards abstellen. Vgl. dazu auch Kühn in ZUM 1985 S. 305.

[348] So Ricker, Die Einspeisung S. 74, mit dem Argument, die herangeführten Programme seien in ihrer objektiven Eignung für die Allgemeinzugänglichkeit reduziert, also lägen bei der Güterabwägung bei ihnen im Gegensatz zu den ortsüblichen Programmen die Akzente weniger stark auf der Informationsfreiheit; dagegen mit Recht Schmitt Glaeser ZUM3/1985 S. 173.

[349] Ablehnend auch Walter Schmitt Glaeser mit dem Hinweis, daß eine einleuchtende Begründung zu Rickers These fehle, in ZUM 3/1985 S. 173; Rickers Ansicht kann daher nur als eine Berücksichtigung der tatsächlichen Substitutionswirkung des Kabels verstanden werden, sich aber nicht auf Rechtsgründe beziehen. Mit außerrechtlichen Überlegungen kann jedoch die in den Landesmediengesetzen anzufindende Unterscheidung nach Empfangskriterien und der damit verbundenen differenzierten Kontrollintensität verfassungsrechtlich nicht aufrechterhalten werden.

[350] So beispielsweise Groß ZRP 1982 S. 236

[351] Zu den wenigen tatsächlich noch heranzuführenden Programmen s. u. sogleich unter 3. Bereits die Expertenkommission Neue Medien Badenwürttemberg (S. 180) hatte unter dem Aspekt des Art. 5 Abs. 1 Satz 1 2. Hs. allein auf die tatsächliche Empfangbarkeit, nicht aber auf die Feldstärke abstellen wollen.

Sofern diese mit dem vorhandenen technischen und allgemein zugänglichen Medium „Kabel“ verfügbar gemacht werden könne, sei die allgemeine Zugänglichkeit zu bejahen.[352] Nicht die mehr oder minderen Anstrengungen für die Heranführung, also technische Übermittlungserfordernisse, wären somit für die Allgemeinzugänglichkeit entscheidend, sondern die infolge der kommunikationstechnischen Entwicklung eröffneten Nutzungsmöglichkeiten.[353] Sofern der Staat die „Inanspruchnahme vorhandener informationstechnischer Möglichkeiten“ verwehre, greife er unzulässigerweise in das Grundrecht der Informationsfreiheit ein.[354] Ohne daß das Problem der Allgemeinzugänglichkeit im Rahmen der Arbeit erschöpfend behandelt werden kann und muß (wegen obiger Ergebnisse), soll doch angemerkt sein, daß diese Auffassung letztlich das für die Informationsfreiheit ausschlagebende Kriterium der Empfangbarkeit auf der Rezipientenseite übergeht, wenn sie im Gegenzug allein auf die Möglichkeit des Verfügbarmachens abstellt. Zudem wird die Frage aufgeworfen, ob über Umwege nicht doch ein — bisher stets verneinter[355] — Anspruch gegen den Staat auf die Verschaffung von Informationsquellen ins Leben gerufen wird.

Rickers Argument, daß sich der grundrechtliche Abwehranspruch des Art. 5 Abs. 1 Satz 1 2. Hs. GG — sofern ein rechtliches Verfahren existiere, nach dem festgelegt werde, welche Programme heranzuführen und einzuspeisen seien — lediglich als ein Anspruch auf Gesetzesvollzug darstelle und als solcher mit einem positiven Leistungsanspruch gleichzusetzen sei[356], überzeugt nicht. Es enthält nämlich einen hermeneutischen Zirkelschluß von den Folgen der Informationsfreiheit auf deren Voraussetzungen. Die eigentliche Frage ist, *ob* und unter welchen *Prämissen* überhaupt herangeführte Programme einzuspeisen sind, wobei das in Betracht kommende Zulas-

---

[352] Vgl. Degenhart a.a.O. S. 583 f. in Anlehnung an seine bereits in EuGRZ 1983, S. 210 vertretene Auffassung. Er unterscheidet bei der Weiterverbreitung von herangeführten, ausländischen Programme im Blick auf die Informationsfreiheit zwischen der Funktion der Kabelanlage: Informationsfreiheit „ja“ bei bloßer Empfangs- bzw. Verteilungsstation, „nein“, d. h. keine Allgemeinzugänglichkeit des ausländischen Senders, bei eigenständiger Programmgestaltung des Kabelbetreibers-, wobei auch im letzteren Fall dann jedoch das gestaltete inländische Programm der Informationsfreiheit unterliege und hierbei eine gewisse Ausstrahlungswirkung des ausländischen Programms zu beachten sei.

[353] Im Ergebnis ebenso Ricker, Die Einspeisung, S. 72 f., sowie ders. in Die Privatrundfunkgesetze S. 155; vgl. auch Schardt ZUM 86/9 S. 435.

[354] Degenhart Bonner Kommentar Art. 5 GG Rdnr. 260

[355] So die ganz h. M.; vgl. Bethge, Die verfassungsrechtliche Problematik der Zulassung von Rundfunkveranstaltern des Privatrechts S. 93; BVerwG, Beschluß vom 26.4.1978 abgedr. in DVBL. 1978 S. 640; mit Unterschieden im einzelnen, insbesondere hinsichtlich des Gebotes einer bedarfsgerechten Daseinsvorsorge (jedoch ohne subjektive Rechtsposition) Stern DVBl. 1982, S. 1112; ausdr. ablehnend auch Ergänzungsbericht über die Verbreitung von Rundfunkprogrammen in Kabelanlagen sub IV Nr. 2, abgedr. bei Ring sub F III 1.6.

[356] Ricker; Die Einspeisung in Kabelanlagen S. 75.

sungsverfahren sich an der Informationsfreiheit zu orientieren hat. Die Informationsfreiheit ist jedoch nur von Relevanz, wenn allgemein zugängliche Quellen betroffen sind. Somit steht die Prüfung dieses Kriteriums am Anfang der Frage nach der Ausgestaltung des Procedere, während Ricker die Vorgehensweise an den Beginn stellt und erst dann von ihr auf die Allgemeinzugänglichkeit schließt.

3. Vorteile bei der Aufgabe der bisherigen Differenzierungskriterien

Das Abstandnehmen von der bisherigen Kategorisierung nach Empfangstypen weist — neben der mit der Vereinheitlichung verbundenen größeren rechtlichen Transparenz — weitere nicht unerhebliche Vorteile auf. Der Landesgesetzgeber könnte nämlich die Medienordnung längerfristig gestalten und stabilisieren, ohne ständig dem technischen Fortschritt mit Nachbesserungen bzw. Einspeisungsmodifikationen gerecht werden zu müssen.[357] Zum anderen gewinnt die Belegung einer Frequenz auf einem der Fernmeldesatelliten, die wegen ihrer im Vergleich zu den Rundfunksatelliten geringeren Publikumsreichweite[358] ohnehin bei den Veranstaltern von minderem Interesse ist, neue Attraktivität, wenn man die von dort ausgestrahlten Programme mit denen der Rundfunksatelliten rechtlich gleich behandelt.

Drittens würden Ungleichheiten insofern gemieden, als nicht mehr der Fall eintreten kann, daß in der Gemeinde X, welche von der Kabelanlage A versorgt wird, ein gerade noch ortsübliches Programm eingespeist wird, hingegen in der Nachbargemeinde Y dieses Programm, da es für die Kabelanlage B als nicht mehr in der Luft befindlich gilt, eventuell nicht übertragen wird.[359] Auch die Veranstalter sähen sich gleichmäßigeren Anforderungen konfrontiert und müßten nicht länger einen juristischen „Eiertanz" von Kabelanlage zu Kabelanlage, d. h. zwischen Genehmigungspflicht und Genehmigungsfreiheit aufführen. Zudem blieben die komplizierten und vor allem aufwendigen Feldstärkemeßmethoden erspart.

Problematisch bleibt mithin, ob die über Richtfunk bzw. Kabelleitungen etc. heranzuführenden und daher tatsächlich nicht allgemeinzugänglichen Programme einer differenzierten rechtlichen Regelung zu unterwerfen sind. Allenfalls in Rangfolgefragen, da das Grundrecht der Informationsfreiheit

[357] Ähnlich Stern in DVBl. 1982, 1118: „Wenn das Recht versäumt zu prägen, darf sich niemand wundern, wenn die Technik in der ihr eigenen Dynamik vorauseilt."

[358] Die DBS-(Direct Broadcasting Satellite) Satelliten sind nämlich über billigere, weil kleinere Parabolspiegel (ab ca. 50 cm. Durchmesser) zu empfangen.

[359] Damit würden zum Teil die besonderen Probleme der nicht nur nationalen, sondern auch regionalen und lokalen Gebietsbezogenheit des Pluralismus gemildert; vgl. dazu Stock, Medienfreiheit, S. 484 ff.

für sie unter Empfangsgesichtspunkten keine Rolle spielt, käme eine abweichende, d. h. nachrangige Behandlung in Betracht. Wegen des verschwindend geringen Anteils der tatsächlich heranzuführenden Sendungen am Gesamtprogramm wäre jedoch eine zusätzliche Regelung wenig praktikabel. Im übrigen, also in Fragen der Pluralismus- und Mindestmaßgebotkontrolle, müssen sie ohnehin nach hiesigem Ansatz gleichermaßen als Veranstaltung bewertet werden (Argument der Selektion).

Im Ergebnis wäre der Rundfunkfreiheit auch hier eher gedient, wenn man den Landesgesetzgeber nicht gegen dessen Willen aus Gründen der Informationsfreiheit verpflichtete, Regelungen zu erlassen, welche vorschreiben, den Pluralismus erheblich gefährdende, zusätzlich direkt empfangbare und somit nicht behinderbare Tendenzprogramme vorrangig einzuspeisen, ohne eventuell (z. B. im Fall der Kapazitätsknappheit) die dadurch bedrohte Rundfunkordnung durch das erstmalige Empfangbarmachen herangeführter, wahrheitsgemäß und sachlich berichtender Programme ausgleichen zu können. Das fatalistisch anmutende Argument, „die Schaffung inhaltlicher Anforderungen und einer Genehmigungspflicht für diese ortsüblich empfangbaren Programme würde regelmäßig ins Leere gehen, weil jedes Verbot der Weiterverbreitung einer Sendung ohne weiteres umgangen werden könnte“[360], kann den Gesetzgeber nicht dazu berechtigen, sich seiner „Gewährleistungspflicht“ bei der Verbreitung von Rundfunkprogrammen zu entledigen[361], geschweige denn den Wirkungskreis von Programmen, die der Rundfunkfreiheit abträglich sind, durch Einspeisung auszudehnen.

Im Hinblick auf die Gebührenpolitik der Bundespost, die nach dem Umfang der eingespeisten Programme differenziert, ergäben sich mit der hier vertretenen Auffassung keine Schwierigkeiten. Es müßten dabei nur die Teilleistungsgebühr, die für das Zugänglichmachen der herangeführten Programme erhoben wird und die Zusatzleistungsgebühr für die Einspeisung der „direkt empfangbaren“ Rundfunksatellitenprogramme zusammengefaßt werden.

Eine einheitliche Behandlung der Rundfunksendungen ohne Differenzierung nach Übertragungskriterien bietet sich weiterhin unter Homogenitätsgesichtspunkten an, sofern man die Anwendbarkeit der Art. 59 ff. EWG-Vertrag bejaht.[362] Denn „aus Sicht des Gemeinschaftsrechts macht es keinen Unterschied, auf welche Weise der Kabelbetreiber die Sendung empfängt und an seine Abnehmer weiterleitet.“ Immer gehe es „um ein und dieselbe, lediglich auf verschiedene Weise transportierte Dienstleistung.“[363]

---

[360] Vgl. Begründung zum Bay.MEG abgedr. bei Ring sub FV I 2.2.

[361] Vgl. Hoffmann-Riem a.a.O. S. 471.

[362] Vgl. dazu unten 3. Kapitel D IV 3.

[363] Vgl. Grünbuch der EG abgedr. in Jürgen Schwarze S. 207.

Schließlich ergibt sich methodisch ein Vorteil, da die Charakteristika des Rundfunks „Veranstaltung" und „Verbreitung" nunmehr klar voneinander getrennt werden können. Die „Verbreitung" bietet als übertragungstechnisches Kennzeichen ein Abgrenzungskriterium zu den anderen Massenmedien Presse und Film, während die „Veranstaltung" dem Ausscheiden von Vorgängen, die die Meinungsbildungsfreiheit nicht beeinflussen (Hörsaalübertragungen, Verkehrsdurchsagen, Börsenkursmitteilungen etc.) dient.[364]

4. Fazit und terminologischer Vorschlag

Die obigen Ausführungen belegen, daß es bei der Einspeisung jeglicher Programme in Kabelanlagen keinen rein technischen Vorgang eines Verteilens gibt und geben kann.[365] Die sie betreffenden Entscheidungen besitzen immer eine selektive Komponente. Die Prämisse, die Einspeisung finde nur im sendetechnischen Bereich statt und stelle lediglich ein Substitut für fehlende (so bei der erstmaligen Verbreitung von Programmen über das Kabel oder bei der Weiterverbreitung) oder vorhandene (so bei der Einspeisung ortsüblicher Programme) Empfangsmöglichkeiten dar, geht daher fehl. Mit jedem Entschluß über das Ob (Kontrolle) und das Wie (Rangfolge) der Einspeisung entsteht durch Selektion ein Teil eines Gesamtprogramms, also ein meinungsbildungsförderndes Stück für den Teilbereich der Gesamtveranstaltung „Rundfunk" — dem Kabelfunk. Eine darüberhinausgehende Trennung bei der Verbreitung in herangeführte, ortsüblich oder ortsmöglich empfangbare Programme läßt sich unter dem Aspekt der Informationsfreiheit nicht aufrechterhalten. Jeder dieser Teile der Gesamtveranstaltung ist vielmehr eine Veranstaltung, unabhängig davon, ob er erstmalig zugänglich gemacht wird oder schon empfangbar war.

Eine an der Empfangsmöglichkeit orientierte und aus Gründen der Informationsfreiheit differenzierende Ausgestaltung der Kontrollintensität läßt sich bereits wegen der (überwiegend) unterschiedslosen Subsumierbarkeit der ortsüblichen bzw. herangeführten Programme unter den Begriff der allgemeinzugänglichen Quelle nicht rechtfertigen. Vor allem aber ist das

---

[364] Vgl. dazu auch Lerche in Rundfunkmonopol S. 21: „Wenn und soweit die Technik die Voraussetzungen für die Veranstaltung von Sendungen zur Verfügung stellt, kann ein Programm gleichgültig welchen technischen Mittels es sich zur Verbreitung bedient, Rundfunkprogramm werden." Ähnlich Badura, Verwaltungsmonopol S. 176: „Der Umstand, daß das Rundfunkprogramm mit Hilfe der Funkentelegraphie gesendet und empfangen wird, ist für das Wesen des Rundfunks nicht konstituierend, sondern sekundär, instrumental. ... Die eigentlich zutreffende Charakterisierung ist die Erfassung des Rundfunks als ein Institut der Publizistik."

[365] Degenhardts in EuGRZ 83 S. 210 vorgestellte optionale Auffassung von einer Kabelanlage als bloßer Empfangs- und Verteils- *oder* einer Programmgestaltungsstation ist daher im Blick auf erstere Möglichkeit nicht aufrechtzuerhalten.

Bedrohungspotential gegenüber den Garantien des Art. 5 Abs. 1 GG bei der Übernahme in Kabelanlagen wegen der Selektion identisch.

Allein die bestehenden faktischen Unterschiede — (angeblich heranzuführende) Fernmeldesatellitenprogramme und auch Rundfunksatellitenprogramme erreichen bislang ein kleineres Fernsehpublikum als terrestrische Sendungen[366] — vermögen keinesfalls den definitorischen Ausschluß weiterverbreiteter und ortsüblicher Programme aus dem Veranstaltungs- und somit Rundfunkbegriff oder einen verklärenden Relevanzhinweis[367] zu legitimieren. Vielmehr liegt auch bei der Verbreitung von Programmen „Rundfunk" im herkömmlichen Sinne vor.

Von der daraus resultierenden prinzipiellen Gleichbehandlung darf daher aus Praktikabilitätsgründen nur dann abgewichen werden, sofern eine individuelle Programmkontrolle anderenorts bereits stattgefunden hat. Letztlich sollte hierbei begrifflich nur zwischen *schon vorhandenen* kontrollintensiven bzw. -extensiven und *originären Veranstaltungen* unterschieden werden. Zugunsten dieser Nomenklatur spricht auch die häufig versteckt anzutreffende, Unsicherheiten kaschierende Formulierung, die Einspeisung ortsüblicher Programme sei „keine *neue* Veranstaltung".[368]

a) Die vorhandenen Veranstaltungen

Unter bereits vorhandenen Veranstaltungen sind diejenigen Programme zu verstehen, die innerhalb oder außerhalb des Geltungsbereiches eines Landesmediengesetzes bereits veranstaltet werden und inhaltlich vollständig, zeitgleich und unverändert in das Kabelnetz übernommen werden sollen. In dieser Gruppe muß zwischen *kontrollextensiven* und *kontrollintensiven* Veranstaltungen unterschieden werden:

aa) Kontrollextensiv bei der Einspeisung sind diejenigen Veranstaltungen, die im Land ihrer originären Verbreitung rechtlichen Bindungen unterliegen, die das Bundesverfassungsgericht als Mindestmaßgebote aus dem Grundgesetz entwickelt hat.[369]

---

[366] Den Grad der Empfangstauglichkeit der Antennen zu erhöhen, ist insofern auch Sache der Fernsehteilnehmer.

[367] Bueckling spricht sogar davon, daß diese Formulierung „der neuen TV-Kabeltechnik den Anschluß an den Rundfunkbegriff freilich nur im Sinne einer rundfunkrechtlichen Gebrechlichkeitspflegschaft" vermittele, vgl. ZUM 4/88, S. 167.

[368] Vgl. Bericht betr. Verbreitung von Rundfunkprogrammen vom 4.2.1983 abgedr. bei Ring sub F III 1; siehe auch Kühn in Schwarze a.a.O. S. 89; ähnlich auch Hesse DÖV 1986 S. 188 mit der Formulierung, es sei die Frage bei der Weiterverbreitung, „ob es sich eher um einen rein fernmeldemäßigen Vorgang handelt ... oder ob dies *eher als Veranstaltung* von Rundfunksendungen anzusehen ist."(Hervorhebung vom Verf.).

[369] Vgl. hierzu nochmals BVerfGE 73, 118 [197].

Hierunter fallen die in anderen Bundesländern originär veranstalteten Programme, insbesondere die bundesweit verbreiteten, welchen nach Art. 8 bis 11 des Rundfunkstaatsvertrages diese Verpflichtungen obliegen. Erst recht sind hierin die in demselben Land originär veranstaltenen, bereits zugelassenen Programme mitinbegriffen, jedoch nur hinsichtlich der Frage der Zulassung zur Einspeisung, d. h. sofern sie die Zulassungsvoraussetzungen zur originären Veranstaltung (dazu unten b) erfüllt haben. Die Zulassung zur originären Veranstaltung bringt in der Regel aber die Gewährung eines Kanalplatzes mit sich (dazu siehe 3. Kapitel D IV 2). Es kann in diesem Zusammenhang nicht auf die Frage eingegangen werden, inwieweit die Länder ein föderalistisches Gebot zu beachten hätten, durch verschärfte Einspeisungsregelungen die Verbreitung anderer (also vom Rundfunkstaatsvertrag unberührter) Länderveranstaltungen nicht unmöglich zu machen.[370] Sofern man dies bejahte, müßten auch diese als kontrollextensiv gelten.

Denkbar und vorteilhaft im Hinblick auf das Diskriminierungsverbot wäre darüberhinaus im Rahmen einer EG-weiten Harmonisierung des Medienrechts, d. h. sofern die einzuhaltenden, inhaltlichen Mindestbedingungen vereinheitlicht würden, daß auch sämtliche in der EG ausgestrahlten Programme hierunter gezählt werden könnten.

Der Begriff kontrollextensiv gelangt anstelle des Wortes „kontrollfrei" zur Anwendung, da unter dem Blickwinkel der „Gesamtveranstaltung" zumindest die Programme in ihrer Gesamtheit den verfassungsrechtlichen Pluralismuserfordernissen entsprechen müssen und insoweit deren Auswirkung auf die Tendenz im Gesamtprogramm mitzuberücksichtigen ist (siehe sogleich unter IV 2).[371]

bb) Kontrollintensiv sind im Umkehrschluß alle diejenigen Veranstaltungen, die in ihrem Herkunftsland keinen derartigen Anforderungen unterliegen, worunter (sofern man das föderalistische Gebot verneint) nicht bundesweit verbreitete Programme und vor allem solche des Auslands zu verstehen sind.

b) Die originäre Veranstaltung

Unter originärer Veranstaltung ist der Terminus zu verstehen, welcher bislang bei den Zulassungsvoraussetzungen zur „Veranstaltung" in den

[370] Vgl. hierzu Stock ZUM 1986 S. 411 ff.; SchmittGlaeser/Degenhart AfP 1986 S. 173 ff.; Schardt ZUM 1986 S. 429 ff.

[371] Vgl. nochmals hierzu Hoffmann-Riem in Wassermann Festschrift S. 472: „Ein Kontrollbedarf entfällt nicht schon notwendig allein deswegen, weil ein Rundfunkprogramm im Verbreitungsgebiet ohnehin — etwa mit durchschnittlichem Antennenaufwand — empfangen werden kann." „Soweit die Verbreitung der in den anderen Ländern zugelassenen Programmen das landeseigene Rundfunksystem und die Meinungsbildungsfreiheit der Rezipienten nicht zu gefährden droht, kann der Gesetzgeber die Verbreitung zulassen." (S. 474).

Landesmediengesetzen und im Sprachgebrauch des Bundesverfassungsgerichtes Verwendung gefunden hat. Es handelt sich bei ihr folglich um den *erstmalig bewilligten Zugang* zum Rundfunk. Da die Anforderungen an das Programm bereits bei dieser Zulassung geprüft werden, bedarf es keiner erneuten Kontrolle bei der Bewilligung der Verbreitung[372].

Gleichermaßen originär ist die inhaltlich veränderte, unvollständige oder zeitversetzte Übernahme eines anderenorts veranstalteten Programmes, da mit der selektiven Umgestaltung eine Beeinflussung der Meinungsbildung einhergehen kann. Diese vermag auch in einer lediglich zeitlich veränderten Sendefolge zu liegen, wenn etwa ein aktuelles, brisantes Thema erst später, zu einem das öffentliche Interesse nicht mehr erregenden Zeitpunkt oder zu einer Tageszeit mit niedrigerer Zuschauerbeteiligung ausgestrahlt wird (krasses Beispiel: Sendung einer Gegendarstellung erst nach Mitternacht). Eine temporäre Umgestaltung kann somit faktisch zur Nichtberichterstattung führen. Auch sie bedarf daher einer inhaltlichen Kontrolle und Verantwortung.[373]

Wie sich nach den obigen Ergebnissen — also unter Berücksichtigung der Informationsfreiheit (gemeint ist natürlich nicht das hinfällige Empfangbarkeitskriterium), des „Gefährdungspotentials"[374] und unter Praktikabilitätsgesichtspunkten — der Kontrollumfang konkret mit Blick auf die unterschiedlichen Veranstaltungstypen darstellt, wird im folgenden Abschnitt kurz beschrieben, Dabei kann nicht auf alle Detailfragen (z.B. Probleme bei der Begrenzung der Werbezeiten[375] o. ä.) eingegangen werden.[376]

IV. Kontrollumfang und -ebenen für die unterschiedlichen Veranstaltungstypen bei ihrer Einspeisung

1. Die individuelle Kontrolle der einzelnen Veranstaltung

a) *Für alle Veranstaltungstypen* gilt die unstreitige Einspeisungsvoraussetzung, daß sie — unter Beachtung der durch die wechselseitige Grundrechts-

---

[372] Vgl. ebenso Hoffmann-Riem in Wassermann Festschrift S. 472.

[373] Insofern ist diesbezüglich anzupassen § 44 Abs. 1 Satz 2 LMG Nds.

[374] Vgl. Hoffmann-Riem a.a.O. S. 471.

[375] Vgl. zu den Werbebeschränkungsmöglichkeiten bei originären Veranstaltungen einerseits BVerfGE 73, 118 [178 ff.], bei der Einspeisung schon vorhandener Veranstaltungen andererseits BVerfGE 73, 118 [202]. Hiernach dürfen gegenüber ersteren strengere Restriktionen erlassen werden.

[376] Gesichtspunkte der Erteilung von Genehmigungen werden im Zusammenhang mit den Rangfolgefragen behandelt. Vgl. 3. Kapitel D V 2 a. E.

wirkung veranlaßten Rechtsgüterabwägung[377] — nicht gegen allgemeine Gesetze verstoßen dürfen, wie etwa gegen Jugendschutzgesetze, Pornographieverbote, gegen das Verbot der Aufstachelung zum Rassenhaß oder Vorbereitung eines Angriffskriegs, gegen Gesetze zum Schutz der persönlichen Ehre etc.[378] Bedenken aus Gründen der Informationsfreiheit bestehen insoweit wegen dieser explizit in Art. 5 Abs. 2 GG enthaltenen Grundrechtsschranke nicht. Aus Praktikablitätsgesichtspunkten, d. h. zur Vermeidung einer doppelten Prüfung kann auf diese Kontrolle bei der Einspeisung von innerhalb des Geltungsbereiches des Grundgesetzes zugelassenen originären Veranstaltungen verzichtet werden.

b) Darüber hinaus unterliegt die Einspeisung der schon vorhandenen, kontrollintensiven ausländischen Veranstaltungen einer Überprüfung hinsichtlich der Einhaltung eines Mindestmaßes von inhaltlicher Ausgewogenheit, Sachlichkeit und gegenseitiger Achtung. Sofern man das föderalistische Rücksichtnahmegebot verneinte, wären zudem alle (in- und ausländischen) kontrollintensiven Veranstaltungen auf die Einhaltung weitergehender Einspeisungsvoraussetzungen zu überprüfen.

c) Letztlich bleibt es dem Landesgesetzgeber unbenommen, an die originären Veranstaltungen weitere verschärfende (also über b) hinausgehende) Auflagen hinsichtlich der Professionalität, gewerberechtlicher Belange, Programmgestaltung usw. zu richten, sowie Bestimmungen gegen drohende Konzentrationen oder Doppelmonopole zu erlassen[379] und die Einhaltung dieser Vorschriften zu überprüfen.[380]

2. Die universelle Kontrolle

Weiterhin müssen die originären Veranstaltungen und die schon vorhandenen, also alle zur Einspeisung gelangenden Veranstaltungen in ihrer Gesamtheit dem Pluralismusgebot des Art. 5 Abs. 1 Satz 2 GG entsprechen.[381] Ausländische Programme *dürfen* (aber müssen nicht[382]) mit Blick

---

[377] Genérell skeptisch gegenüber den bisherigen Kontrollinstrumenten (mit einigen beachtlichen Argumenten und Verbesserungsvorschlägen) Hoffmann-Riem AöR 109 S. 361 ff.

[378] Wechselwirkungstheorie des Bundesverfassungsgerichts seit BVerfGE 7, 198 [208 ff.], dazu auch BVerfGE 35, 202 [224], BVerfGE 50, 234 [241].

[379] Soweit diese gesetzlich normiert sind, vgl. z. B. §§ 80 ff., 130 ff., 185 ff. StGB, §§ 823 ff. BGB u. a. m., siehe dazu auch BVerfGE 33, 1 [16 f.].

[380] Vgl. hierzu BVerfGE 73, 118 [172 ff.], ferner die vielfältigen, hier nicht im einzelnen zu besprechenden Regelungen der Landesmediengesetze.

[381] Gegen die Einführung „mikrokosmischer" Ausgewogenheitspostulate und gegen eine staatliche „Einzelsteuerungsmacht", aber für die Setzung eines allgemeinen Qualitätsstandards Lerche in SitzungsberichtO zum 56. DJT S. 42 ff.

auf die Gewährleistung des Pluralismus nur solange außer Betracht bleiben, als durch ihren Einfluß keine Gefahren für die Meinungsbildung ausgehen. Denn der Kabelrundfunk als Teil der Gesamtveranstaltung darf auch durch die Verbreitung ausländischer Programme nicht aus dem Gleichgewicht der Vielfalt gebracht werden.[383]

[382] BVerfGE 73, 118 [161]

[382] Kritisch gegenüber einer Bevorzugung ausländischer Anbieter in diesem Punkt wegen der sich damit möglicherweise verschärfenden Umgehungsproblematik Jarass Gutachten G 102.

[383] Vgl. ähnlich Herrmann ZUM 1985 S. 188, sowie bereits oben B I 3 c).

3. Kapitel: Die Rangfolgeproblematik

A. Einführung

Die Darstellungen des ersten Kapitels enthielten eine Bestandsaufnahme über das Verhältnis gegenwärtig und zukünftig verfügbarer Kanalplätze zu der aktuellen bzw. potentiellen Anbieterzahl. In einem Resümee konnte die nach aller Wahrscheinlichkeit sich realisierende Prognose festgehalten werden, daß schon in kürzester Zeit die Nachfrage nach Frequenzen im Breitbandkanalsystem nicht mehr befriedigt werden kann, mithin Engpässe entstehen. Dieses Kapitel wird methodisch zunächst die zur Lösung der Mangelsituation vorhandenen Einspeisungsmodelle der Landesmediengesetze und der Literatur vorstellen. Daraufhin sollen die in allen Ansätzen zu berücksichtigenden verfassungsrechtlichen Gesichtspunkte ausgeführt werden, bevor ein eigener Vorschlag folgt.

Aus Sicht der im zweiten Kapitel vertretenen Meinung wird das erneute Inangriffnehmen der Rangfolgeproblematik erforderlich, da nach ihr die bisherige, in den meisten Landesmediengesetzen vorzufindende Differenzierung zwischen ortsüblichen, ortsmöglichen und herangeführten Programmen nicht mehr aufrechtzuerhalten ist. Ferner ergibt sich eine besondere Dringlichkeit bei der Bewältigung dieser Fragen auch aus der augenblicklich verfolgten Praxis des vorherrschenden Kabelanlagenbetreibers Deutsche Bundespost. Diese speist nämlich nach dem in den meisten Landesmediengesetzen anzufindenden Rangfolgekriterium der „Ortsüblichkeit" jedes gerade noch unter die Fernmelderichtlinie FTZ 176 R 10 bzw. FTZ R 4 fallende Programm ein (oftmals ohne Berücksichtigung einer weitgehenden Identität der Sendungen, insbesondere der ARD mit ihren Regionalfensterprogrammen). Die Folge ist, daß in einigen Kabelnetzen die Kapazitätsobergrenzen bald erreicht sind, ohne daß die Landesmedienanstalten in der Lage gewesen wären, jeglichen in den Landesmediengesetzen fixierten Zielen — wie die Wiedergabe der Meinungsvielfalt oder die Beachtung der Teilnehmerwünsche — zur Geltung zu verhelfen. Als prekär entpuppt sich hierbei nicht nur das Faktum, länderkompetenzrechtliche Entscheidungen durch fernmeldetechnische Vorgaben präjudizieren zu lassen, heikel ist mithin auch, daß die von der Bundespost vollzogenen Einspeisungen (kurzfristig) wohl nicht ohne weiteres rückgängig gemacht werden können (siehe dazu den Aspekt der Systemperiodisierung unter D VI 2). Somit scheint — zumindest partiell

— die für die Einführungsphase beabsichtigte erhöhte Flexibilität und Reversibilität des gewählten Rundfunksystems in Frage gestellt.

Den folgenden Ausführungen sei noch vorangestellt, daß im Hinblick auf die Schwierigkeiten bei der Präferenzthematik auch nach dem dritten und vierten Fernsehurteil des Bundesverfassungsgerichtes, das als dritte, judikative Gewalt nicht dem Entschluß der legislativen vorgreifen kann und will, vielerlei Lösungsansätze denkbar sind.

B. Die Rangfolgemodelle der Länder

Um die nachstehende synoptische Darstellung der landesgesetzlichen Rangfolgesysteme übersichtlich zu gestalten und nicht unnötig zu komplizieren, wird sie nach den wesentlichen, mehrheitlich übereinstimmenden Grundzügen gegliedert. Dabei werden die einzelnen Abweichungen bzw. Besonderheiten der Normierungen jeweils erwähnt.

Danach ergibt sich aus den Landesmediengesetzen (das MEG Bayern sowie das KPPG Berlin werden als eigenständige Variante am Ende behandelt) folgende prinzipielle Vorgehensweise bei der Einspeisung[384]:

I. Der erste Rang

Auf der *ersten* Rangstufe befinden sich überwiegend die gesetzlich bestimmten und/oder die originär nach dem Landesmediengesetz veranstalteten Programme:

So in:

1. § 7 Abs. 1 Nr. 1 und 2, Abs. 2 LMG BW (vgl. dazu die §§ 1-3 der nach § 5 LMG erlassenen Nutzungsverordnung).

Besonderheiten:

a) Der Gesetzeswortlaut fixiert einen generellen Vorrang der erstmaligen Verbreitung originärer Veranstaltungen und der rundfunkähnlichen Kommunikationsdienste. Dabei werden scheinbar die öffentlich-rechtlichen (§ 7 Abs. 1 Nr. 1) mit den privaten Anbietern, (vgl. § 7 Abs. 1 „Kabelkanäle ... sind [für diese und jene] ... auszuweisen“) gleichgestellt. Im Rang darauf

[384] Folgerichtig legt die Normierung der Einspeisungsrangfolge (= negative Selektion) in der Regel auch die Priorität bei der Belegung der besseren oder schlechteren Kanalfrequenzen (= positive Selektion) fest; vgl. ausdrücklich § 44 Abs. 3 Satz 2 Mediengesetz Hambg.; § 41 Abs. 1 Satz 3 LRG NRW; § 51 Abs. 2 LRG Saarld.; § 32 Abs. 4 HPRG. Siehe aber auch sogleich das Problem unter I 1 a) a.E.

folgen die weiterverbreiteten Programme (die Weiterverbreitung ist gem. § 6 Nr. 2 eine Verbesserung und Erweiterung der Empfangsmöglichkeiten) mit dortigem Vorrang der öffentlich-rechtlichen Programme (vgl. § 7 Abs. 2: für die *kraft Landesrecht* drahtlos verbreiteten Programme „sollen Kabelkanäle ausgewiesen werden" i.V.m. § 10 Abs. 1 Nr. 2 i.V.m. Abs. 2).

Dem steht die Verteilung der Nutzungsordnung jedoch in bedenkenswerter Weise gegenüber, als für die erstmalige Verbreitung öffentlich-rechtlicher und teilweise auch für die privaten Programme, sowie für die rundfunkähnlichen Kommunikationsdienste nur Kanäle im oberen Sonderkanalbereich, also in einem vermindert empfangstauglichen Bereich zugewiesen werden.

b) Darüber hinaus enthält § 5 Abs. 2 die generelle Forderung an den Nutzungsplan (also unabhängig von der Rangfolge), vielfältige Meinungen und Informationswünsche zur Geltung zu bringen; ein Gebot, das wegen der ansonsten detaillierten und schematisierten Regelung (vgl. §§ 7, 10; dazu im folgenden) kaum durchzuführen ist.

2. § 44 Abs. 1 Nr. 1 Mediengesetz Hambg., sowie § 51 Abs. 1 Nr. 1 LRG Saarld. bevorzugen die gesetzlich bestimmten sowie die durch die Medienanstalt zugelassenen Programme.

Besonderheit: Vorrangig berücksichtigt wird auch der gem. § 30 MG bzw. § 52 c LRG vorgesehene Offene Kanal.

3. § 32 Abs. 1 Nr. 1 Hess.PRG

Besonderheit: Das HPRG trifft für die erstmalig zugelassenen Programme keine Rangbestimmung.

4. § 46 Abs. 1 Satz 1 LMG Niedersachsen gewährt den gesetzlich bestimmten und zugelassenen Programmen den ersten Rang.

Besonderheit: Das LMG unternimmt sogar innerhalb dieser Stufe eine weitere Differenzierung (Vorrang drahtlos verbreiteter Programme und von Vollprogrammen). Ferner sieht die Begründung zu § 41 a.F (jetzt § 46) vor, daß auch „weitere künftige Veranstalter zum Beispiel im Bereiche des Satellitenrundfunks in Betracht"[385] kommen. Die Privilegierung gilt somit nicht allein für die öffentlich-rechtlichen Programme. Dies steht im Gegensatz zu den übrigen Landesmediengesetzen[386], welche allein die öffentlich-rechtlichen Programme als gesetzlich bestimmte Programme verstehen. Dies sind die jeweiligen (dritten) Programme der einzelnen Landesrundfunkanstalten und das ARD-Programm[387], sowie das ZDF[388].

---

385 Vgl. Nds. LT Drs. 10/1120 1983.

386 Vgl. die Begründung zu § 51 Saarld.LMG [LT Drs. Saarld 8/1988] oder noch deutlicher die Begründung zu § 31 LMG Schl.Holst. [LT Drs. 10/450 1984].

387 Siehe dazu den jeweiligen Gesetzesauftrag in den Gesetzen über die Landesrundfunkanstalten (vgl. z.B. § 3 WDR-Gesetz [GV.NW.1985 S. 237] oder § 1 Abs. 3 des

5. § 41 Abs. 1 Satz 1 LRG NRW bevorzugt grundsätzlich nur die gesetzlich bestimmten Programme.

Besonderheit: Die originären, von der Rundfunkkommission zugelassenen Programme besitzen nur dann gleichermaßen Priorität (d.h. sind Programme „im Sinne von Satz 1" vgl. § 41 Abs. 1 Satz 2), sofern sie dem Modellversuch (gem. der VersuchsgebietVO vom 15. Juni 1984, GV.NW. S. 401) zugehören oder lediglich Lokalrundfunk darstellen.

6. § 23 Abs. 1 Nr. 1 LRG Rheinl.-Pf. gibt den gesetzlich bestimmten und den zugelassenen (Voll- *und* Sparten-) Programmen den ersten Rang, worauf unmittelbar die übrigen zugelassenen Programme (insbesondere die Kommunikationsdienste) gem. § 23 Abs. 1 Nr. 2 folgen (sie werden daher aus Übersichtsgründen schon hier erwähnt); ferner *muß* für den Offenen Kanal gem. § 18 die Übertragungskapazität gesichert sein.

7. § 31 Abs. 1 Nr. 1 LRG Schl.-Holst. präferiert sowohl die gesetzlich bestimmten als auch die zugelassenen Programme und unter diesen die für das Land Schleswig-Holstein staatsvertraglich fixierten (§ 31 Abs. 2 Satz 2).

Besonderheit: Den ersten Rang bei den zugelassenen Programmen können nur Vollprogramme beanspruchen.

8. § 34 Abs. 1 Nr. 1 Brem.LMG gewährt den ersten Rang den gesetzlich bestimmten Programmen.

II. Der zweite Rang

Auf der *zweiten* Rangfolgestufe befinden sich vornehmlich die ortsüblich (d.h. mit durchschnittlichem Antennenaufwand) empfangbaren Programme bzw. diejenigen, die die größte Feldstärke im Betriebsbereich oder im Gesamtbereich der Kabelanlage aufweisen (auch die in den Landesmediengesetzen auftretenden Differenzen bei der Bestimmung der Empfangbarkeit eines Programmes[389] — Abstellen auf das Gebiet des Betriebsanlagen- oder des Verkabelungsgesamtbereichs? — deuten einmal mehr auf die mangelnde Praktikabilität dieses Kriteriums hin):

Gesetzes über die Errichtung und die Aufgaben einer Anstalt des öffentlichen Rechts Radio Bremen [Brem.GBl.1979 S. 245]) und die Verwaltungsvereinbarung der Landesrundfunkanstalten über die ARD in der Fassung vom 27. März 1953 in der Fassung vom 2. Juli 1964 (abgedr. bei Ring sub C V 2).

[388] Beruhend auf dem Staatsvertrag der Länder vom 6. Juni 1961 (abgedr. bei Ring sub C IV 3.1) i.V.m. den Zustimmungsgesetzen (vgl. stellvertretend das Zustimmungsgesetz vom 30. 1. 1962 Saarld. Amtsblatt S. 67).

[389] Auf den Betriebsbereich der Kabelanlagen abzustellen, empfiehlt Ricker in Privatfunkgesetze S. 160.

Wie in:

1. § 7 Abs. 2 Nr. 2 i.V.m. § 10 Abs. 2, Abs. 1 Nr. 2 LMG BW.

Besonderheit: Dieser Vorrang gilt unter den (ortsüblich) empfangbaren Programmen nur solange, als eine Teilnehmerbefragung keine andere Rangfolge ergibt (§ 10 Abs. 2 Satz 1). Die rundfunkähnlichen Kommunikationsdienste nehmen diesen Rang nur ein, sofern sie über Satelliten oder über erdgebundene Sender auf Fernseh- oder UKW-Frequenzen verbreitet werden (§§ 7 Abs. 2, 10 Abs. 1 Nr. 2 b).

2. § 44 Abs. 1 Nr. 2 Mediengesetz Hambg.

Besonderheit: Unter die ortsüblichen Programme zählt das Mediengesetz zwar auch die Sendungen der Rundfunksatelliten (Argument der Begründung zu § 41 ist die Informationsfreiheit[390], sich aus allgemein zugänglichen Quellen zu unterrichten), jedoch nur soweit diese nicht zulassungsbedürftig sind. Nicht zulassungsbedürftig sind lediglich die aufgrund einer Bundesländervereinbarung veranstalteten Programme (§ 41 Abs. 2 Satz 2). Nicht mit Art. 5 GG zu vereinbaren ist, daß der Umfang der Informationsfreiheit somit von staatlicher Prärogative abhängig gemacht wird.

3. Das LRG Niedersachsen weist in § 46 Abs. 2 alle übrigen Programme (das sind die des § 44) nur noch einem Rang zu und macht deren Auswahl von den mehrheitlichen Wünschen der Teilnehmer abhängig.

4. Vergleiche im übrigen: § 32 HPRG; § 41 Abs. 1 Satz 3 Nr. 1 LRG NRW; § 23 I Nr. 3 LRG Rhl.-Pf. (eigentlich mit Rang drei s.o. unter I 6)); § 51 Abs. 1 Nr. 2 LRG Saarl. und § 31 Abs. 1 Nr. 3 LRG Schl.-Holst.; § 34 Abs. Nr. 2 LMG Bremen.

III. Der dritte Rang

Für den *dritten* Rang lassen sich im Detail gravierende Unterschiede ausmachen:

1. § 7 Abs. 2 Nr. 3 i.V.m. § 10 Abs. 2 Satz 3 LMG BW weist den dritten Rang den herangeführten Programmen zu, wobei deren Einspeisung durch eine Entscheidung der Landesanstalt unter Berücksichtigung der mehrheitlichen Teilnehmerwünsche erfolgt (wie auch generell, jedoch rangunabhängig bei den rundfunkähnlichen Kommunikationsdiensten).

2. § 44 Abs. 1 Nr. 3 Mediengesetz Hamburg sieht auf der dritten Stufe die Einspeisung aller nicht mit durchschnittlichem Antennenaufwand empfangbaren (also sowohl ortsmögliche als auch herangeführte) Programme der inländischen öffentlich-rechtlichen und privaten Veranstalter vor, sowie die der ausländischen deutschsprachigen und aus der EG stammenden Pro-

[390] Vgl. Hambg. Bürgerschaft Drs. 11/3769 S. 32.

gramme. Scheinbar wird in § 44 Abs. 1 Nr. 4 Mediengesetz Hambg. für alle übrigen ausländischen Programme ein vierter Rang begründet.

Jedoch heißt es in § 44 Abs. 2 Satz 2, daß die nach den Stufen 1 und 2 verbleibenden, von der Anstalt über die Restverteilung der Kanalkapazität zu treffenden Entscheidungen nur noch „unter Berücksichtigung" der weiteren Rangfolge (Nr. 3 und 4), jedoch auch unter Beachtung der Hinweise des Kabelanlagenbetreibers, welcher eine Mehrheitsentscheidung der Teilnehmer herbeiführen kann, erfolgt. Die Rangfolge verliert daher zwischen den Nummern drei und vier ihr im übrigen starres Gefüge.

3. § 34 Abs. 1 Nr. 3 LMG Bremen, § 32 Abs. 1 Nr. 3 HPRG, § 44 Abs. 1 Satz 3 Nr. 2 LRG NRW, § 51 Abs. 1 Nr. 3 LRG Saarld. gewähren diesen Rang den ortsmöglichen Programmen. Der § 44 des LRG NRW unternimmt einen kaum präzisen Versuch einer Definition dieser Programmart: die einen besonderen Antennenaufwand erfordernde Empfangseinrichtung müsse sich in einer *räumlich angemessenen* Entfernung von der Kabelanlage befinden. Im bremischen LMG wird dagegen auf das Vorhandensein einer „geeigneten Empfangsantenne" — was immer dies auch heißen mag[391] — und auf die Empfangsfeldstärke abgestellt.

4. § 23 Abs. 1 Nr. 4 i.V.m. § 22 Abs. 1 LRG Rheinl.-Pf. setzt die herangeführten Programme auf die dritte (bzw. tatsächlich vierte) Stufe.

5. § 31 Abs. 1 Nr. 3 LRG Schl.-Holst. versteht die originären Spartenprogramme, die ortsmöglichen und die herangeführten Programme als drittrangig.

IV. Der vierte Rang

Ein *vierter* Rang wird nur noch partiell vorgesehen:

1. § 32 Abs. 1 Nr. 4 HPRG positioniert die bundesweit herangeführten Programme an vierter Stelle und differenziert in dieser Stufe der weiterverbreiteten Programme wie folgt:

a) Vorrang der Vollprogramme vor Spartenprogrammen

b) Vorrang der Programme der Länder des Europarates und unter diesen jene, die aus einem Land der EG herrühren.

2. § 41 Abs. 1 Satz 3 Nr. 3 LRG NRW setzt auf diesen Rang die herangeführten Programme.

3. § 51 Abs. 1 Nr. 4 LRG Saarld. belegt auf der vierten Stufe die herangeführten deutschsprachigen Programme.

---

[391] Es stellt sich die Frage, ob die Kabelanlagen unterschiedlich geeignete Antennen besitzen können, so daß sich je nach technischer Ausrüstung der Empfangsanlage auch unterschiedliche Rangfolgen ergeben können.

4. § 34 Abs. 1 Nr. 4 Brem.LMG setzt die deutschsprachigen oder EG-Programme, die über Satelliten ausgestrahlt oder herangeführt werden auf die vierte Stufe. Hierbei ist unklar, ob die Art der Ausstrahlung oder die Herkunft der Programme ausschlaggebend sein soll. Im ersteren Fall stellte sich dann die Frage, wie denn die Satellitenprogramme von den ortsmöglich empfangbaren abzugrenzen wären.[392] Im anderen Fall müßte erklärt werden, warum es zusätzlich einer kategorisierenden Erwähnung der Satellitenaustrahlung bzw. Heranführung bedurfte.

V. Weitere Rangfolgevorgaben

Die *weiteren Ränge* — soweit vorgesehen — werden wie folgt verteilt:

In LRG NRW steht der fünfte Rang den herangeführten Kabeltextverteildiensten zu (§ 41 Abs. 1 Satz 3 Nr. 4). Im Saarland liegen auf den Rängen fünf und sechs die aus der EG bzw. aus dem sonstigen Ausland herangeführten Programme. Für das Saarland ist darüber hinaus zu bemerken, daß zwischen den Rängen drei bis sechs durch mehrheitliche Teilnehmerentscheidung innerhalb dieser Gruppen die Präferenz geändert werden kann.

In LRG Bremen erhalten „weitere fremdsprachige" Programme den fünften Rang (§ 34 Abs. 1 Nr. 4).

VI. Präferenzen innerhalb einer Rangstufe

Einige Länder sehen Rangfolgeregelungen vor, soweit die Kapazität *für gleichrangige Programme* nicht ausreicht:

1. Der § 41 des LRG NRW enthält eine überaus minutiöse Ausgestaltung, der deutsch- vor fremdsprachigen Programmen und unter diesen jeweils den Vollprogrammen den Vorzug gibt (§ 41 Abs. 1 Satz 4). Sofern selbst diese Differenzierung nicht ausreicht, erfolgt die Positionierung gem. § 41 Abs. 2 nach der Empfangsfeldstärke.

2. § 51 Abs. 1 Satz 2 LRG Saarld. billigt die Entscheidung bei Gleichrangigkeit der Landesanstalt zu unter Berücksichtigung der vom Kabelbetreiber gegebenen Hinweise, welcher Art auch immer diese sein mögen.

3. § 31 Abs. 2 LRG Schl.Holst. will in einem solchem Falle die Wünsche der Teilnehmer, sowie die technischen und finanziellen Bedingungen für den Empfang berücksichtigen.

---

392 Dann müßten Parabolantennen keine geeigneten Empfangsanlagen i.S.v. § 34 Abs. 1 Nr. 4 darstellen.

4. § 34 Abs. 2 Brem.LMG gewährt den Voll- vor den Spartenprogrammen Vorrang bei Gleichrangigkeit der Programme von „Absatz 1 Nr. 2 - 6". Es sei erwähnt, daß im Gesetz der Absatz 1 lediglich fünf Nummern enthält (wohl ein Redaktionsversehen). Und schließlich, sofern dies nicht ausreicht, wird pauschal „die Auswahl" (nach welchen Kriterien?) der Landesmedienanstalt überlassen.

VII. Weitere Mittel zur Überwindung der Engpaßprobleme

Zur Überwindung der Engpässe finden sich neben den Rangfolgeregelungen *weitere Vorkehrungen,* insbesondere gegen Doppeleinspeisungen:

1. § 32 Abs. 5 HPRG untersagt die Einspeisung der Signale eines Satellitenprogramms in das Kabelnetz, wenn seine Signale zudem auch terrestrisch ortsüblich oder -möglich empfangbar sind und es sich nicht um ein gesetzlich bestimmtes handelt. Die Einspeisung wird in diesem Fall schon nach § 32 Abs. 1 Nr. 2 bzw. Nr. 3 gewährleistet.

2. § 23 Abs. 2 LRG Rheinl.-Pf. unterbindet die Weiterleitung von ortsüblichen oder herangeführten Programmen, sofern sie in Vergleich zu einem anderen nur in einem zeitlich geringen Umfang ein unterschiedliches Angebot enthalten.

VIII. Die Lösung in Konfliktfällen

Viele Landesmediengesetze sehen für *Zweifels- oder Konfliktfälle* die Entscheidung der Landesanstalt vor:

Vgl. § 10 Abs. 2 Satz 2 LRG BW; § 44 Abs. 3 Satz 1 Mediengesetz Hambg.; § 32 Abs. 2 HPRG, § 23 Abs. 3 LRG Rheinl-Pf.; § 31 Abs. 3 LRG Schl.Holst.; im Ergebnis ähnlich (Feststellungsbefugnis der Landesanstalt § 41 Abs. 4 LRG NRW).

IX. Erheblich abweichende Rangfolgemodelle

Von den bisherigen Rangfolgesystemen weichen die Regelungen im KPPG Berlin und im MEG Bayern deutlich ab.

1. Das KPPG Berlin

Eine äußerst komplexe, um nicht zu sagen undurchsichtige Normierung weist das vom Berliner Abgeordnetenhaus erlassene KPPG auf. Nicht weniger als vier über das ganze Gesetz dispers verbreitete Paragraphen (§§ 2, 9, 36, 59) sind heranzuziehen, um die intendierten Präferenzen auszumachen. Letztlich kristallisieren sie sich wie folgt heraus:

a) Vorrang genießen gem. § 36 Abs. 1 die Rundfunkprogramme der Stufe 1. Diese sind die ortsüblich empfangbaren Programme, welche terrestrisch (§ 2 Abs. 2 Nr. 1) ausgestrahlt oder aufgrund einer Vereinbarung der Bundesländer veranstaltet und über Satellit (§ 2 Abs. 3) ausgestrahlt werden. Sie müssen als einfache Verteildienste (Legaldefinition in § 9 Abs. 1 in Abgrenzung zu den Verteildiensten auf Abruf [§ 9 Abs. 3] und den Abrufdiensten [§ 8 Nr.3]) an alle angeschlossenen Haushalte übermittelt werden (§ 36 Abs. 1 i. V. m. § 9 Abs. 2).

b) Im übrigen müssen die „danach verbleibenden Kapazitäten" vorrangig zugunsten der Vielfalt der „in der Gesellschaft vorhandenen Meinungsrichtungen" verteilt werden (§ 36 Abs. 2 Satz 1). In diesem Rahmen sind bei der Verteilung der Nutzungsformen (§ 7: Bewegtbilder, Ton, Text, Daten) und Übertragungsformen (§ 8: einfache Verteildienste, Verteildienste auf Abruf, Abrufdienste) vier Kriterien in „praktischer Konkordanz"[393] zu berücksichtigen. Dies sind gem. § 36 Abs. 2 Satz 2 Nr. 1-4:

1. die Erprobung vielfältiger, entgeltlicher und neuer Angebotsformen,

2. der Umfang eines Angebotstypus in den jeweiligen Nutzungs- und Übertragungsformen,

3. die Teilnehmernachfrage nach den Nutzungs- und Übertragungsformen, sowie

4. (wiederum vgl. Satz 1?!) die kulturelle Vielfalt.

c) Soweit die für die Verteildienste (= Übertragungsform) zugeteilten Kapazitäten nicht für alle Ton- und Bewegtbildangebote (= Nutzungsform i.S.v. § 7 Nr. 1 und 2) ausreichen, erfolgt innerhalb dieser Kategorie die Verteilung ebenfalls nach obigen Kriterien, jedoch mit Vorrang der in Berlin zugelassenen Programme (§ 36 Abs. 3). Diese müssen sich, sofern die Kapazität dann immer noch nicht genügt, eventuell gem. §§ 36 Abs. 4, 37 Abs. 1 und Abs. 2 auf eine Teilung der Sendezeit oder auf einen turnusmäßigen Wechsel beschränken.

d) Für herangeführte Programme gilt zunächst, daß sie wegen ihrer Zulassung im übrigen Bundesgebiet oder außerhalb des Geltungsbereiches des Grundgesetzes eine Art besonderer Verteildienst darstellen (§ 56). Daher gilt auch für sie die (Übertragungs- und Nutzungsform-) Kontigentierung der Kanalfrequenzen gem. § 36 Abs. 3. Soweit diese nicht zur Befriedigung aller Einspeisungswünsche genügt, müssen schon bei der Entscheidung über die Einspeisungsgenehmigung Selektionsaspekte berücksichtigt werden.

---

393 So die Begründung zum KPPG Berlin Drs. 9/1718 1984 S. 23.

Denn das KPPG billigt einen Einspeisungsplatz erst bei hinreichender Kanalzahl zu (§ 59 Abs. 1 Satz 1 und 2). Die Kontrolle des Programmes ist also mit der Auswahlentscheidung verknüpft, während in allen übrigen Landesmediengesetzen die Rangfolgebestimmung strikt von der Genehmigungssfähigkeit getrennt ist. Die Auswahl bei der Zulassung bestimmt sich bei Kanalengpässen folgendermaßen:

1. Vorrang der bundesweit herangeführten in- und ausländischen Programme (§ 59 Abs. 1 Satz 3).

2. Im übrigen (auch innerhalb einer vorrangigen Programmkategorie) muß der kulturellen Vielfalt, sowie der Teilnehmernachfrage Rechnung getragen werden (§ 59 Abs. 1 Satz 2 Nr. 1 und 2).

2. Das bayerische Medienerprobungs- und -entwicklungsgesetz

Das MEG Bayern nahm in seiner ursprünglichen Fassung vom 22. November 1984 (GVBl. 84, 445) eine mit den übrigen Landesmediengesetzen größtenteils konform gehende Verteilung vor. Art. 36 Abs. 1 Nr. 1-3 plazierte an erster Stelle die gesetzlich bestimmten Programme und ließ sodann die ortsüblichen, die originär in Bayern veranstalteten Sendungen (inklusive Kommunikationsdienste) und schließlich auf der dritten Stufe die ortsmöglichen und die herangeführten Programme folgen. Innerhalb dieses Schemas (also auf jeder Rangstufe) konnte im Falle einer Entscheidungsalternative (sprich Gleichrangigkeit zweier oder mehrerer Programme) auf Antrag von 5 % der angeschlossenen Teilnehmer ein Mehrheitsvotum herbeigeführt werden.

Mit der Änderung des Art. 36 MEG[394] wurde jedoch auf die starre Reihenfolge verzichtet. Die Belegung der Kanäle stellt nunmehr die Landeszentrale nach vorheriger Absprache mit der Deutschen Bundespost kraft Satzung fest (Art. 36 Satz 1 n. F.). Priorität genießt eine Nutzung der Kapazitäten, in der „vielfältige Meinungen und Informationswünsche zur Geltung kommen und die technischen und finanziellen Bedingungen für den Empfang der Programme berüchsichtigt werden“ (Art. 36 Satz 3). In der Begründung zur Änderung des Art. 36 heißt es (dies sei hier schon angeführt, weil es die im zweiten Kapitel vertretene Meinung, daß eine Trennung nach ortsüblichen, -möglichen und herangeführten Programmen zukünftig nicht mehr sinnvoll erscheint nochmals bestärkt und zudem für die sich im Abschnitt D anschließenden Erläuterungen bedeutsam ist):

---

[394] § 1 Nr. 17 des Gesetzes zur Änderung des MEG und des BayRuFuG vom 30. 7. 1987; GVBl. S. 214.

"Die bisherige Rangfolgeregelung des Art. 36 hat sich als zu wenig flexibel herausgestellt. Hinzukommt, daß bei Inbetriebnahme des direktstrahlenden Satelliten sich die Rangfolge der weitaus überwiegenden Programme nach Art. 36 Abs. I Nr. 2 richten würde, so daß die Rangfolgeregelung letztlich nahezu ins Leere liefe. Außerdem ist es wichtig, daß zwischen den einzelnen Rundfunkprogrammen privater Anbieter ein bundesweiter Ausgleich möglicher Reichweitennachteile erfolgt. Die Neuregelung ermächtigt daher die Landeszentrale, die Belegung der Kanäle in Kabelanlagen durch Satzung zu regeln. Dabei wird die Landeszentrale die grundrechtlich gewährleistete Informationsfreiheit und den gesetzlich festgelegten Versorgungsauftrag des Bayerischen Rundfunks und des Zweiten Deutschen Fernsehens zu beachten haben."[395]

C. Rangfolgemodelle in der Literatur

In der medienrechtlichen Literatur läßt sich zu diesem Thema bisher nur ein einziges von den Landesmediengesetzen teilweise abweichendes Konzept ausmachen, nämlich das Reinhard Rickers. In seinem System wird der Akzent stärker als sonst auf die grundgesetzlich gewährleistete Informationsfreiheit gelegt. Um in dieser Hinsicht nicht den im Abschnitt D niedergelegten Erörterungen vorzugreifen, soll hier nur das Ergebnis[396] seiner Überlegungen wiedergegeben werden. Nach Rickers Auffassung sollten die Rangfolgekriterien dergestalt normiert werden, daß

1. primär die gesetzlich bestimmten Programme,
2. daraufhin die örtlichen Kabelprogramme und die landesweit zugelassenen Programme vorrangig einzuspeisen sind, sowie
3. im übrigen allein die durch eine mehrheitliche Auswahlentscheidung der Rezipienten ermittelten Teilnehmerwünsche die Einspeisung bestimmen.

D. Der eigene Lösungsansatz

Die augenblickliche Gesetzeslage ist verwirrend. Es erscheint gleichgültig, ob Vollprogramme vor Spartenprogrammen, ausländische vor inländischen Programmen, die gesetzlich bestimmten vor den übrigen zur originären Veranstaltung zugelassenen Programmen, die durch Staatsvertrag geregelten Programme etc. einen Vorrang besitzen. Ebenso beliebig wird mit Fragen

---

[395] Die Begründung zur Änderung des Bay. MEG ist abgedr. bei Ring sub F-VI 2.2.1 S. 11 f.

[396] Die Resultate bei der Rangfolge sind niedergelegt in Ricker, Die Einspeisung S. 22 ff bzw. ausführlich S. 96 ff und in Ricker, Die Privatrundfunkgesetze S. 196 ff.

nach einer Berücksichtigung der Teilnehmerwünsche und mit dem Problem, an welchem Ort die Empfangsfeldstärke zu messen sei, umgegangen. Zudem sind viele Normen nicht aus sich heraus verständlich und ihr Sinn — wenn überhaupt — nur aus dem systematischen Kontext bzw. teleologisch zu erschließen. Es ist daher dringend geboten, in diese kunterbunte Varietät klärendes Licht, vor allem aus der Verfassung, fallen zu lassen.

I. Darstellung der Vorgehensweise

Den richtigen Weg bei der Suche nach einem verfassungsrechtlich haltbaren und praktikablen Rangfolgemodell zu finden, erweist sich als äußerst komplex und kompliziert, da mannigfaltige Prämissen zu beachten und in Einklang zu bringen sind. Hinzu kommt, daß diese oftmals weniger dem juristischen als vielmehr dem technischen und finanziellen Bereich entstammen. Das Augenmerk muß daher im Wege praktischer Konkordanz[397] stetig und vorausschauend zwischen den grundrechtlichen Anforderungen einerseits und den aktuellen faktischen bzw. potentiellen denkbaren Verhältnissen andererseits hin und her wandern. Nur so kann vermieden werden, daß einem rapiden Wandel in der Rundfunkordnung gesetzlich nur mit Nachbesserungen begegnet wird, mit welchen das erwünschte dauerhafte und stabile System nicht zu formen ist. In concreto sind während dieses Balanceakts folgende, das gesetzgeberische Ermessen begrenzende Hürden zu nehmen:

1. Es müssen zunächst der Einfluß der zu treffenden Vorkehrungen zum Schutze der Meinungsfreiheit (Stichwort: Pluralismus) auf das Rangfolgemodell untersucht werden. In diesem Zusammenhang ist vornehmlich das Verhältnis von der Meinungsfreiheit zur Informationsfreiheit (Stichwort: Bürgerwünsche) zu klären.

2. Es sind eventuelle, den Grundrechten zu entnehmende Ansprüche der Rundfunkveranstalter in Betracht zu ziehen, insbesondere aus den Art. 5 Abs. 1 Satz 2 und Art. 12 GG.

3. Die Frage, ob und inwieweit die übrigen Kommunikationsdienste oder neuartige Angebotsformen in diesem System zum Zuge kommen müssen, bedarf der Erörterung.

4. Schließlich muß das Verfahren bei der Ermittlung von Präferenzen und bei der Vergabe von Frequenzen effizient sein, d.h. tatsächlich handhabbar, flexibel und transparent, sowie finanziell tragbar.

5. Klärungsbedürftig bleibt letztlich auch das Problem, wie detailliert der einzelne Landesgesetzgeber sein Rangfolgesystem durchnormieren muß und

---

[397] Vgl. hierzu ausführlich D V.

inwieweit er diese Entscheidung der Satzung seiner Landesmedienanstalt überlassen darf (Stichwort: Parlamentsvorbehalt).

Im nachstehenden Text soll versucht werden, schrittweise (soweit sich nicht einzelne Themenkreise überschneiden) die Probleme der Nrn. 1-3 auszuleuchten, um festzustellen, ob sich nach dieser Analyse Rangfolgekriterien als notwendiges Muß herauskristallisieren. Diese und die verbleibenden (teilweise auch in den Landesmediengesetzen anzutreffenden) Differenzierungsmerkmale werden sodann daraufhin untersucht, ob sie neben den aus den Punkten Nr. 1-3 resultierenden Anforderungen auch anderen Prüfsteinen (wie z.B. dem EWG-Vertrag und dem verfahrenstechnischen Aspekt der Nummer 4) standzuhalten in der Lage sind. Nach einem eigenem Systemvorschlag soll schließlich (unter E) der verfassungsrechtlich gebotene Normierungsumfang (Nummer 5) erörtert werden.

II. Rangfolgegebote aus der Meinungsbildungsfreiheit und Informationsfreiheit

Um Rangfolgevorgaben aus den Gewährleistungen des Art. 5 GG entwickeln zu können, bedarf es einer Auseinandersetzung mit der Funktionsweise des Meinungsbildungsprozesses im Zusammenhang mit der ihn beeinflussenden Rundfunkfreiheit (Art. 5 Abs. 1 Satz 2 GG, ein spezieller Fall der Meinungsäußerung) und der Informationsfreiheit (Art. 5 Abs. 1 Satz 1 GG).

Die Rundfunkfreiheit wird in ständiger Verfassungsrechtsprechung als eine „der Gewährleistung freier individueller und öffentlicher Meinungsbildung" „dienende" Freiheit beschrieben.[398] Die „freie Meinungsbildung vollzieht sich in einem Prozeß der Kommunikation"[399], also in einem ständigem Vorgang der Meinungsäußerung, Meinungsverbreitung und aktiver Informationsaufnahme.[400] In diesem sind dem Rundfunk zweierlei Aufgaben zugewiesen:

Er fungiert einerseits als Medium der Meinungsbildung und muß insofern den relevanten gesellschaftlichen Gruppen die Möglichkeit offenhalten, den Rezipienten umfassend Meinungen und Informationen zu übermitteln. Zum anderen nimmt er die Funktion eines Faktors ein, d.h. er erscheint in einer aktiven Rolle, indem er wegen der Selektion der Sendeinhalte, sowie durch die Fixierung von Art, Umfang und Zeitpunkt der Ausstrahlung den Meinungsbildungsprozeß mitgestaltet.[401] Die Meinungsfreiheit enthält neben[402]

---

[398] BVerfGE 57, 295 [319]; BVerfGE 73, 118 [152].

[399] Vgl. BVerfGE 73, 118 [152].

[400] Vgl. zu dem aus dem Grundrecht der Informationsfreiheit resultierenden Recht auf *aktive* Informationsauswahl Konrad Hesse, Grundzüge des Verfassungsrecht Rdnr. 393.

[401] So BVerfGE 35, 202 [222]; BVerfGE 57, 295 [320]; BVerfGE 59, 321 [257 f.];

dem Element der Meinungsverbreitungsfreiheit auch die Gewähr der Informationsfreiheit, also einen Anspruch auf umfassende und wahrheitsgemäße Information. Diese „verschiedenen Grundrechtspositionen" können allerdings in „Kollision" geraten, für deren „Ausgleich"[403] der Gesetzgeber Sorge treffen muß. Die Aufgabe des Rundfunks ist es daher, ein Transformationsglied zwischen Meinungsverbreitungsfreiheit und Informationsfreiheit zu sein.[404]

Es sei an dieser Stelle darauf hingewiesen, daß die Meinungsverbreitungsfreiheit, so wie sie herkömmlich verstanden wird, heftiger Kritik ausgesetzt ist. Es grenze „ans Groteske, was alles unter diesem Titel gebracht wird."[405] Zum einen gehe es nur in seltenen Fällen den privaten Anbietern darum, tatsächlich Meinungen zu verbreiten und Überzeugungsarbeit zu leisten, zum anderen sei bei den öffentlich-rechtlichen Anstalten bei schlichter, aufgabengemäßer Transformation gesellschaftlich relevanter Meinungen deren Faktorfunktion „rational kaum nachvollziehbar."[406] Die Überzeugungen vermittelnden Kommentare seien hingegen private Einzelmeinungen, womit sich die öffentlich-rechtlichen Anstalten gewissermaßen „verprivatisiert" hätten. Es müsse im Ergebnis zwischen den gegenüber meinungsbildenden Beiträgen bestehenden Schutzbedürfnissen und dem Recht auf Meinungs(Überzeugungs)-verbreitung unterschieden werden.[407]

So richtig es sein mag, das Gefälle der Beiträge in Überzeugungscharakter und -absicht hervorzuheben, so darf doch nicht verkannt werden, daß selbst bei der Ausstrahlung einer Familienserie oder eines Kriegsfilmes dem Veranstalter kaum je nachzuweisen sein wird, er wolle hiermit nicht die Welt als eine heile oder unvollkommene darstellen und insofern überzeugen.[408] Weltbilder und Meinungen können auch auf höchst subtile, ja sublime Weise geprägt werden.[409] Darüber hinaus greift m.E. das Abstellen auf einzelne Sendungen zu kurz. Denn ist es nicht so, daß gerade mit Hilfe leicht konsumierbarer, keine intellektuelle Sonderleistung der Teilnehmer erfor-

---

BVerfGE 73, 118 [152]; vgl. zu letzterem Aspekt der aktiven Gestaltung auch Lerche in Bullinger/Kübler, Rundfunkorganisation 1979 S. 15 (84 ff.).

[402] Zum Dualismus der aus der Meinungsfreiheit resultierenden Grundrechtspositionen vgl. Wieland Schmidt, Rundfunkvielfalt S. 13 f.

[403] Vgl. BVerfGE 57, 295 [321].

[404] Siehe dazu Jarass, Freiheit des Rundfunks, 1981, S. 28 ff.; Groß DVBl. 1982, 561 f.; Starck; Rundfunkfreiheit, 1973, S. 14.

[405] Lerche, Referat zum 56. DJT Bericht O S. 41.

[406] Lerche a.a.O. S. 39 f.

[407] a.a.O. S. 41.

[408] Dafür spricht auch die in BVerfGE 12, 205 [260], 57, 295 [319] enthaltene weite Auslegung des Inhalts des Meinungsbildungsprozesses. Eine abweichende Beurteilung bzw. Eingrenzung der Meinungsverbreitung findet hierin nicht statt.

[409] Vgl. dazu auch Hoffmann-Riem AöR 109 S. 337.

dernder Sendungen eine Bindung an das jeweilige Gesamtprogramm bzw. dessen Finanzierbarkeit erreicht werden soll? Und will dieses Gesamtprogramm mit allen seinen Beiträgen etwa keine Tendenzen und Überzeugungen vermitteln?

Zudem erscheint es wenig hilfreich, den öffentlich-rechtlichen Anstalten lediglich eine „schmale Zone eigentlicher Betätigung der Meinungsfreiheit“[410] zuzubilligen. Denn wie sollen deren Grenzen gezogen werden? Es ist und bleibt Realität, daß eine vollkommen neutrale Vermittlung gesellschaftlicher Meinungen wegen der unterschiedlichen (politischen) Gewichtung in der Besetzung der Rundfunkräte und der unvermeidlichen Auswahl unter den anzuprangernden öffentlichen Mißständen kaum stattfinden kann. Die einzig praktikable Konsequenz hieraus liegt daher in der effektiven Wahrnehmung der Kontrollen zur Verhinderung einseitiger „Meinungsmache“, aber nicht in der Begrenzung des Rechts auf Meinungsverbreitung.

Nach der hier vertretenen Ansicht wird also an der Brückenfunktion des Rundfunks zwischen Meinungsverbreitungs- und Informationsfreiheit festgehalten.

Zwischergebnis:

Es gilt also für die Suche nach Rangfolgevorgaben aus Art. 5 Abs. 1 GG festzuhalten, daß die Schutzvorgaben für eine grundgesetzkonforme Wahrnehmung der rundfunkspezifischen Verantwortung aus der Meinungsfreiheit als Basisgrundrecht (Art. 5 Abs. 1 Satz 1 GG) zu entwickeln sind.

Nunmehr erhebt sich die Frage, welchen Umfang die Normierungen zur grundgesetzkonformen Verwirklichung der Aufgaben des Rundfunks einnehmen müssen. Das Bundesverfassungsgericht bemerkt hierzu:

> “Freie individuelle und öffentliche Meinungsbildung durch den Rundfunk verlangt zunächst die Freiheit des Rundfunks von staatlicher Beherrschung und Einflußnahme.“[411]

Ferner bedarf es darüber hinaus „einer positiven Ordnung, welche sicherstellt, daß die Vielfalt der bestehenden Meinungen im Rundfunk in möglichster Breite und Vollständigkeit Ausdruck findet und daß auf diese Weise umfassende Information geboten wird.“[412] Läßt sich die Staatsfreiheit des Rundfunks (zumindest dem äußeren Anschein nach) relativ leicht und unproblematisch herstellen[413], so steht das Pluralismusgebot in heftigem

---

[410] Lerche a.a.O. S. 40.

[411] BVerfGE 57, 295 [320].

[412] BVerfGE a.a.O.

[413] Vgl. die aktuellen Probleme: Übermäßiger Parteieneinfluß auf die binnenpluralistischen Gremien, sowie die in BVerfGE 73, 118 ff. für verfassungswidrig erklärten Bestimmungen des § 3 Abs. 1 und 3 i.V.m. §§ 5 und 6 LRG Niedersachsen hinsichtlich der staatlichen Erlaubnisbehörde.

Streit. Die Bestimmung seines Umfanges bedarf im folgenden einer ausführlichen Erörterung.

1. Tatsächliche oder hypothetische Vielfalt

Zunächst stellt sich die Frage, ob durch die Regelungen des Landesgesetzgebers ein Zustand der Vielfalt tatsächlich erreicht oder bloß hypothetisch realisierbar sein müsse. Für letztere These können Passagen des Bundesverfassungsgericht als Beleg herangezogen werden, in denen lediglich von einer „Wahrscheinlichkeit"[414] die Rede ist, daß eine gleichgewichtige Vielfalt entstehe, oder welche die bloße Möglichkeit zu verlangen scheinen, daß die existierenden gesellschaftlichen Meinungen „zu Wort kommen können."[415]

Als weiteres Argument wird angeführt, daß der Gesetzgeber nicht verpflichtet werden könne, den Pluralismus, falls einzelne relevante Gruppen ihre Repräsentanz im Rundfunk verweigerten, „künstlich aufrechtzuerhalten"[416]. Diesem Gedankengang konnte jedoch schon mit dem dritten Fernsehurteil entgegengesetzt werden, daß das Bundesverfassungsgericht sich in dem angestrengten Vergleich des Rundfunks mit der Presse an den faktischen Gegebenheiten orientierte[417] und in diesem Zusammenhang feststellte, daß die „Eigengesetzlichkeit des Wettbewerbs"[418] nicht ausreiche, die Verwirklichung des Pluralismus im Rundfunk also weiterer normierter Vorkehrungen benötige. Daß auf das tatsächliche Erreichen von Vielfalt abzustellen ist, verdeutlicht nunmehr in aller Prägnanz das vierte Fernsehurteil, in dem es unter anderem heißt, es bedürfe einer Ordnung, „in der die Vielfalt der bestehenden Meinungen ... Ausdruck findet"[419] (und nicht nur finden kann). Ferner geht das Gericht von der These aus, daß der private Rundfunk nicht in voller Breite alle Meinungen und kulturelle Strömungen zu vermitteln in der Lage sei[420] und folgert daraus, daß daraus resultierende nicht gravierende Ungleichgewichtigkeiten solange „hinnehmbar" seien, als in den Programmen der öffentlich-rechtlichen „Anstalten die Vielfalt der bestehenden Meinungen unverkürzt zum Ausdruck gelangt"[421].

Zuletzt sei noch die Passage angeführt, in der das Gericht fordert, daß der Gesetzgeber die „strikte Durchsetzung dieses Grundstandards durch mate-

---

[414] BVerfGE 57, 295 [323 f.].

[415] BVerfGE 57, 295 [325].

[416] So z.B. Ricker NJW 1981, 1927 m.w.N.

[417] BVerfGE 57, 295 [323].

[418] BVerfGE 57, 295 [322].

[419] BVerfGE 73, 118, [153].

[420] BVerfGE 73, 118 [155].

[421] BVerfGE 73, 118 [157].

rielle, organisatorische und Verfahrensregelungen sicherzustellen"[422] habe. Das Grundgesetz gebiete daher, daß „nicht nur formal, sondern auch real eine Chance für prinzipiell alle besteht, sich frei zu äußern und zu informieren."[423]

Ist somit geklärt, daß das Vielfaltsgebot nicht ein nur hypothetisches, sondern ein real zu verwirklichendes ist, kann nun das Augenmerk auf den Inhalt desselben gerichtet werden. Damit ist das Problem der Effektuierung bzw. Optimierung des Pluralismus im Rundfunksystem angesprochen.

2. Der Umfang des Vielfaltsgebotes

Im Vordergrund steht hierbei nicht mehr die Frage, ob die gesetzgeberische Ausgestaltungsfreiheit durch die praktischen Ergebnisse begrenzt wird und damit der Gesetzgeber gegebenenfalls seine Entscheidungen zu revidieren hat. Vielmehr ist jetzt das Problem zu anzugehen, *ob* und *inwieweit* Differenzen zwischen dem Resultat der Ausnutzung des legislativen Spielraumes und einem unter Pluralismusaspekten idealen Zustand hingenommen werden dürfen.

Die Frage nach dem *Ob* kann nur dann verneint werden, sofern das Grundgesetz einen Idealtypus als Rundfunkmodell vorschreibt. In einem solchen müßte jeder noch so kleinen gesellschaftlichen Splittergruppe die Repräsentanz bei der Meinungsbildung nicht nur möglich, sondern diese auch faktisch verwirklicht sein. Ferner könnte der Meinungsbildungsprozess nur in einem sterilen Raum, d.h. unbeeinflußt von jeglichen außerhalb des Hoheitsbereiches eines Landesgesetzgebers liegenden Faktoren stattfinden. Daß letzteres infolge der technischen Entwicklungen (Argument: die Einstrahlung außerhalb eines Landes gesendeter Programme kann wegen der Informationsfreiheit nicht durch Störsender unterbunden werden) und ersteres selbst in einem optimal praktizierten binnenpluralistischen Modell nicht denkbar ist (Argument: der Landesmedienrat müßte dann aus einer unrealistisch hohen Repräsentantenzahl bestehen), liegt auf der Hand.

Dies sieht so auch das Bundesverfassungsgericht. Ganz explizit manifestiert sich diese Auffassung in folgender Passage:

Unabhängig von der gewählten Organisationsform (Binnen- oder Außenpluralismus) muß „durch geeignete Vorkehrungen gewährleistet [sein], daß das Gesamtangebot der inländischen Programme [der Wortlaut bezieht sich nur auf die Zulassung zur originären Veranstaltung] der bestehenden Mei-

---

422 BVerfGE 73, 118 [158].

423 Bullinger AfP 1982 S. 71; ebenso Groß in DVBl. 1982 S. 565.

nungsvielfalt auch tatsächlich im wesentlichen entspricht."[424] Im Kontext mit der Prognose über die Entwicklung des bundesdeutschen und europäischen Rundfunkmarktes stellt das Gericht zudem fest, „daß die Programme privater Veranstalter der ... Aufgabe umfassender Information nicht in vollem Ausmaß gerecht zu werden"[425] vermögen und daß es daher bei der Würdigung der Entwicklung im Gesamtzusammenhang vielmehr ausschlaggebend sei, daß „das Rundfunksystem in seiner Gesamtheit dem verfassungsrechtlich Gebotenen im Rahmen des Möglichen entspricht."[426] Ferner komme es bei dieser Sachlage darauf an, daß „die Vorkehrungen ... dazu bestimmt und geeignet sind, ein möglichst hohes Maß gleichgewichtiger Vielfalt im privaten Rundfunk zu erreichen und zu sichern"[427].

3. Effektive oder optimale Vielfalt

Ist daher aus dem Grund faktischer Nichtrealisierbarkeit von einem idealtypischen Denken Abschied zu nehmen, bleibt die obige Frage zu beantworten, *inwieweit* der Landesgesetzgeber Abweichungen von einer abstrakt anzunehmenden optimalen Vielfalt hinnehmen darf. Die anschließende Betrachtung muß sich also mit dem Problem befassen, wie zumindest eine an den tatsächlichen Verhältnissen orientierte, insofern konkrete grundrechtskonforme Vielfalt bewerkstelligt werden kann.

Die Antwort auf diese Frage könnte einerseits in der Forderung nach „optimaler" Vielfalt, andererseits in dem Postulat einer „effektiven" Vielfalt liegen[428]. Vorausgeschickt sei, daß der zuerst genannte Gedanke allein aus dem Wortlaut keinen Vorzug gewinnen darf, da auch die effektive Vielfalt — nach einer Orientierung an den faktischen Verwirklichungsmöglichkeiten — optimal den grundgesetzlichen Ansprüchen an eine Rundfunkordnung genügen will. Die Theorie einer optimalen Vielfalt könnte ihre sehr hoch bemessenen Anforderungen auf Formulierungen des Bundesverfassungsgerichtes stützen, wonach zu garantieren sei, daß die Vielfalt der gesellschaftlichen Meinungen „in möglichster Breite und Vollständigkeit" Ausdruck „findet" und nur dadurch „umfassende Information geboten wird"[429].

Die Konsequenz hieraus hieße, den privaten Rundfunk in einem nur wenig flexiblen Repräsentanzschema wohl in mittelbarer oder unmittelbarer An-

[424] BVerfGE 73, 118 [153].

[425] BVerfGE 73, 118 [155].

[426] BVerfGE 73, 118 [157].

[427] BVerfGE 57, 295 [320]; BVerfGE 73, 118 [159].

[428] Zu beiden Begriffen Lerche NJW S. 1677 ff.; Wieland Schmitt, Rundfunkvielfalt S. 85 bis 89; vgl. ähnlich auch Kull AfP 1981 S. 382.

[429] BVerfGE 73, 118 [153].

lehnung an binnenpluralistische Konstruktionen zu organisieren, und, daß schon leichte tendenzielle Ungleichgewichtigkeiten — z.B. durch ein Nichtbeteiligtsein einer einzelnen relevanten Meinungsrichtung im Rundfunk — den Gesetzgeber zu einer Reorganisation oder einem Eingreifen verpflichteten.

Diese Sichtweise muß jedoch mit der brisanten Frage konfrontiert werden, ob sie sich nicht nur vordergründig an die oben geschilderten, zu bewältigenden Realitäten bei der Einführung privaten Rundfunks hält, und somit statt auf einen konkret-optimalen realiter auf den unrealistischen ideal-optimalen Vielfaltsstandard abzielt. Denn „wer wird in eine Organisation Geist und Geld (oder umgekehrt) investieren wollen, die schon einfach dadurch wieder zerbricht, daß nur irgendein relevanter Mit-Bewerber sein Interesse an der Sache verliert und wieder aussteigt.“[430] Auch würde das außenpluralistische System, das wegen der Unmöglichkeit der Repräsentanz nicht organisationsfähiger Interessen „begriffsnotwendig an seine Grenzen“[431] stößt, in toto zur Disposition gestellt.

Bereits das dritte Fernsehurteil enthielt Passagen, in denen die Bevorzugung des lebensnäheren „effektiven“[432] Vielfaltsstandards angedeutet wurde. Die Zurückhaltung des Gerichtes gegenüber überzogenen Anforderungen dokumentiert sich in Äußerungen, in denen vom „wesentliche[n] Gleichgewicht“[433] des Zu-Wort-Kommens eines „nennenswerten Teils der gesellschaftlichen Gruppen und geistigen Richtungen“[434], von einem „Mindestmaß“[435] an Ausgewogenheit und von der hinzunehmenden „begrenzten Vielfalt“[436] selbst im Pressewesen die Rede ist. Aber auch der Satz, der Rundfunk dürfe keiner gesellschaftlichen Gruppe „ausgeliefert“ werden, läßt auf eine Toleranzmarge schließen. Hiernach muß nicht jede geringfügige Verschiebung zugunsten oder zulasten einer politischen oder gesellschaftlichen Tendenz unumgänglich zu Korrekturen der gesamten Rundfunkordnung führen.

Diese Auffassung, wonach „nicht schon jedes Zurückbleiben privaten Rundfunks hinter einem optimal gedachten Vielfaltsbild zu einem verfassungswidrigen Zustand führt“[437], findet mit dem vierten Rundfunkurteil seine Bestätigung. Explizit heißt es dort, daß „an die Breite des Programmangebots und die Sicherung gleichgewichtiger Vielfalt im privaten Rundfunk

---

[430] Lerche NJW 1982, S. 1678 m.w.N zu diesem Problem.

[431] Wieland Schmidt, Rundfunkvielfalt S. 87.

[432] Vgl. zu diesem Terminus Lerche NJW 1982, S. 1678 f.

[433] BVerfGE 57, 295 [324].

[434] BVerfGE 57, 295 [322 f.].

[435] BVerfGE a.a.O. S. 325.

[436] BVerfGE a.a.O. S. 322 f.

[437] Lerche NJW 1982 S. 1679.

nicht gleichhohe Anforderungen zu stellen [seien] wie im öffentlich-rechtlichen Rundfunk". Nicht gravierende Ungleichgewichtigkeiten seien bei einem Funktionieren des öffentlich-rechtlichen Systems, gemeint ist vor allem die Erfüllung ihres in den Gesetzen über die Landesrundfunkanstalten niedergelegten kulturellen Auftrages, hinnehmbar.[438] Gleichgewichtige Vielfalt sei keine exakt meßbare Größe und teilweise ohnehin der landesgesetzlichen Regelung entzogen, somit unvermeidlich schwankend. Man müsse sie daher als einen Richtwert auffassen, demzufolge nur ein Grundstandard gleichgewichtiger Vielfalt erreicht werden müsse, der keineswegs zur „Herstellung einer arithmetischen Gleichheit von Meinungsrichtungen" und bei „einzelnen Ungleichgewichtigkeiten von geringerer Bedeutung" zu einem Einschreiten verpflichte.[439] Dieser Standard umfasse einerseits die bloße „Möglichkeit für alle Meinungsrichtungen - auch diejenigen von Minderheiten -, im privaten Rundfunk zum Ausdruck zu gelangen, und [andererseits] den Ausschluß einseitigen, im hohen Maße ungleichgewichtigen Einflusses einzelner Veranstalter oder Programme auf die Bildung der öffentlichen Meinung, namentlich die Verhinderung des Entstehens vorherrschender Meinungsmacht."[440]

Für eine solche Begrenzung der Vielfaltsanforderungen können noch zwei weitere Gründe angeführt werden. Zum einen gewährleistet das Grundgesetz auch eine negative Meinungsfreiheit, d.h. die Garantie, sich zu einem Sachverhalt nicht äußern zu müssen.[441] Eine über Pluralismuserwägungen begründete Zwangsrepräsentation verstieße folglich gegen Art. 5 Abs. 1 Satz 1 GG.[442] Zum anderen ist Meinungsfreiheit „gerade nicht die Pflicht, sich in einen ausgewogenen besetzten Meinungschor' einzureihen, sondern die Freiheit auch Unbequemes und Dissonantes allein und auch dann zum Ausdruck zu bringen, wenn die vielleicht berechtigte Gegenmeinung gerade nicht oder nicht hinreichend vertreten wird."[443]

---

[438] BVerfGE 73, 118 [159].

[439] Vgl. BVerfGE 73, 118 [160].

[440] BVerfGE 73, 118 [160]; zu weitgehend daher die Auffassung Rickers in AfP 1986 S. 192 und 194, in einem dualen System käme es nach Sicherstellung der Grundversorgung nicht mehr auf Ausgewogenheit der Programme privater Veranstalter und auch nicht auf einen Minderheitenschutz an.

[441] Vgl. dazu Stender Vorwachs, Gruppenferne S. 120.

[442] Daher abzulehnen die Ansicht Bethges, JZ 1985 S. 310, der für die künstliche Aufrechterhaltung des Pluralismus plädiert. Es muß zwischen nicht erzwingbarer mangelnder Repräsentationswilligkeit und mangelnder Repräsentationsfähigkeit unterschieden werden. Im letzteren Fall kann aber bereits nicht mehr von einer *künstlichen* Aufrechterhaltung gesprochen werden, da der Gesetzgeber in seinem Rundfunksystem das Zu-Wort-Kommen-Können aller gesellschaftlich relevanten Gruppen *gesetzlich* garantieren muß. Dies heißt aber nicht, daß über die Interessen dieser Gruppen etwa mangels eines Informationsbedürfnisses nicht berichtet werden darf oder soll. Vgl. dazu auch Hoffmann-Riem AöR 109 S. 326.

[443] Bullinger AfP 1982 S. 76.

4. Wege zur Erreichung effektiver Vielfalt

Ist somit das Ziel, nämlich das Erreichen effektiver[444] Vielfalt definiert, kann die eigentliche Schwierigkeit in Angriff genommen werden, welches der denkbaren Rangfolgesysteme bei der Einspeisung diesem konkretisierten Pluralismusgebot am ehesten gerecht wird.

a) Der Modellstreit

Die Suche nach der besten Auswahlmethode schien bisher — zumindest bei der Zulassung zur originären Veranstaltung — eine generelle Vorab-Entscheidung über die theoretische Struktur des gesamten Rundfunksystems im Sinne eines Entweder-Oder zu erfordern. Als extreme Positionen kommen hierbei der Integrationsrundfunk und die Form eines ausschließlich an Marktprinzipien orientierten Rundfunks in Betracht.

Stein des Anstoßes für den heftigen Modellstreit in der Literatur ist die unterschiedliche Beurteilung der Funktionsfähigkeit und -tauglichkeit des Wettbewerbes im Rundfunksystem.

aa) Argumente gegen einen Wettbewerb im Rundfunk

Die prinzipiellen Bedrohungen, die mit der Einführung von Marktmechanismen in das Rundfunksystem erwartet und befürchtet werden, sind dreierlei Natur:

α) Die Bildung von Meinungsmonopolen

Da publizistischer Wettbewerb nur im Rahmen des ökonomisch Machbaren stattfinden könne[445], bestehe die Gefahr, daß finanzschwache, kleine Anbieter in einem Marktgefüge von vorneherein kaum eine Chance hätten.[446] Darüber hinaus führe ein sich verschärfender Wettbewerb unter den vorhandenen Veranstaltern zu einem Konzentrationsprozeß, wie er beispielsweise in den USA bereits stattgefunden habe.[447] Es sei nicht ausge-

---

[444] Vgl. ebenso, jedoch teilweise mit enger Auslegung des Begriffs Groß DVBl. 1982 S. 1118 ff.; W. Schmidt, Rundfunkvielfalt S. 86.

[445] Walter Schmidt Die Rundfunkgewährleistung (Beitr. z. Rundfunkrecht, Heft 22 Fft. 1980 S. 22.

[446] Stender-Vorwachs, Staatsferne und Gruppenferne S. 99, 131 m.w.N.

[447] Vgl. Hoffmann-Riem, Rundfunkfreiheit zwischen ökonomischer Nutzung und staatlicher Regelungsverantwortung: Das Beispiel USA, Bd. 13 der Materialien zur interdisziplinären Medienforschung 1981 S. 80 ff, 116 mit Belegen zur ungenügenden Sicherung der Meinungsvielfalt durch eine bloße ex-post Kontrolle. Ferner ders. in AöR 109 S. 347.

schlossen, daß selbst der bisherige Integrationsfunk — gemeint sind die binnenpluralistischen öffentlich-rechtlichen Anstalten — in einen marktwirtschaftlichen Sog geriete und letztlich einem Vernichtungswettbewerb anheim fallen könne.[448] Der Wettbewerb garantiere somit nicht den erforderlichen Schutz vor wirtschaftlicher und publizistischer Macht, welcher jedoch in einem verfassungsgemäßen Rundfunksystem sichergestellt sein müsse.

β) Die Programmverflachung

Weiterhin sei zu berücksichtigen, daß kommerzielle Sender zur Ausstrahlung niveauloser Unterhaltungsprogramme tendierten, da deren Einschaltquoten gegenüber kulturellen oder Informationsdarbietungen beträchtlich höher lägen. Eine Programmverflachung sei kaum zu vermeiden.[449] Die mit der Werbefinanzierung verbundene Ausrichtung auf die größtmöglich erreichbare Teilnehmerzahl reduziere unausweichlich die Programmvielfalt.[450] Dies gelte bereits für die bisherigen Ländermodelle. Diese „kranken unter anderem an mangelnder Operationalisierung der sogenannten externen Programmsteuerung".[451] Mithin müsse auch ein wachsender Einfluß der Werbetreibenden auf die Auswahl der Sendungen befürchtet werden.[452]

γ) Der aus der Anbieterstruktur resultierende Mangel an Pluralismus:

„Auf der Einspeisungsebene kann nur versucht werden, ... vom örtlichen Blickpunkt aus gleichsam kontingente Einzelangebote zu einem qualifizierten Gesamtprogramm zusammenzustellen."[453] Dem privaten, außenpluralistischen Rundfunk wird das Privileg gewährt, innerhalb seines Programmes eine Tendenz zu verfolgen. Da jedoch nicht zu erwarten sei, daß hinreichend viele private Anbieter auf dem Rundfunkmarkt konkurrieren, sei eine Wiedergabe aller denkbaren Meinungsrichtungen nicht zu erwarten.[454] Weil

[448] Stock Marktmodell kontra Integrationsmodell S. 245 und S. 251.

[449] Vgl. Hoffmann Riem RuF 1979 S. 150 ff.

[450] Vgl. bereits Monopolkommission Media Perspektiven 1981 S. 860 ff Ziff. 6 und 29 f.; vgl. auch Mestmäcker in ZUM 1986 S. 66. Ähnlich auch Hoffmann-Riem, AöR 109 S. 332, der jedoch die Schwierigkeit erkennt, dann jeweils einen Mißbrauch durch „schleichende Kommerzialisierung" festzustellen.

[451] Stock, Marktmodell kontra Integrationsmodell S. 243; siehe zu den Grenzen, aber auch zur Realisation externer Programmkontrolle Meyer-Hesemann in ZUM 1987 S. 409 ff. Vgl. aber auch gegen die Überbewertung der Alternative einer internen Programmkontrolle BVerfGE 73, 118 [170]: Diese werde bei den öffentlich-rechtlichen Anstalten auch nicht immer wahrgenommen bzw. trete nach außen nur wenig hervor.

[452] Kübler, Friedrich Medienverflechtung, Beiträge zum Rundfunkrecht, Heft 26 1982, S. 98 ff. Ähnlich (zumindest mittelbarer Einfluß) Hoffmann-Riem AöR 109 S. 350 f.. Abwartend Badura Verfassungsrechtliche Bindungen S. 51.

[453] Stock, Medienfreiheit, S. 471.

[454] Wieland Schmidt, Rundfunkvielfalt 1984 S. 87; Groß DVBl. 1982, S. 1118 ff.

aber ein Marktmodell dem Integrationsmodell äquivalent sein müsse, seien externe, außenplurale Strukturen kaum zu verwirklichen.

bb) Argumente für den Wettbewerb

Obigem (aa)) wird folgendes entgegengehalten:

In der medienrechtlichen Diskussion werde der Gesichtspunkt vernachlässigt, daß „eine Vielzahl (oder jedenfalls Mehrzahl) von Konkurrenten das geborene Mittel gegen Marktmonopole“[455] sei. Gerade Markt und Wettbewerb böten eine „für eine freie Gesellschaft konstitutive Kontrollfunktion“.[456] Das Grundgesetz optiere für einen freien Wettbewerb und gegen Medienmonopole, so daß der „publizistische Wettbewerb ein unabdingbares Grundelement der grundgesetzlichen Kommunikationsverfassung (verkörpere), das selbst dann nicht disqualifizierbar oder diskreditierbar ist, wenn dem publizistischen Wettbewerb ein ökonomischer Wettbewerb — wie im Falle konkurrierender Presseerzeugnisse — korrespondiert.“[457] Das Gesamtprogramm sei wie bei der Presse „notwendiges Ergebnis wie Prozeß des freien publizistischen Wettbewerbs.“[458]

Der Meinung, der „Inbegriff der konzessionierten privaten Programme müsse im Ergebnis einem an Ort und Stelle verwirklichten Integrationsfunk gleichkommen“, könne nicht gefolgt werden. Denn diese gehe mit ihrem „Vorstellungsbild eines staatlich gepflegten kommunikativen Nebeneinanders von Meinungen und meinungstragenden Gruppen im Gegensatz zum freien Meinungsmarkt, facettenreich auf geistige Bewegungen zurück, die prinzipiell gegen eine im Ansatz vom Individuum ausgehende, liberale und pluralistische Staats- und Gesellschaftsauffassung gerichtet sind.“[459]

Uneingeschränkte Fürsprache für einen Wettbewerb im Rundfunk findet sich ferner in Äußerungen, die einen zufriedenstellenden Pluralismus „mühelos auch ohne pluralistische Organisation“[460] für erzielbar halten oder gar die Meinungsvielfalt selbst in Monopolzeitungsgebieten für gewahrt betrachten mit dem Argument einer notwendigen absatzsichernden Ausrichtung auf die Erwartung[461] möglichst vieler Leser.

---

455 Pestalozza NJW 1981 S. 2158.

456 H.H.Klein AfP 1979, S. 232.

457 Scholz, Kommunikationsverfassung S. 96 f., in Klaus Stern, Rundfunk zwischen Bestand und Neuordnung 1981.

458 Scholz JZ 1981 S. 564.

459 Bullinger AöR 108 S. 193.

460 Pestalozza NJW 1981, 2164.

461 Scheuner, Das Grundrecht der Rundfunkfreiheit 1982 S. 27.

cc) Stellungnahme

α) Die Bedeutung der Absage an das „freie Spiel der Kräfte" für den Kabelrundfunk

Das Problem bei der grundrechtlichen Beurteilung der Zulassung von wettbewerblichen Elementen und Funktionen innerhalb des Rundfunksystems resultiert aus der heiklen Frage nach dem Bedeutungsgehalt der Aussage des Bundesverfassungsgerichts, der Rundfunk dürfe nicht dem „freien Spiel der Kräfte"[462] überlassen werden.

Vor einer Antwort hierauf bedarf es zunächst der Feststellung, daß dieses Gebot auch im Zusammenhang mit den Einspeisungsregeln bei der Verbreitung Geltung besitzt. Denn auch im Gesamtveranstaltungsteilbereich Kabelfunk ist effektive Vielfalt sicherzustellen (siehe 1. Kapitel B I 2). Jedoch ist das Bundesverfassungsgericht bereit, für diesen Bereich gewisse Lockerungen zu billigen. Denn was anderes als eine Bindung an das marktwirtschaftliche Prinzip von Angebot und Nachfrage kann es bedeuten, wenn das Gericht eine Orientierung an den Zuschauerwünschen als verfassungsgemäß bestätigt.[463] Überdies gestehen sogar die Vertreter eines an den Integrationsfunk angelehnten Rundfunkmodells ein, daß „Grundbedingungen privaten Wirtschaftens gewährleistet sein"[464] müssen. Schneidet man privaten Veranstaltern den Weg zur Gebührenfinanzierung ab und verweist man sie auf Werbeeinnahmen, so muß ihnen eine Orientierung an ökonomischen Kriterien erlaubt sein. Sofern der Staat private Freiheiten zugesteht, hat er allenfalls „gewisse Grundbedingungen für ein Funktionieren freiheitlicher Meinungsbildung im privaten Bereich ... sicherzustellen."[465] Denn „ auf einem freien Markt darf jeder nach Kräften versuchen, seine Meinungen so geschickt und wirksam wie möglich an das Publikum zu bringen und dabei die Meinung anderer in ihrem Absatz zurückzudrängen oder gar zu verdrängen. Dabei dürfen Finanzmittel eingesetzt werden, solange keine Vermachtung eintritt."[466]

Auch das Bundesverfassungsgericht hat die rundfunkunternehmerische Fähigkeit „zu privatautonomer Gestaltung und Entscheidung" als die „eigentliche Substanz" des privaten Rundfunks bezeichnet, welche nicht durch überhöhte Anforderungen zerstört werden dürfe.[467] Liest man diese Passage

---

[462] BVerfGE 31, 314 [325]; 57, 295 [323]; 73, 118 [158].

[463] BVerfGE 73, 118 [198].

[464] Hoffmann-Riem in RuF 1984 S. 257.

[465] Lerche, Presse und privater Rundfunk S. 27.

[466] Bullinger AöR 108, S. 193. Mit BVerfGE 57, 295 [322 ff.] kann jedoch nicht der Billigung des Hinausdrängens von Meinungen gesellschaftlich relevanter Gruppen zugestimmt werden.

[467] BVerfGE 73, 118 [171].

im Zusammenhang mit zwei weiteren Urteilen so ergibt sich in der Tat ein im Grundsatz liberales Bild:

"Die Rundfunkfreiheit unterscheidet sich nicht wesensmäßig von der Pressefreiheit."[468] „Presseunternehmen müssen sich im gesellschaftlichen Raum frei bilden können. Sie arbeiten nach privatwirtschaftlichen Grundsätzen und in privatwirtschaftlichen Organisationsformen. Sie stehen miteinander in geistiger und wirtschaftlicher Konkurrenz, in die die öffentliche Gewalt grundsätzlich nicht eingreifen darf."[469]

β) Markt-Unterschiede zwischen Verbreitung und originärer Veranstaltung

Generell sollte berücksichtigt werden, daß sich die Situation bei der Einspeisung durchaus anders darstellt als diejenige bei der Zulassung zur originären Veranstaltung. Während bei dieser unter anderem auch der Kampf um drei bis vier terrestrische Frequenzen inmitten steht, werden die Rangfolgeprobleme erst bei einer Zahl von über zwanzig einspeisungswilligen Veranstaltern akut.

Schenkt das Bundesverfassungsgericht im Zusammenhang mit den Zulassungsregelungen den Kräften des Marktes unter anderem deswegen weniger Vertrauen, weil mit einem „echten Markt auf absehbare Zeit nicht gerechnet werden kann"[470], so sieht es andererseits bereits „Anzeichen für die Entstehung eines europäischen, wenn nicht über Europa hinausreichenden Rundfunkmarktes"[471]. Dessen tatsächliche Verwirklichung hängt nach Auffassung des Gerichtes von der Ausräumung der Schwierigkeiten in der Verbreitungstechnik und des Abbaus nationaler rechtlicher Hindernisse ab. Hingegen werden keine Zweifel an einem Vorhandensein eines zahlenmäßigen oder qualitativ ausreichenden Programmangebotes in diesem Markt laut.[472]

Da jedoch heute schon (knapp drei Jahre nach Urteilserlaß) ausländische Veranstalter zu einem großen Teil an der Belegung der Kanäle anteil haben bzw. Interesse zeigen und auch technisch und rechtlich in der Lage sind, diese Frequenzen zu nutzen, darf von einer teilweisen Verwirklichung des internationalen Rundfunkmarktes gesprochen werden. Es sollte daher nicht übersehen werden, daß das Empfangbarmachen internationaler Sendungen mit Hilfe der Kabelanlagen eben auch das Resultat der Enstehung eines europäischen Rundfunk-*Marktes* ist.[473]

---

[468] BVerfGE 35, 202 [222] (Lebachurteil).

[469] BVerfGE 20, 162 [175].

[470] BVerfGE 73, 118 [158].

[471] BVerfGE 73, 118 [124].

[472] A.A. Hoffmann-Riem AöR 109 S. 331, der eine „Einseitigkeit der Profillosigkeit" befürchtet.

Darüber hinaus ist zu bemerken, daß nach Meinung vieler Autoren ein Übergang von der internen Ausgewogenheitsverpflichtung originär veranstalteter Programme zur lediglich externen Vielfaltsmaxime — also die Gewährleistung effektiver Vielfalt — im außerpluralistischen System zumindest mit der Existenz von mehr als drei nationalen Anbietern realisiert werden könne.[474] Die Erfüllung derartiger Pluralismusanforderungen, in denen von quantitativen auf qualitative Momente geschlossen wird, erscheint umso mehr wahrscheinlich, als sich bereits heute vier Fernsehveranstalter im Markt befinden (nämlich SAT 1, RTL-Plus, Pro 7 und Tele 5).

Zu alldem kommt hinzu, daß die Gründe gegen einen freien Wettbewerb bis heute auf einer eher spekulativen[475] Annahme beruhen bzw. nur „eine unbefriedigend pauschale prognostische Absicherung"[476] bieten. Sieht man dies im Kontext mit dem (noch unter 4. a.E. näher zu erörternden) Übermaßverbot, so kann es nicht angehen, daß die Rundfunkordnung „so viele und so effiziente Sicherungen enthält, daß sie private Initiative lähmt und letztlich damit als Ordnung leerläuft."[477] Die Mittel zur Verwirklichung effektiver Vielfalt müssen eben auch geeignet sein. Sprechen aber einige beachtliche Gründe für die Verwirklichung effektiver Vielfalt (in einem Kabelsystem mit über 20 Angeboten!) durch einen außenpluralistisch organisierten Rundfunk[478], so darf ihm seine einzige ökonomische Basis, die eine Ausrichtung auf den Publikumsgeschmack voraussetzt, nicht entzogen werden. Würde man die Orientierung an Einschaltquoten etwa durch übertriebene Qualitätsstufungen bei der Rangfolge unmöglich machen, gelangte man unter dem Deckmantel eines hypothetischen, weil unbewiesenen Mehr an effektiver Vielfalt, letztlich zu einem Weniger. Denn die damit verbundenen schweren Eingriffe in die Entfaltungsmöglichkeiten privaten Rundfunks hätten im

---

[473] Einer Berücksichtigung der jeweiligen Sachlage bedarf es vor allem dann, wenn man erkennt, daß das Bundesverfassungsgericht sich „konkludent die Lehre der fließenden Geltungsfortbildung der Verfassung als Ausdruck der ‚Verwirklichung' der Verfassung zu eigen" gemacht hat.(Badura in JA 1987 S. 182 m.w.N.)

[474] Vgl. Wieland Schmidt, Rundfunkvielfalt S. 88, Starck JZ 1983 S. 410; mehr als vier Anbieter als Untergrenze fordert Groß in DVBL 1982 S. 569; siehe auch die Billigung des Bundesverfassungsgerichts des § 11 Abs. 2 LRG Schl.Holst. in BVerfGE 73, 118 [164], welcher den Übergang interner Ausgewogenheit auf externe Vielfalt ab vier Programmen eröffnet.

[475] Vgl. auch Scholz JZ 1981 S. 564.

[476] Degenhart DÖV 1981 S. 961. Insbesondere ist nachzufragen, warum das Bild vom „Marktplatz der Meinungen" „für den ersten Blick die politische, wirtschaftliche und publizistische Vermachtung des medialen Kommunikationsprozeß" (Badura, Rundfunkfreiheit und Finanzautonomie S. 50) verdecken soll. Es ist wohl nicht richtig der Theorie vom Meinungsmarkt vorzuhalten, mit ihr vermindere sich das Problembewußtsein in Bezug auf die Gefahren einer Meinungs- und Machtkonzentration.

[477] Bullinger AfP 1982 S. 74.

[478] Selbst Hoffmann-Riem bezeichnet den ökomischen Wettbewerb trotz aller sonstigen Zurückhaltung als möglichen „Impetus für Angebotsvielfalt", AöR 109 S. 342.

extremen Fall seine Eliminierung zur Folge und damit die Aufgabe der durch Außenpluralismus (zumindest) realisierbaren effektiven Vielfalt.

Die gesetzgeberische Prognoseentscheidung kann nicht auf der einen Seite ein grundsätzliches Ja (zur Verwirklichung effektiver Vielfalt auch im privaten Rundfunk) zum Inhalt haben, ohne dabei dessen wirtschaftliche Grundlagen zu beachten. Der in den Programmen privater Anbieter erhoffte publizistische Wettbewerb kann in der Konsequenz nur dann stattfinden, wenn ihre Orientierung (auch) an ökonomischen Prinzipien gestattet wird.[479] Zwar mag der rundfunkfreiheitliche Gesetzesvorbehalt „dem publizistisch oder wirtschaftlich bestimmten ‚Marktverhalten' einen engen Rahmen"[480] setzen. Doch kann dieser nicht so eng gezogen werden, daß privat- und marktwirtschaftliche Initiative durch eine Art Tendenzplanwirtschaft verhindert wird.

Gegen die wettbewerbliche Ausrichtung an der Einschaltquote ist bei über 20 Programmen aus Gründen der Vielfalt verfassungsrechtlich mithin nichts einzuwenden.[481] Sie sollte zur Sicherung der Durchsetzungsfähigkeit privater Anbieter bereits aus diesem Grund nicht unterbunden werden.[482]

Zudem kann für den Wettbewerb als („auch" ein) Lenkungsprinzip angeführt werden, daß die Orientierung am Markt die einseitige Berücksichtigung einzelner Meinungsgruppen wohl kaum zuläßt. Ferner trägt er die Chance in sich, bisher nicht (in den binnenpluralistischen Gremien) berücksichtigte Interessengruppen zu Wort kommen zu lassen.[483] Wegen der ausschließlichen Finanzierungsquelle „Werbung" ist privater Rundfunk „privatwirtschaftlicher Rundfunk und als solcher auf den Markt verwiesen."[484] Daher liegt auch in der Suche nach Marktnischen oder -lücken seine besondere Chance. Wiederum wird deutlich, daß ökonomische Aspekte mit der publizistischen Vielfalt untrennbar verknüpft sind.

γ) (Auch) Positive Erfahrungen aus dem Ausland

Dem Einwand, negative Erfahrungen in den USA bewiesen die mangelnde Effizienz des Wettbewerbs zur Herstellung des erforderlichen Pluralismus, muß fairerweise der positive Aspekt entgegengehalten werden, daß der Finanzierungsdruck dort dazu geführt hat, daß sich viele Veranstalter auf

---

479 Privater Rundfunk ist eben nicht allein der Form nach privat, er setzt darüber hinaus eine „privatautonome Existenz- und Funktionsweise ins Werk." (Badura JA 1987 S. 183).

480 Badura JA 1987 S. 186.

481 So schon Starck NJW 1980 S. 1362; vgl. auch Badura JA 1987 S. 181: Die duale Rundfunkordnung sei auch „durch publizistischen und ökonomischen Wettbewerb ... bestimmt."

482 Vgl. zu den Konsequenzen ausführlicher sogleich unter c).

483 Vgl. ebenso Bulletin Nr. 77 der Bundesregierung vom 28. Juni 1986 S. 651.

484 Kull in ZUM 1987 S. 357.

spezielle Interessengruppen hin ausgerichtet haben (Nachrichten-, Sport-, Kulturkanäle usw.). Die Anbietervielzahl hat also unter anderem zu einer Programmausrichtung auf spezielle Bürgerwünsche geführt.[485] Es kann infolgedessen kaum angenommen werden, daß im deutschen Kabelsystem alle (24) Programme mit gleichem Programmniveau und -inhalt auftreten werden, weil nur darin die Chance ihres finanziellen Überlebens liege.

δ) Grenzen einer sachlichen Kritik am Programmniveau privater Anbieter

Schließlich sollte eine redliche Kritik am (gegenwärtig) noch unterlegenen Programmniveau der jetzigen bundesdeutschen privaten Anbieter berücksichtigen, daß ihnen im Vergleich zu den öffentlich-rechtlichen Anstalten bislang nur etwa ein Zehntel an Einnahmen zufließt und ihnen bis dato nur wenige Jahre zum Aufbau einer Infrastruktur und zum Erwerb von Know-How zur Verfügung standen.[486]

Das Argument der Programmverflachung erscheint aber nicht nur aus diesen Erwägungen bedenklich, sondern vermag auch folgender verfassungsrechtlichen Überlegung nicht standzuhalten: Aus Geschichte, Sinn und Zweck des Grundgesetzes folgt nämlich, daß „die Besserung des Menschen nicht zu den legitimen Staatszielen gehört." Denn die „Mündigkeit wird von verfassungswegen vielmehr vermutet. Sie steht jeglicher Erziehungsdiktatur, sei sie auch noch so gut gemeint, entgegen."[487] Die gegenteiligen Auffassungen deklassifizieren zudem die Mehrheit der erwachsenen Bürger hinsichtlich ihrer Urteilsfähigkeit und ihres Informations- und Bildungsbedürfnisses.[488]

ε) Einfluß des Wettbewerbs auf den Programmauftrag der öffentlich-rechtlichen Programme

Der Gedanke, der öffentlich-rechtliche Rundfunk könne im Wettbewerb versucht sein, seine „Gemeinwohlbindungen abzustreifen"[489], liegt insofern

[485] Vgl. ähnlich Niemann in Schuster Neue Medien 1984 S. 215 (218), sowie Bullinger AöR 108, S. 179; Kull verweist in AfP 1987 S. 367 auf die besonders effektive demokratische Rückkopplung in den USA, „die eine Entstehung anspruchsvollerer Programme nie behindert habe." Es sei aber hinzugefügt, daß in den USA das pay-TV eine ungleich wichtigere Rolle als in Europa spielt und maßgeblich zu der Finanzierung dieser Spezialprogramme beiträgt. Zudem ist der amerikanische Markt im Volumen deutlich größer und homogener (über 240 Mio. Einwohner). Vgl. dazu auch Hoffmann-Riem AöR 109 S. 317.

[486] Bei den derzeitigen (Anlauf-)Verlusten privater Anbieter darf es nicht verwundern, daß sie eher geneigt sind, auf „billige" Serien zurückgreifen, statt eigene bis über das Zehnfache hinaus teurere Produktionen zu finanzieren. Vgl. dazu mit heftigem Impetus auch Kull ZUM 1987 S. 356 f.

[487] Löwer JZ 1981 S. 737.

[488] Vgl. auch Starck NJW 1980 S. 1361, sowie H.H. Klein, Rundfunkfreiheit S. 72.

nahe, als sich der öffentlich-rechtliche Rundfunk zum einen mit weit über 1 Mrd. DM aus Werbeeinnahmen finanziert. Zum anderen gewinnt auch er erst mit der Ausstrahlung von massenattraktiven Programmen die Akzeptanz und die Bindung der Teilnehmer an sein Angebot.

Es darf vermutet werden, daß bei zusätzlichem Konkurrenzdruck diese Bindung und der Zufluß von Werbeeinnahmen nurmehr erschwert erreicht und eventuell allein über die vermehrte Sendung von Programmen, die hohe Einschaltquoten erwarten lassen, ausgeglichen werden kann. Jedoch unterliegt solche Vorgehensweise den mit dem kulturellen Auftrag festgelegten Grenzen. Das Argument, der öffentlich-rechtliche Rundfunk werde seine Gemeinwohlbindungen aufgeben, impliziert daher im Ergebnis die Hinnahme eines Gesetzesverstoßes gegen diesen Programmauftrag.

Die dennoch notwendige Berücksichtigung der soeben beschriebenen Konflikt- bzw. Zwangslage heißt jedoch nicht, jeglichen Wettbewerb im Rundfunk zu verbieten. Es bietet sich vielmehr an, die finanzielle Sicherstellung der öffentlich-rechtlichen Anstalten unabhängiger von Werbeeinnahmen zu gestalten. Auf der anderen Seite ist aber auf die Einhaltung und Gewährleistung des kulturellen Auftrages zu pochen, so wie es bereits im monopolistischen System getan werden mußte.[490] Ein Verlust an Programmniveau kann — wenn überhaupt — nur in geringem Umfang hingenommen werden.

Sofern sich also die Anzeichen einer Lockerung der Gemeinwohlbindungen verdichten, obliegt es dem Gesetzgeber, diese einerseits über die Bereitstellung marktunabhängiger Geldmittel (z.B. Gebühren), andererseits — sofern erforderlich — über die genauere Reglementierung des programminhaltlichen Mindestniveaus wiederherzustellen.

b) Zwischenergebnis

Nach obigen Erläuterungen kann somit festgestellt werden, daß der Integrationsmodellansatz in seiner reinen, d.h. ausschließlich binnenpluralistischen Ausprägung mit der Einführung privaten Rundfunks nicht mehr aufrechterhalten werden kann. Eine allumfassende regulative Bevormundung durch unabhängige Dritt- bzw. Fremdorgane steht auf Dauer dem Durchsetzungswillen privat-initiierter Veranstaltungen der Natur nach entgegen.

[489] So Stock Marktmodell kontra Integrationsmodell S. 245.

[490] Dazu Kelm in Media Perspektiven 1989 S. 2 f.: Das öffentlich-rechtliche System habe die Anforderungen des Wettbewerbs entgegenzunehmen, „soweit das ökonomische Handeln der Verwirklichung der Programmaufgaben verpflichtet ist." Dies dürfe jedoch „nicht auf Kosten des Programminhalts und der Programmqualität" geschehen.

Aus demselben Grund kann ferner nicht gefordert werden, daß ein Koordinationsrundfunk dem Integrationsrundfunk ein vollwertiges Äquivalent sein müsse[491] (dagegen ist ferner schon der gewisse „Nachlaß", den das Bundesverfassungsgericht den privaten Veranstaltern bei der Gewährleistung effektiver Vielfalt zugestanden hat, anzuführen[492]). Jedoch kann und darf auch das diskutierte liberalistische System wegen der verfassungsrichterlichen Absage an ein freies Spiel der Kräfte nicht unmodifiziert in seiner reinen Form realisiert werden, da die Gefahr der Entstehung von Meinungsmonopolen oder der Nichtrepräsentanz relevanter gesellschaftlicher Gruppen zumindest nicht ausgeschlossen ist. Hiergegen muß wegen der erschwerten Revisibilität der Rundfunkordnung präventiv Vorsorge getroffen werden. Daher müssen Überlegungen zu Mischformen[493] das weitere Vorgehen bei der Suche nach einem Rangfolgesystem bestimmen.

Je nachdem wie stark der Schwerpunkt einer Auffassung auf das eine oder andere Modell fällt — modelltheoretisch-abstrakt sind vice versa Mischformen zwischen 99 % Integrationsfunk und 1 % Marktrundfunk denkbar[494]—, desto größer oder kleiner wird die Normierungsdichte. Konkret heißt dies:

Wird die zukünftige Rundfunkordnung vom integrativen Blickwinkel her gedacht, müssen sich die Gedanken auf eine Lockerung der Normenfülle ausrichten, um zugelassenem privatem Rundfunk die Verwirklichung zu ermöglichen. Liegt das Augenmerk im Anfang der Betrachtung eher auf dem Wettbewerbsmodell, so sind umgekehrt die Fragen nach einer verfassungskonformen gesetzlichen Regelung zu beantworten, welche grundgesetzwidrige Auswüchse wie Meinungs- bzw. Machtkonzentration verhindert. Bei der Suche nach einer angemessenen Kombination der Modelle muß jedoch die Tatsache berücksichtigt werden, daß die Entscheidung über eine akzeptable Lösung wegen des ihr immanenten prognostischen Charakters solange im gesetzgeberischen Gestaltungsspielraum liegt, als sie nicht auf ermessensfremden, d.h. der effektiven Vielfalt abträglichen Erwägungen beruht.

Ist bislang geklärt, daß die ökonomischen Aspekte (gerade) bei der Weiterverbreitung des privaten Rundfunks nicht übergangen werden dürfen, so müssen sich die weiteren Überlegungen auf die Frage konzentrieren, wann

---

[491] So aber Stock, Marktmodell kontra Integrationsmodell S. 246; unverständlich ist bei dieser Forderung nach funktioneller Gleichwertigkeit, warum und wie sich der Rundfunk dennoch „im Detail als Markt- und Tendenzfunk, von oben aber und im ganzen als Integrationsfunk" (S. 247) darstellen soll. Entweder man lehnt den Koordinationsfunk aus Verfassungsgründen ab, weil er obiger Forderung nachzukommen nicht imstande ist, oder aber man stellt im anderen Falle beide Modelle konsequenterweise auf eine Wertungsstufe.

[492] Vgl. BVerfGE 73, 118 [159].

[493] Zu den Vorteilen der Kombination verschiedener Prinzipien anstelle deren reinen Durchführung vgl. Oppermann JZ 1981 S. 730.

[494] Siehe Stock, Meinungsfreiheit S. 503.

und wie der Wettbewerb zugunsten der Garantie effektiver Vielfalt einzuschränken ist. Zuvor soll jedoch untersucht werden, ob nicht auch andere, bisher nicht erwähnte Motive für die Eröffnung eines freieren Wettbewerbs sprechen. Denn umso mehr Belange sich für eine Liberalisierung finden lassen, umso enger wird bei Beachtung des Übermaßverbotes der gesetzgeberische Spielraum.

c) Objektiv-rechtliche oder subjektiv-rechtliche Auffassung?

Eine weitere Stütze für eine marktorientierte Öffnung des Rundfunks könnte sich aus einem subjektiv-individuellen Grundrechtsverständnis des Art. 5 Abs. 1 GG herleiten lassen. Faßt man nämlich die Rundfunkfreiheit als ein subjektives Grund-Recht auf, so verstärken sich die Rechte der Veranstalter, was beispielsweise die Gründung von Rundfunkunternehmen und die Sicherstellung (zumindest) ihrer Finanzierungs*möglichkeiten* oder die inhaltliche Gestaltung der Programme anbelangt. Die Möglichkeiten, den Rundfunk im Vergleich zur Presse prinzipiell abweichend zu behandeln, schwinden. Umgekehrt gewinnt der Gesetzgeber an Regelungs- und Kontrollbefugnissen[495], gibt man einem objektiv-rechtlichen Verständnis den Vorzug.

An dieser Stelle kann und soll nicht die noch in der Diskussion befindliche Thematik mit allen historischen, systematischen und teleologischen Argumenten in aller Breite dargelegt werden.[496] Es soll hier die Festellung genügen, daß das Bundesverfassungsgericht ziemlich deutlich die objektivrechtliche (bzw. institutionelle[497]) Auffassung bevorzugt.[498] Gleichwohl er-

---

[495] Starck, in NJW 1980 S. 1360, sieht „in der Antwort auf diese Frage ... die Weichenstellung, die über den Umfang der gesetzgeberischen Gestaltungsfreiheit entscheidet."

[496] Vgl. hierzu eingehend Böckenförde/Wieland AfP 1982 S. 77 ff. (mit objektivrechtlicher Auffassung) und Stender Vorwachs, Gruppenferne S. 60 ff.(mit Fürsprache für eine subjektiv-rechtliche Meinung) mit jeweils vielen weiteren Nachweisen. Siehe auch Redeker ZUM 1985 S. 545 f.; Fuhr in ZUM 1987 S. 146.

[497] Die Aufgabe des Begriffes „institutionell" seit dem dritten Fernsehurteil zugunsten des Terminus „objektivrechtlich" lag mit der Einführung privaten Rundfunks nahe. Denn ersterer geht auf eine Prägung Carl Schmitts zurück und bezeichnete „konkrete, geformte und organisierte Einrichtungen öffentlich-rechtlichen Charakters, die als solche in ihrem Bestand und in ihrer Identität, ungeachtete möglicher Veränderungen in ihrer Ausgestaltung garantiert wird" (Carl Schmitt „Freiheitsrecht und institutionelle Garantie" in Verfassungsrechtliche Aufsätze Berlin 1958 S. 149 und S. 213 ff.)

[498] BVerfGE 57, 295 [321] mit den Ausführungen zur Kollisionausgleichsverpflichtung des Gesetzgebers zur Verwirklichung der Grundrechte aus Art. 5 Abs. 1 GG über materielle, formelle und verfahrensrechtliche Vorkehrungen, welche über die klassische Abwehrfunktion der Grundrechte hinausgehen und einem Gesetzesvorbehalt unterliegen. Während in den früheren Entscheidungen das Bundesverfassungsgericht den Terminus „institutionell" ausdrücklich erwähnte (BVerfGE 12, 205 [261]; BVerfGE 31, 314 [326]),

kennt es aber, sofern die Meinungsäußerungsfreiheit als zu schützendes Rechtsgut in Betracht kommt, mit der Einführung des privaten Rundfunks durchaus subjektive Rechte der Veranstalter an, wie z.B. das Recht auf chancengleichen Zugang der Veranstalter.[499] „Da objektiv-rechtliche Garantie und subjektives Grundrecht ... nicht gleichgeordnet nebeneinanderstehen"[500] können, scheint diesen Aussagen daher am ehesten die Meinung gerecht zu werden, welche hinsichtlich des Ob des Ermöglichens privaten Rundfunks dem Gesetzgeber die Entscheidung Binnen- oder Außenpluralismus überläßt[501], dagegen nach dessen Einführung dem einzelnen Veranstalter subjektive Recht aus Art. 5 Abs. 1 GG zubilligt, den Gesetzgeber insoweit also bindet.[502]

Auch hier gilt, daß der Gesetzgeber nach der Zulassung privaten Rundfunks diesem nicht mehr in beliebiger, wenngleich willkürfreier Weise unter Berufung auf das Gemeinwohl Pflichten und Bindungen auferlegen darf, welche im Ergebnis jegliche private Betätigung verhindern.[503]

Zudem muß berücksichtigt werden, daß die Funktion der Grundrechte als objektive Prinzipien primär darin besteht, den subjektiven Rechten erhöhte Duchsetzungsfähigkeit zu verschaffen.[504] Das Theorem, der Anspruch auf rundfunkunternehmerische Betätigung bestehe nur nach Maßgabe der objektiven Gewährleistung der institutionellen Freiheit[505], kann daher nur sehr eng ausgelegt werden. Auf die obigen Modelle angewendet heißt dies jedoch nicht, daß das Presse- oder Marktmodell zu realisieren sei. Vielmehr hat der Gesetzgeber einen Rahmen zu geben, innerhalb dessen einerseits die Meinungsbildungsfreiheit weitestgehend von vorherrschendem staatlichen oder gesellschaftlichen Einfluß abgeschirmt wird.

---

spricht es seit BVerfGE 57, 295 [321] nur noch von der objektiv-rechtlichen Gewährleistung. Vgl. auch Degenhart Bonner Kommentar Art. 5 GG Rdnrn. 24, 58 und Hoffmann-Riem Aör 109 S. 306 ff..

499 BVerfGE 57, 295 [327].

500 Starck JZ 1983 S. 407.

501 Für eine solche Entscheidungsbefugnis des Gesetzgebers auch Badura in JA 1987 S. 181 und S. 182, sowie Hoffmann-Riem AöR 109 S. 312.

502 Ähnlich Lerche, Presse und privater Rundfunk S. 27, mit dem Postulat des „Prinzips der Verfassungskonsequenz aus organisatorischen Grund-Vorgaben". Vgl. gegen die Überbewertung einer „konstruierten Sachgesetzlichkeit" zulasten der „Freiheit eines bestimmten Subjektes" Badura in JA 1987 S. 180.

503 Siehe Lerche a.a.O. S. 25 ff; siehe ähnlich auch Bullinger in Kommunikationsfreiheit im Strukturwandel der Telekommunikation 1980 S. 118, der von einer „Abschwächung ihres (gemeint ist die Rundfunkfreiheit) objektiven Verständnisses als Vorrangpostition" spricht und von ihrer Annäherung an das subjektive Grundrecht der Meinungsfreiheit, je mehr der Rundfunk „selbst dem Prozeß der überflußbedingten Indidvidualisierung und Banalisierung ausgesetzt" werde.

504 Siehe dazu auch Starck JZ 1983 S. 408.

505 So Badura, Verfassungsrechtliche Bindungen S. 37.

Andererseits dürfen die Vorgaben nicht beliebig oder mit Rücksicht auf die individuellen Veranstalterrechte derart gestaltet werden, daß die Existenz des Privatfunks nur pro forma im Gesetzesblatt zu finden wäre. Kollidieren letztere mit den objektiv-rechtlichen Schutznormen so muß zuallererst der Versuch einer Harmonisierung unternommen werden. Gelingt dies nicht, muß diesen jedoch der Vorrang eingeräumt werden. Denn „der grundrechtlich gesicherte Anspruch auf Rundfunkveranstaltung [besteht nur] im Rahmen des Möglichen", wenngleich er „die Gestaltungsfreiheit des Gesetzgebers von vorneherein unter dem Gesichtspunkt des Verhältnismäßigkeitsprinzips"[506] einengt.

Die Grenze landesgesetzgeberischer Gestaltungsfreiheit wird überschritten, wenn ihre Ausübung trotz Zulassung privater Veranstalter zur Verbreitung privates Unternehmertum funktionslos werden läßt, d.h. die Entwicklungsmöglichkeiten privaten Rundfunks nicht beachtet werden.[507] Insofern muß die Aussage des Bundesverfassungsgerichtes, „Marktchancen können eine Frage wirtschaftlicher, nicht aber der Meinungsfreiheit sein"[508] relativiert bzw. in ihrem Kontext gesehen werden. Es ist richtig, wenn das Gericht im Zusammenhang mit dem Veranstaltungsverbot öffentlich-rechtlicher Anbieter im regionalen und im lokalen Bereich feststellt, daß die Markt*zutritts*möglichkeiten privater Veranstalter eine Reduzierung des publizistischen Wettbewerbs nicht zu rechtfertigen vermögen. Ist jedoch ein chancengleicher Marktzutritt gewährleistet, so sieht auch das Bundesverfassungsgericht das Problem, daß ein „privater Anbieter, um im Programmwettbewerb bestehen zu können, wirtschaftlich lebensfähig"[509] sein muß. Insbesondere erkennt es den Druck ökonomischer Zwänge an, wenn es ein Werbeverbot für öffentlich-rechtliche Anstalten in lokalen bzw. regionalen Gebieten nicht nur gutheißt, sondern expressis verbis für geeignet hält, dem „Wettbewerb zu dienen, weil es dazu beiträgt, daß an ihm Beteiligte nicht aus wirtschaftlichen Gründen ausscheiden müssen."[510]

Die Aussage läßt erkennen, daß zwar in der Theorie, nicht jedoch in der Praxis zwischen publizistischem und ökonomischem Wettbewerb unterschieden werden kann. Werbemarkt und Kommunikationsmarkt stehen in einem Verhältnis der Interpendenz. Je höher die Einschaltquoten sind, je mehr Zustimmung also ein Programm auf dem Meinungsmarkt erfährt, desto eher stabilisiert sich über höhere Werbeeinnahmen die Position eines

[506] Starck JZ 1983 S. 408.

[507] Vgl. ähnlich Grawert AfP 1986 S. 283 in Zusammenhang mit der Zulassung zur lokalen Veranstaltung.

[508] BVerfGE 74, 297 [335].

[509] BVerfGE 74, 297 [336]; vgl. auch Lerche, Sitzungsbericht O zum 56. DJT S. 50, der die Hinnahme der „unvermeidlichen Konsequenzen" aus den „notwendigen Finanzierungswegen" fordert.

[510] BVerfGE 74, 297 [344].

Anbieters im Wettbewerb.[511] Das Überleben eines privaten Veranstalters hängt faktisch von der Stärke seiner Finanz- und Wirtschaftskraft ab.[512] Ist diese nur über Werbeeinnahmen zu erreichen, darf dieser Aspekt bei der Gestaltung der Rundfunkordnung nicht übergangen werden.[513]

Die Problematik läßt sich daher mit einem Koordinationsmodell in den Griff bekommen, das soviel (objektiv-rechtlichen) Schutz wie nötig in Anlehnung an integrative Prinzipien bietet und soviel ökonomischen Wettbewerb wie erforderlich in Annäherung zum Marktmodell als Ausfluß der Rundfunkfreiheit und der individuellen Rechte der Veranstalter zuläßt.[514] Denn aus dem dem Grundrechtsverständnis immanenten Prinzip der „Verfassungskonsequenz aus organisatorisch gesetzten Grundvorgaben“[515] folgt, daß einem zugelassenen und auf Werbeeinnahmen beschränkten privaten Rundfunk nicht zugleich die Mittel seiner Finanzierung, welche eine Orientierung am Markt voraussetzen, beliebig beschnitten werden kann.[516] Es können „nur solche Einschränkungen legitim sein, die sich aus der Gewährleistung des gebotenen Mindeststandards an Meinungsgleichgewicht und Meinungsvielfalt nach vernünftiger Einschätzung zwingend ergeben (wobei ein gewisser Beurteilungsspielraum zuzugestehen ist).“[517] Wegen des Verlustes der „allgemeinen Organisierungs- und Optimimierungsmacht des Gesetzgebers“ ist es diesem verwehrt, „globale Lösungen“[518] oder gar eine „fertige Einzelausgestaltung“[519] vorzunehmen. Der Gesetzgeber hat vielmehr, will man die Differenzierung „zwischen rechtlicher Ausgestaltung der

---

[511] Siehe auch Seemann, ZUM 1987 S. 268, der aus diesem Grund es lediglich für eine „Geschmacksfrage“ hält, ob man „in Analogie zum Werbemarkt von einem Kommunikationsmarkt' spricht oder mangels Preisbildung von publizistischem Wettbewerb.“

[512] Siehe auch Ory in ZUM 1987 S. 429, sowie die Passage des vierten Fernsehurteils über die tatsächlichen Verhältnisse (BVerfGE 73, 118 [125]), in der das Bundesverfassungsgericht bestätigt, daß der Rundfunk „den Gesetzlichkeiten des Marktes“ unterliege.

[513] „Die Ausrichtung des Programmes am ökonomischen Überlebensinteresse des Veranstalters [kann] kaum als illegitim gelten.“ Hoffmann-Riem AöR 109 S. 363.

[514] Mook nennt dies in AfP 1986 S. 13 einen „schmalen Grad zwischen dem Vielfaltsgebot und den wirtschaftlichen Erfordernissen nach Reichweite und Akzeptanz entlangwandern.“ Zu weiteren individuellen Rechten der Veranstalter s.u. zu Art. 12 sub D III.

[515] Vgl. hierzu Lerche, Presse und privater Rundfunk S. 25, 27. Auch Badura befürwortet das Einschärfen der Respektierung der Funktionsfähigkeit und Rentabilität des privaten Rundfunks“ unter dem Aspekt der „Systemkonsistenz“ in JA 1987 S. 187 m.w.N. zu Passagen der BVerfGE 73, 118 ff.. Jarass betont den Gesichtspunkt der „Sach- und Systemgerechtigkeit“ in Gutachten G 27.

[516] Ähnlich Hoffmann-Riem: „Die in einem kommerziellen Mediensystem strukturell verankerte Dominanz ökonomischer Rücksichten kann nicht ohne Systembruch ausgeschlossen werden.“ AöR 109 S. 364.

[517] Lerche, Presse und privater Rundfunk S. 38. Die Zulassung löst dabei tatbestandlich erst die Verfassungsaussagen aus.

[518] Lerche a.a.O. S. 38.

[519] Lerche a.a.O. S. 27.

Rundfunkfreiheit und Beschränkung des Grundrechtes"[520] nicht aufgeben, auf konkrete Gefahren in verhältnismäßiger Weise zu reagieren.[521] Unverhältnismäßig ist jedoch ein völliges Übergehen der mit der Einführung von privatem Rundfunk erforderlichen Finanzierungschancen. Dies wäre aber der Fall, wenn eine Programmgestaltung nach Angebot und Nachfrage nicht stattfinden darf.[522]

5. Zwischenergebnis

In einem Rangfolgemodell muß daher neben der Gewährleistung effektiver Vielfalt auch der Aspekt des mit dem publizistischen untrennbar[523] verbundenen ökonomischen Wettbewerbs zur Sicherstellung der Finanzierungsquellen einspeisungswilliger Konkurrenten berücksichtigt werden.

Effektive Vielfalt und Wettbewerb schließen sich nicht von vorneherein aus. Die Absage an ein freies Spiel der Kräfte kann daher nicht bedeuten, einer angeblichen Antinomie zwischen effektiver Vielfalt und Mitteln des Wettbewerbs das Wort zu reden.[524] Es sollte lediglich als eine Absage gegenüber dem Wettbewerb als alleiniges Konstitutionsprinzip des Rundfunks verstanden werden. In einem außenpluralistischen Rundfunksystem sind marktwirtschaftliche Prinzipien vielmehr auch eine Grundlage für dessen Funktionieren und daher zu berücksichtigen, wenngleich ihren Gefahren, namentlich Vermachtung und ungewollter Nichtrepräsentanz relevanter Gruppen, vorgebeugt werden muß.

6. Einfluß der Informationsfreiheit auf die Rundfunkordnung bzw. -modelle

Wie bereits festgestellt korrespondiert die Akzeptanz wettbewerblicher Freiräume mit dem jeweiligen (präjudizierenden) Standort, der bei der Beurteilung der Grundrechtskonformität der Rundfunkmodelle Integrations- oder Marktrundfunk eingenommen wird. Da jedoch die Meinungsäußerungsfreiheit nicht der einzige zu beachtende Anhaltspunkt bei der Suche

---

520 Lerche a.a.O.

521 Auch die Ausgestaltungsgesetze unterliegen dem Verhältnismäßigkeitprinzip, vgl. Hoffmann-Riem AöR 109 S. 316.

522 So aber Bethge JZ 1985 S. 310.

523 Vgl. Degenhart mit Blick auf die Presse Art. 5 GG Rdnr. 373: „Der publizistische Wettbewerb um Leserakzeptanz und publizistischen Einfluß ist stets auch ein wirtschaftlicher Wettbewerb um Auflagen und Werbeanteile." Für den Rundfunk kann insofern nichts anderes gelten. Vgl. auch H. H. Klein, Rundfunkrecht und Rundfunkfreiheit in der Staat 20 1981 S. 193.

524 A.A. Wittig-Terhardt AfP 1986 S. 302.

nach Rangfolgevorgaben ist, muß nach den obigen meinungsverbreitungsbezogenen Ausführungen auf den zweiten für die Meinungsbildungsfreiheit relevanten Aspekt, nämlich die Informationsfreiheit[525] eingegangen werden.

a) Die Bedeutung der Informationsfreiheit

Die Informationsfreiheit stellt die Kehrseite[526] der Meinungsäußerungsfreiheit dar, also die Freiheit, unter den vorhandenen Meinungen eine eigenständige, unbeeinflußte Auswahl zu treffen. Ihrem Wert ist dasselbe Gewicht wie die Sicherung der effektiven Vielfalt zuzumessen, da die Meinungsäußerung ohne die Möglichkeit ihrer Rezeption sinnlos ist. Die *Beschaffung* der Informationen vom Marktplatz der Meinungen ist daher das grundrechtlich primär geschützte Rechtsgut.[527]

In der heutigen Rundfunkordnung ist wie gezeigt der Großteil der einspeisbaren Programme über die Satelliten allgemeinzugänglich. Sie liegen somit innerhalb des die Informationsfreiheit begrenzenden Rahmens (nur) gegebener Informationsmöglichkeiten.[528] Bei der Beschaffung bzw. Einspeisung der Programme haben ausschließlich an wirtschaftlichen Prinzipien orientierte Überlegungen keinen Platz. Dieser Grundsatz ergibt sich aus der Kohärenz der Informationsfreiheit mit dem Postulat effektiver Vielfalt. Denn ohne diese entfiele die Möglichkeit für den einzelnen Bürger, sich aus allen vorhandenen gesellschaftlichen Meinungsrichtungen — deren Repräsentationswilligkeit vorausgesetzt — sachlich und umfassend zu informieren. Insoweit ist für die „verfassungsrechtlichen Bindungen [des privaten Rundfunks] ... der Aspekt der Informationsfreiheit unverzichtbar."[529]

Ist die wechselseitige Korrespondenz dieser Freiheiten des Art. 5 Abs. 1 GG in Rechtsprechung und Lehre insofern unstrittig, so stellt sich nunmehr die entscheidende Frage, ob das Recht auf Information nur im Rahmen eines ex ante selektierten Programmes besteht oder ob dem Fernsehteilnehmer nicht ein gewisser Einfluß schon bei der Gestaltung des Gesamtprogrammes zugunsten seiner kommunikativen Entfaltung zugestanden werden muß. Zur Beantwortung dieser Frage sind Exkurse in den Bereich eines von der

---

[525] Nicht hergestellt werden kann allerdings ein grundrechtlicher Zusammenhang zwischen den Fernsehteilnehmern und der Rundfunkfreiheit, vgl. BVerfGE 1BvR 315/86 abgedr. in AfP 1989 S. 533.

[526] Siehe auch Walter Schmitt Glaeser/Degenhart AfP 3/1986 S. 177: „Sendung und Empfang sind Korrespondenzphänomene."

[527] Neben der Beschaffung ist selbstverständlich auch die schlichte Wahrnehmung (vgl. Degenhart Bonner Kommentar Art. 5 GG Rdnr. 270) der Informationen geschützt. Doch muß die Beschaffung als deren Voraussetzung zuallererst geschützt werden.

[528] Vgl. dazu Degenhart EuGRZ 1983 S. 211.

[529] Wieland Schmidt, Rundfunkvielfalt S. 14.

Presse her gedachten Rundfunksystems und in den Wirkungskreis des Demokratieprinzips unumgänglich.

b) Informationsfreiheit und Marktmodell

aa) Die Bedeutung des Bürgereinflusses auf Programmangebote

Generell-abstrakt entspricht das Pressemodell mit der individuell getätigten Option für ein Erzeugnis durch den Bürger (in der Regel am Kiosk) eher einer freiheitlichen Informationsbeschaffung, als deren vorherbestimmte Selektion durch ein binnenpluralistisch besetztes Organ wie im Rundfunkwesen. Denn gerade in der individuellen Wahl — ein hinreichendes Angebot vorausgesetzt — vermag der Bürger seine „elementaren Bedürfnisse ..., sich aus möglichst vielen Quellen zu unterrichten, das eigene Wissen zu erweitern und sich so als Persönlichkeit zu entfalten“[530], zu befriedigen.

Die bürgerfreundliche Bedeutung direkten Einflusses auf die Informationsauswahl tritt noch klarer hervor, wenn die neuerlichen Erkenntnisse der Kommunikationsforschung mit in Betracht gezogen werden, welche in ihrer Strategie immer stärker die Bedeutung des Rezipienten in den Mittelpunkt stellt.[531] Nach neueren Ergebnissen wird dem Rezipienten im interaktiven Kommunikationsprozeß nicht mehr die Rolle eines passiven Konsumenten zugestanden, sondern die eines aktiven und reagierenden Kommunikationssubjektes. Kommunikationstheoretisch läßt sich dieser Verständniswandel mit der Aufgabe des Wirkungsansatzes zugunsten des Nutzenansatzes umschreiben. „This is the approach that asks the question, not ‚What do the media do to the people' but rather, ‚What do people do with the media'.“[532] Während im Wirkungsansatz die „Handlungen des Rezipienten ... als rein reaktives Element verstanden“ wurden und „die Erforschung der Einstellung und Bedürfnisse des Publikums ... nur als Ermittlung der Reaktionspotentiale“ erfolgte“[533], orientiert sich der Nutzenansatz an der aktiven, interpretativen Rolle der Rezipienten[534] und sucht hierüber eine Lösung des Problems einer bedürfnisgerechten Medienversorgung zu erreichen.

---

[530] BVerfGE 27, 71 [81].

[531] Vgl. dazu Manfred Ahlers, Bedürfnisse als Verhaltensdisposition im kommunikationswissenschaftlichen Nutzenansatz, Dissertation München 1985, S. 32.

[532] Katz/Foulkes On the Use of the Mass Media as „Escape“ in Public Opinioin Quarterly 3, 1962.

[533] Ahlers a.a.O. S. 15.

[534] Vgl. Ahlers a.a.O. S. 29. Vgl. auch die kritische Auseinandersetzung von Stipp mit neuesten Erkenntnissen aus den USA, die auf eine aktivere Zuschauerrolle hindeuten in Media Perspektiven 1989 S. 164 ff.

Eine weitere Entdeckung in der Kommunikationsforschung stellt das Phämomen der selektiven Wahrnehmung dar. Der Rezipient erwartet vom Inhalt der Angebote in der Regel eine „Bestärkung seiner Ansichten", die er dadurch erhält, indem er sein „Auswahlverfahren dem Medienangebot gegenüber entsprechend der beschriebenen Erwartungshaltung"[535] ausrichtet. Neben diesem Selektionsaspekt tritt die Erfahrung hinzu, daß die Auswahl aus dem Informationsangebot „auch vom kognitiven Entwicklungsstand des Rezipienten bestimmt [wird], wie sich sogar insgesamt sagen läßt, daß die Wirkung der Massenmedien mehr durch Eigenschaften des Publikums als durch den Inhalt der Medien selbst bestimmt wird."[536]

bb) Die Einbeziehung kommunikationswissenschaftlicher Ergebnisse in die juristische Diskussion

Diese kommunikationswissenschaftlichen Erkenntnisse sollten bei der Entscheidung für oder gegen ein Rundfunksystem bzw. Rangfolgemodell nicht übergangen werden. Einen konkreten Ansatz für ihre Einbindung in den juristischen Kontext bietet die Theorie von der Publikumsfreiheit, deren Gedanken hier kurz wiedergegeben werden sollen.

Diese Auffassung schließt — vom Rezipienten als einem aktiven, selektierenden Kommunikationssubjekt ausgehend — auf ein „gleichrangiges Gegenüber wie Nebeneinander von Medienfreiheit und Publikumsfreiheit", wobei letztere „bei der interpretativen Handhabung [der Medienfreiheit] zu beachten"[537] sei. Dies führe zu einer grundrechtlich aktiv-legitimierten Rechtsstellung des Rezipienten und zwar über die Informationsfreiheit hinaus:

> "Da die Medienfreiheit sich am kommunikativen Nutzen für das Publikum insgesamt zu bewähren und legitimieren hat, greift der medienfreiheitliche Grundrechtsschutz des Rezipienten über den Tatbestand der Informationsfreiheit erheblich hinaus. Die Medien sind in ihrem Kommunikationsangebot dem Kommunikationsnutzen des Publikums verpflichtet, haben sich vorrangig nach diesen bzw. dessen erkennbaren Nutzungserwartungen zu richten.... Über den Nutzen und die Qualität des Medienangebotes entscheidet prinzipiell und zuerst das Publikum selbst."[538]

---

[535] Dieter Doll, Spannweite einer verfassungsgemäßen Änderung der Rundfunkordnung in Bayern, 1986 S. 10.

[536] Doll a.a.O. S. 11 m.w.N.; ähnlich Geiger AfP 1984 S. 141: „Der Rundfunk- und Fernsehteilnehmer wird mit seiner Wahl zwischen den Angeboten einen entscheidenden Einfluß auf die Qualität und das Ausmaß der Vielfältigkeit haben."

[537] Scholz, Medienfreiheit und Publikumsfreiheit, in Löffler Festschrift 1980 S. 365 f.

[538] Scholz a.a.O. S. 367.

Auch wenn aus der Publikumsfreiheit kein Anspruch auf Ausstrahlung eines bestimmten Programmes resultiere[539], so „konkretisiere [sie] insgesamt doch die definitive Reichweite und inhaltliche Aussage jener Öffnung und Offenheitspflicht.... Allgemeinzugänglichkeit im kommunikationsrechtlichen Sinn beschreibt nämlich nicht einen rein finalen Zustand (freie Nutzbarkeit der Medien im von diesen vorgegebenen Zustand als solchen), sondern im Lichte der Publikumsfreiheit auch den materialen Maßstab des dem Publikum und seinen Nutzungserwartungen verpflichteten Medienwesens."[540]

Gegen diese Theorie muß eingewandt werden, daß das Grundgesetz nach Wortlaut und telos die Rezipientenseite unmittelbar allein über die Informationsfreiheit geschützt wissen will. Dennoch kann das soeben Ausgeführte im Kern zur Konkretisierung der Informationsfreiheit dienen und zwar unter dem Gesichtspunkt der Beschaffungsfreiheit. Je mehr nämlich das Medienangebot mit Hilfe der Kabeltechnik ausgeweitet werden kann, umso stärker kann den Nutzungserwartungen der Fernsehteilnehmer Raum gegeben werden, ohne daß die Grundlage der Informationsfreiheit, nämlich vor allem der Anspruch auf umfassende Information (die Forderung nach wahrheitsgemäßer Information kann in diesem Zusammenhang außer Betracht bleiben[541]), in Frage gestellt würde. Auch wenn die modernen Technologien in der Praxis bislang nur selten die Chance einer unmittelbaren Rückantwort der Rezipienten (wie im Fall des pay-TV oder der tatsächlichen Koppelung eines Kanals mit einem Rückkanal) eröffnet haben, muß nach obigen Überlegungen dennoch versucht werden, den Fernsehteilnehmern die Entscheidung für alternative Nutzungen bzw. einen Einfluß auf das Gesamtprogramm zu gewähren, statt sie ausschließlich mit einem „vorab präparierten Medienangebot"[542] zu konfrontieren.[543]

Die Meinung, die Informationsfreiheit umfasse „nur die Verfügbarkeit von Programmen in dem den Rezipienten zugänglichen Verbreitungssystem"[544] greift daher zu kurz.

---

[539] So auch die h.M., vgl. Degenhart Bonner Kommentar Art. 5 GG Rdnr. 276; mißverständlich jedoch Hoffmann-Riem, der den „Genuß der Zugänglichkeit" von der Einspeisung selbst wiederum abhängig macht, vgl. in Wassermannn Festschrift S. 459 f.

[540] Scholz a.a.O. S. 369.

[541] Hierfür sorgen die im zweiten Kapitel a.E. vorgestellten Kontrollmöglichkeiten.

[542] Scholz S. 372.

[543] A.A. Hoffmann-Riem in Wassermann Festschrift S. 461 f., der insoweit nur auf den objektiv-rechtlichen Gehalt der Informationsfreiheit in Art. 5 Abs. I Satz 2 GG abstellt. Der subjektive Teil dieses Grundrechts erschöpft sich für ihn im Abwehrrecht gegen staatliche Eingriffe. Daher befürwortet er — in sich schlüssig — i.V.m. dem Demokratie- und Sozialstaatsprinzip allein einen „programmatischen Auftrag" der Staatsorgane „für die Zugänglichkeit solcher Informationen zu sorgen, die für die Meinungsbildung unabdingbar sind."

[544] Hoffmann-Riem Informationsfreiheit und Einspeisung S. 463, vgl. auch derselbe in Wassermann Festschrift S. 459 f.: „Erst wenn die Hürde der Einspeisung der Programme

cc) Der Aspekt einer zukünftigen Mediengesamtverfassung

Für eine Berücksichtigung der Teilnehmerinteressen sprechen auch die Perspektiven der künftigen Mediengesamtverfassung, in der zukünftig „Pressefreiheit und Rundfunkfreiheit sich nicht mehr grundsätzlich unterscheiden lassen."[545] Schenkt man der These Beachtung, der Rundfunk werde in einem „elektromagnetischen Versandhandel" neben den Abruf-, Zugriffs- und anderen Kommunikationsdiensten nur noch „eine unter mehreren Vertriebsformen" vorstellen, so erscheint die Vermutung, daß sich die Verantwortung der Landesgesetzgeber für die Vertriebsform Rundfunk „nicht anders darstellen [werde] als für die Produktion und den Vertrieb von bespielten Kassetten, von Zeitungen, Zeitschriften oder Büchern"[546] als durchaus realistisch.

dd) Informationsfreiheit und objektivrechtliche Garantie der Rundfunkfreiheit

Ferner darf nicht verkannt werden, daß im Meinungsbildungsprozeß subjektiv-rechtliche und objektiv-rechtliche Elemente einander bedingen und stützen.[547]

Prinzipiell verbietet die Informationsfreiheit subjektiv-rechtlich die Vorab-Selektion von Meinungen aus einem vorhandenen Medienangebot. „Eine ‚Kanalisierung' massenmedial verbreiteter Informationen kann der einzelne Bürger abwehren, weil er ein Recht darauf hat, seine Informationsinteressen durchzusetzen."[548] Ebenso unzulässig ist es, hinsichtlich „des Wertes einer Informationsquelle" zu differenzieren.[549] Angesichts der Mangellage im Rundfunkwesen mußten und müssen objektiv-rechtliche Garantien zur Gewährleistung der Meinungs- aber auch der Informationsfreiheit abgegeben werden. Macht man nun aber mit der Wechselwirkung[550] beider Elemente Ernst, so darf der Informationswunsch der Bürger nach bestimmten Sendungen oder Programmen nicht gänzlich übergangen werden. Wegen eines Verstoßes gegen das Übermaßverbot wäre jedenfalls die Zusammenstellung eines Gesamtprogrammes, das kaum ein Bürger sehen wollte oder

---

in die Kabelanlage genommen worden ist, kann der Rezipient in den Genuß der Zugänglichkeit kommen."

[545] Bullinger AfP 1985 S. 14.

[546] Bullinger AfP 1985 S. 6; zu den Folgen des Strukturwandels; vgl. auch derselbe in AöR 108 S. 212.

[547] BVerfGE 7, 198 [204 f.]; vgl. dazu auch BVerfGE 50, 290 [337] Mitbestimmungsurteil, sowie Starck JZ 1983 S. 408.

[548] Ricker in AfP 1986 S. 192

[549] Degenhart Bonner Kommentar Art. 5 GG Rdnr. 249.

[550] Vgl. dazu Degenhart Bonner Kommentar Art. 5 GG Rdnr. 70.

dem er wegen seines Bildungsniveaus nicht zu folgen imstande wäre, verfassungswidrig. Denn wo bliebe dann für ihn - ungeachtet der theoretischen Chance, sich für eine der selektierten Darbietungen entscheiden zu dürfen - noch die Möglichkeit tatsächlich ein Programm zu wählen, wenn die ihn interessierenden Sendungen unterbunden würden?

Die Auffassung, die einerseits „die Publikumsseite unter Nutzungsgesichtspunkten ins Blickfeld" rücken will, andererseits aber die Forderung enthält, „Reduzierungen des Problems auf bloße Marketingstrategien, auf Akzeptanzfragen, Kauf- und Konsumentenentscheidungen vorzubeugen", ja sogar einen „Gegenimpuls zu erzeugen"[551], birgt daher die Gefahr in sich, allzuleicht über das Ziel hinauszuschießen. Insbesondere das Motiv, die Befriedigung „objektiver Kommunikationsbedürfnisse"[552] sicherstellen zu wollen, könnte die subjektivrechtliche Informationsfreiheit verfassungswidrig einschränken.

Zudem drängt sich die Frage auf, wie in diesem Modellvorschlag „*zugleich* ... der presserechtliche marktorientierte Ansatz Raum finden können"[553] soll. Auch scheint nicht einleuchtend, warum als Folge der Klage, daß privater Rundfunk nur die Anbieter freimache, während die Freiheit der Zuschauer nur „eine abhängige Variable"[554] bleibe, nicht gerade das Wort für eine Berücksichtigung der Akzeptanz, also für eine zumindest mittelbare Teilnehmermitbestimmung erhoben wird.

ee) Wettbewerb und Rezipienteneinfluß

Gibt man den Bürgern einen Einfluß auf „ihr" Programm, richtet sich also die Rundfunkordnung verstärkt „nach den individuellen und sozialen Kommunikationsbedürfnissen in der Gesllschaft"[555], so hat dies gleichzeitig den positiven Effekt, daß der obigen Forderung nach Elementen des Wettbewerbs genüge getan ist. Innerhalb des dem Wettbewerb eröffneten Rahmens wird dann nämlich die Programmstruktur nach Angebot und Nachfrage bestimmt.

---

551 Stock, Medienfreiheit S. 487.

552 Hoffmann-Riem/Stammler/Stock, Thesen zur Fortentwicklung des Rundfunksystems S. 12. Unverständlich ist, wie ein Bedürfnis als ein objektives definiert werden soll. Ein Bedürfnis hat „man", d.h. der einzelne Bürger oder eine Gruppe, jedoch jeweils individuell bzw. subjektiv. Bedürfnisse lassen sich hingegen nicht objektiv bestimmen oder gar sozialvormundschaftlich festlegen.

553 Stock Marktmodell kontra Integrationsmodell S. 25, Hervorhebung vom Verf.

554 Stock, Zur Theorie des Koordinationsfunks S. 67.

555 Stender-Vorwachs, Gruppenferne S. 93.

ff) Unvermeidlicher Rezipienteneinfluß und seine Gefahren

Obigen Feststellungen müssen zwei weitere Anmerkungen hinzugefügt werden:

In einer realitätsnahen Analyse muß einerseits beachtet werden, daß im privaten, durch Werbeeinnahmen finanzierten Rundfunk an der Dominanz des Regulativs „Einschaltquote" nicht spurlos vorübergegangen werden kann. So wünschenswert für den intellektuellen Zuschauer und unter bildungs- und kulturpolitischen Gesichtspunkten die Einspeisung allein qualitativ herausragender Programme auch sein mag, derartige ideelle Ziele lassen sich keinesfalls per Dekret — in welcher Form auch immer — durchsetzen. Mit anderen Worten: Die Akzeptanz eines Programms läßt sich nicht verordnen. Ein Einspeisungssystem, das an den Bürgerwünschen vollends vorbeiginge, hätte geringe Einschaltquoten zur Folge und damit die Illiquidität der einzelnen Veranstalter. Das Resultat wäre Nichtrundfunk.

Es muß zudem bezweifelt werden, ob ausschließlich auf das Programmniveau bezogene Rangfolgekriterien im Ergebnis der Meinungsvielfalt dienlich sind. Je höher nämlich die Forderungen an die Qualität eines Angebots gesteckt werden, umso größer ist die Gefahr, daß nurmehr finanzkräftige Veranstalter durch die Aufnahme teurer Sendungen in der Lage sind, diesen nachzukommen. In einem solchen Falle ist gerade das Eintreten einer häufig beschworenen (Meinungs-) Machtkonzentration zugunsten kapitalkräftiger Rundfunkunternehmer zu befürchten.

Im Ergebnis kann daher festgehalten werden, daß selbst bei vollständiger Außerachtlassung der Bürgerwünsche bei der Programmzusammenstellung (z.B. hinsichtlich des Anteils der Unterhaltungs-, Sport-, Bildungssendungen am Gesamtvolumen) diese letztlich doch (wegen des Ausscheidens wenig akzeptierter, folglich unfinanzierbarer Programme) mittelbar erhebliches Gewicht erlangen.

Andererseits kann aber nicht mit Sicherheit ausgeschlossen werden, daß das alleinige Abstellen auf die Rezipientenmehrheit bei der Einspeisung die Gefahr mitsichbringt, nurmehr massenattraktive Programme empfangen zu können, und somit effektive Vielfalt unterbunden wird (man denke an die geringe Akzeptanz gegenüber kulturellen Magazinen oder von Minoritätenprogrammen[556] bzw. an die Entstehung von Meinungs- oder Marktmonopolen finanzkräftiger Anbieter, die in der Lage sind, oftmals teure, dem allgemeinen Geschmack entsprechende Sendungen zu produzieren oder Serien einzukaufen[557]).

---

[556] Siehe auch Stock, Zur Theorie des Koordinationsrundfunks S. 141 mit starken Bedenken gegen ein in den Rundfunk übernommenes Pressemodell, denn dieses würde zu einer „Mangellage in der Gesamtbandbreite" führen.

[557] Mit Hinweisen zum Konzentrationsprozeß in der marktwirtschaftlich orientierten

Jedoch ist auch in den etwas abschätzig als ‚massenattraktiv' benannten Programmen doch ein guter Teil an umfassender Information und an Repräsentanz gesellschaftlich relevanter Gruppen enthalten ist.[558] Darüber hinaus ist folgende Argumentation realiter noch nicht widerlegt worden:

> "Je stärker aber der Informationsfluß von den Rezipienten und ihren vielfältigen Vorstellungen gesteuert werden kann, in desto geringerem Maße braucht Vielfalt dadurch gewährleistet zu werden, daß Vorsorge für eine Vielzahl von Anbietern mit beschränktem Programmanteil getroffen wird."[559]

Trotzdem muß bereits auf die hypothetische Besorgnis des Eintretens von Mißständen eingegangen und ihr im Rundfunksystem Rechnung getragen werden, zumal diese Mängel auch nur schwer zu beseitigen sind.[560]

Das Problem eines vorstellbaren Schwunds an Möglichkeiten, sich umfassend und spezifisch informieren zu können, mußte schon im Zusammenhang mit der Meinungsverbreitungsfreiheit diskutiert werden. Auch im Kontext mit der Informationsfreiheit kann (wegen ihrer Kohärenz zur Meinungsverbreitungsfreiheit) nichts anderes gelten. Wegen des Schutzes dieses Grundrechts muß der Empfang von Programmen aller gesellschaftlich relevanten Gruppen möglich sein. Die Nachfrage, d.h. die Akzeptanz der Bürger darf somit nicht zum allein entscheidenden Kriterium bei der Rangfolge werden. Denn gegen die Entstehung von überragender, d.h. Minderansichten verdrängender Meinungsmacht auch auf Empfängerseite ist Vorsorge zu treffen. Die Gefahren, zumal sie lediglich prognostiziert und (bislang) hypothetisch sind, lassen es jedoch keinesfalls zu, die Frage nach der Akzeptanz von Programmen völlig zu übergehen. Dies hieße, das oben dargelegte Gewicht der Informationsfreiheit zu verkennen. Denn sie zwingt dazu, „die Gestaltung des Kommunikationsprozesses immer dort an den Gegenpart dieses Prozesses, den Rezipienten, zurückzukoppeln, wo dessen Entscheidungsfreiheit nicht aus Gründen der institutionellen Gewährleistungspflichten des Gesetzgebers zurückstehen muß."[561] Solange den genannten Gefahren mit milderen Mitteln begegnet werden kann, darf der Landesgesetzgeber nicht achtlos an den Informationswünschen der Bürger vorbeigehen. Andernfalls wäre dies bei der beim Kollisionsausgleich durchzuführenden Güterabwägung zwischen Rundfunk- und Informationsfreiheit ein Verstoß gegen das Übermaßverbot.

Presse vgl. Groß DVBl. 1982, S. 564; vgl. ferner zu dem Problem, daß allein kapitalkräftige Anbieter den aus Gründen des publizistischen Wettbewerbs hochgesteckten Programmanforderungen nachzukommen fähig sein werden mit der Folge des Ausscheidens finanzschwacher Veranstalter, Ory in ZUM 1987 S. 430.

[558] Vgl. Enz in ZUM 1987 S. 73: „Gleichgewichtige Vielfalt wird nur dann verwirklicht, wenn die Mehrheit, die Masse, ebenfalls bedient wird."

[559] Bullinger AöR 108, S. 211.

[560] BVerfGE 57, 295 [323].

[561] Ricker AfP 1986 S. 193.

gg) Ergebnis

Ein Rezipienteneinfluß muß unter der Voraussetzung der Gewährleistung effektiver Vielfalt wegen des Grundrechts der Informationsfreiheit gewährleistet werden. Die Berücksichtigung der Teilnehmernachfrage bietet sich als ideale Lösung auch unter dem Gesichtspunkt an, daß sich die Angebote privater Veranstalter über den (publizistisch-)ökonomischen Wettbewerb zu finanzieren haben.[562]

c) Informationsfreiheit und Demokratieprinzip

Bei vordergründiger Betrachtung sprechen einige Überlegungen dafür, auch unter dem Gesichtspunkt der Demokratie den Teilnehmern einen Einfluß auf ihr Programm zuzugestehen.

Die Mehrheitsentscheidung ist in der Demokratie das eigentümliche und ursprünglichste Mittel zur Konstituierung des Willen des Volkes. Im Meinungsmarkt des Rundfunks ("eine demokratische Normalität"[563]) vermag dieser Wille nicht einmal mittelbar — z.B. über die Wahl der Landesmediengremien oder bei der Zusammenstellung des Gesamtprogrammes — zu Einfluß zu gelangen. Repräsentative Züge werden allenfalls in der gesetzlich bestimmten Besetzung der Landesmedienräte erkennbar. Auf die wiederholt und häufig vorgetragenen Vorwürfe des übermäßigen Parteieneinflusses, starken Lobbyismus oder mangelhafter bzw. nicht vorhandener Repräsentanz[564] einzelner gesellschaftlicher Gruppen, eines „gelegentlich unerträglichen"[565] Niveau- und Wahrheitsgehaltes sei nur hingewiesen[566].

---

[562] Ähnlich Schmitt Glaeser, in ZUM 1985 S. 173 f., der in der Auswahlentscheidung durch die Rezipienten die Entsprechung zur für den Rundfunkbereich geltenden Wettbewerbsordnung sieht.

[563] Wieland Schmidt, Rundfunkvielfalt S. 25.

[564] Bullinger, in AöR 108 S. 176, ist der Auffassung, „beim teilweise werbefinanzierten öffentlich-rechtlichen Rundfunk [habe] das verfassungsrechtliche und gesetzliche Gebot der Ausgewogenheit dazu beigetragen, die auch ökonomischen Antriebe einer Bündelung von Programmsparten zu einem meinungsreduzierten Gesamtprogramm zu verdecken." Geiger bemängelt in AfP 1984 S. 137, „die politisch relevanten Gruppen kommen im öffentlich-rechtlichen Rundfunk zu kurz." Tatsächlich hätte z.B. in Bayern auch ein Vertreter für die dort lebenden ausländischen Fernsehteilnehmer in den Medienrat (Art. 12 MEG) mitaufgenommen werden sollen. Siehe auch Wieland Schmidt, Rundfunkvielfalt S. 57, zu den Nachteilen bei der Besetzung der Gremien der öffentlich-rechtlichen Anstalten.

[565] Geiger AfP 1984 S. 137.

[566] Vgl. ferner m.w.N. Ossenbühl DÖV 1977 S. 381 (385); Schlagworte wie „Proporzfunk", „Kumpanei", „defizitäre Kontrollkompetenz" spiegeln die erheblichen Bedenken wider. Aber auch die Äußerung, die öffentlich-rechtlichen Anstalten gewährten die Pluralismusvermittlung „jedenfalls dem Anspruch nach" (BVerfGE 57, 295 [324]), enthält leise realitätsbezogene Kritik.

Die Menschenwürde „in die eigene Hand zu nehmen und wahren"[567], sie selbsttätig vor jeglicher, vor allem staatlicher Manipulation zu schützen, macht die Wurzel freiheitlicher Demokratie aus. Ein gesteigerter Bürgereinfluß könnte verhindern helfen, daß „Programme ihrer Art und Meinungsrichtung nach von einem demokratisch legitimierten Parlament, von einer demokratisch legitimierten Regierung oder von einer staatstragenden politischen Partei als gesellschaftlich wünschenswert angesehen werden."[568] Es wäre daher erstrebenswert, wenn nicht nur der Staat[569], sondern auch die von ihm über die Gesetze eingerichteten Landesmedienanstalten einer möglichst unmittelbaren kommunikativen Rückkopplung[570] zwischen ihnen und dem Volk im Bereich des Rundfunks unterliegen. Mit der Herstellung eines Teilnehmereinflusses auf die Gesamtprogrammgestaltung würde zudem dem vehementen Vorwurf vorgebeugt, die „Selektionsfunktion" [der Rundfunkanstalten resp. der Redakteure] könne sich „in Wahrheit wie eine Art Vorzensur" auswirken.[571]

Derartige Wünsche und Absichten finden jedoch bei genauerer Analyse in der Verfassung bei Art. 20 GG keinen Widerhall. Zum einen beschränkt sie die Demokratie auf die Staatsform.[572] Sie ist lediglich „Leitprinzip der Ordnung des politischen Prozesses."[573] Der Prozeß der Bildung der öffentlichen Meinung ist jedoch nicht auf politische Meinungen begrenzt.[574] Zudem ist der Rundfunk gerade keine staatliche Veranstaltung. Er ist vielmehr im gesellschaftlich Bereich anzusiedeln. In Betracht käme daher allenfalls eine mittelbare Drittwirkung des Demokratieprinzips. Diese muß aber abgelehnt werden. Denn im Rundfunk müssen alle gesellschaftlich relevanten Gruppen zu Wort kommen können. Mit einer demokratischen Vorabentscheidung würde jedoch im voraus bestimmt, welche Meinungen erst in den politischen Willensbildungsprozeß miteinfließen dürfen. Die für die Meinungsbildung notwendige „freie öffentliche Diskussion"[575] würde durch das Mehrheitsvotum der Fernsehteilnehmer beschnitten. Sofern man die Anwendung des Demokratieprinzips überhaupt bejahte — es müßte weiterhin geklärt werden, ob denn hier tatsächlich das Volk (=Fernsehteilnehmer?) handelte — wäre die Berücksichtigung der mehrheitlichen Wünsche erst dann legitim,

---

[567] Geiger AfP 1984 S. 138; vgl. auch Ricker AfP 1986 S. 192, der die Verantwortung des einzelen bei der Bildung eigener Urteile bzw. beim Abbau von Vorurteilen hervorhebt.

[568] Bullinger AöR 108 S. 191.

[569] Vgl. dazu Stock, Marktmodell kontra Integrationsmodell S. 221.

[570] Den mangelnden Bürgereinfluß unter dem Gesichtspunkt der Demokratie beklagt H.H. Klein in der Staat 20 1981 S. 179 f. und S. 193 f.

[571] Ossenbühl DÖV 1977 S. 384.

[572] Vgl. Maunz/Dürig/Herzog Art. 20 GG Rrdnr. 49.

[573] Hesse, Grundzüge der Verfassung Rdnr. 130.

[574] Degenhart Bonner Kommentar Art. 5 Rdnr. 42.

[575] Stein Staatsrecht S. 107.

wenn effektive Vielfalt, d.h. die Einbindung der Ansichten von Minderheiten sichergestellt ist. Insoweit (aber auch nur insoweit) widerspräche sogar der Demokratiegedanke einer ausschließlichen Rangfolgeentscheidung durch Rezipientenauswahl.

7. Ergebnis und Folgerungen

Sofern effektive Vielfalt garantiert wird, muß ein Einfluß der Fernsehteilnehmer auf die Rangfolgeentscheidung als Ausfluß des Grundrechts der Informationsfreiheit eingeräumt werden. Mit ihr geht eine nachfrageorientierte, wettbewerbsbezogene Ausrichtung privater Anbieter notweniger- und zulässigerweise einher, welche ihre finanzielle Durchsetzungsfähigkeit ermöglicht.

Diese Schlußfolgerung harmoniert mit den Äußerungen des Bundesverfassungsgerichtes zu § 46 Abs. 2 und 3 LRG Nds., welcher im Falle eines Kapazitätsengpasses die Rangfolge nach den mehrheitlichen Wünschen der Teilnehmer bemißt. Der Gesetzgeber habe hiermit dem „Erfordernis von Auswahlgrundsätzen (BVerfGE 57, 295 [327]) entsprochen und die Kriterien hinreichend bestimmt."[576] Zuvor hatte das Gericht festgestellt, daß diese Auswahlgrundsätze „nicht dem Zufall oder freien Spiel der Kräfte anheimgegeben werden" dürften. Vielmehr habe der Gesetzgeber „in einem rechtsstaatlichen Verfahren" Auswahlgrundsätze festzulegen, welche „eine gleiche Chance der Bewerber gewährleisten" muß.[577] Der „Realisierungsgrad der Chancen muß durch objektiv sachgerechte und individuell zumutbare Kriterien bestimmt werden."[578] Demzufolge muß die Berücksichtigung der Rezipientenwünsche für das Verfassungsgericht ein objektiv sachgerechtes und individuell zumutbares Differenzierungsmerkmal sein. Insbesondere ist es tauglich, jeglichen (unzulässigen) staatlichen Interventionismus zu neutralisieren, und bietet zudem den Anbietern prinzipiell eine gleiche Chance beim Zugang.

In diesem Zusammenhang soll zugleich bemerkt sein, daß das Bundesverfassungsgericht im vierten Fernsehurteil (zumindest in der Frage der Einspeisungsrangfolge) ein Mittel zur Lösung der Probleme mit den knappen Übertragungsressourcen (wohl aus Praktikabilitätsgründen[579]) nicht mehr in Betracht zog: nämlich eine Aufteilung der Sendezeiten unter den Veranstaltern durchzuführen, die es beim Zugang zur originären Veranstaltung

---

[576] BVerfGE 73, 118 [198].

[577] BVerfGE 57, 295 [327].

[578] BVerfGE a.a.O.

[579] Zu der Notwendigkeit der Beachtung der Praktikabilität bei der Ausgestaltung der Rundfunkordnung s.o. C I Nr. 4.

noch für denkbar und sinnvoll hielt[580]. Dem ist zuzustimmen. Die Sachlage unterscheidet sich bei der Verbreitung von der der originären Veranstaltung insofern grundlegend, als bei dieser die Veranstalter noch mit keinem fertigen Programm aufwarten und die Möglichkeit der Bildung einer Veranstaltergemeinschaft bzw. eines Interessensausgleich noch offensteht. Bei der Einspeisung hingegen würde die Aufteilung der Sendezeiten neben der Tatsache, daß in der Praxis die Anbieter sich kaum auf ein derartiges Modell einlassen würden, zu erheblichen, kaum lösbaren Problemen führen. Es seien nur vier prekäre, konfliktträchtige Bereiche angesprochen:

a) Das Gerangel um die Verteilung der sogenannten Primetime, d.i. die Zeit mit der höchsten Einschaltquote (zwischen 18 Uhr und 21 Uhr 30).

b) Die Frage wie und mit wem bei einem unterstellten Kapazitätsmaximum von 24 Kanälen der 25. Anbieter seine Sendezeit zu teilen hat.

c) Die Schwierigkeit der Aufteilung der Sendezeit unter fremdsprachigen Veranstaltern. Eine Quotierung der Sendezeit zwischen ausländischen Anbietern wäre bereits aus Gründen der Programmtransparenz kaum zu realisieren.

d) Die Aufteilung von Sendezeiten führt zur Heterogenität des Erscheinungsbildes, welche sich nachteilig auf die Akzeptanz und damit auf die Finanzierbarkeit auswirkt.[581]

III. Rangfolgegebote aus der Berufs- und Gewerbefreiheit des Art 12 GG

1. Anwendbarkeit des Art. 12 GG

Ein Nachgehen in der Frage von Rangfolgevorgaben unter dem Gesichtspunkt des Art. 12 GG hätte keinen Sinn, wenn man bei einer Vorabprüfung zu dem Ergebnis gelangte, Art. 12 GG sei wegen des Nichtvorhandenseins eines Berufsbildes vom Rundfunkunternehmer nicht einschlägig bzw. Art. 12 GG werde von dem Grundrecht des Art. 5 GG verdrängt.

a) Der Rundfunkunternehmer als Beruf im Sinne des Art. 12 GG

Immer noch wird die These vertreten, der Rundfunkunternehmer falle nicht unter ein — wie es das Grundgesetz erfordert — fixiertes und aner-

[580] BVerfGE a.a.O.: „Der Aufgabe der Gleichbehandlung läßt sich ohne größere Schwierigkeiten im Rahmen eines Systems gerecht werden, das eine Verteilung von Sendezeiten, notfalls eine anteilige Kürzung ermöglicht."

[581] Vgl. Schardt in ZUM 1986 S. 438.

kanntes Berufsbild.[582] Das Argument, ein Beruf habe wegen der öffentlichrechtlichen Organisation bzw. wegen der Monopolisierung bis dato nicht geprägt werden können, muß zumindest heute heftig bezweifelt werden. Denn einerseits gibt es bereits seit vielen Jahren im Bereich des privaten Rundfunks wirkende Unternehmen, die ihre (erlaubte) Betätigung wirtschaftlich sinnvoll und dauerhaft als Grundlage ihrer Lebensführung ausüben.[583] Da der einfache Gesetzgeber zudem nicht in der Lage ist, das verfassungsrechtliche Berufsbild zu bestimmen[584], kann der Beruf „privater Rundfunkunternehmer" zumindest als (bislang) untypischer[585] Beruf[586] aufgefaßt werden. Es spricht somit vieles dafür, die Tätigkeit als privater Rundfunkunternehmer als einen Beruf im Sinne des Art. 12 GG zu qualifizieren.[587]

b) Das Verhältnis des Art. 5 Abs. 1 Satz 2 zu Art. 12 Abs. 1 GG

Weil im Rahmen dieser Arbeit bei der Frage nach dem Verhältnis der beiden Grundrechtsgewährleistungen zueinander nicht auf alle Detailprobleme eingegangen werden kann, soll hier nur kurz konstatiert werden, daß sich im wesentlichen die Auffassungen von einer Gesetzeskonkurrenz[588] und die Meinung, welche von einer Idealkonkurrenz[589] bzw. parallelen Geltung[590] ausgeht, gegenüberstehen. Die zuerst genannte Ansicht gibt dem Art. 5 Abs. 1 Satz 2 als dem spezielleren Grundrecht den Vorrang mit dem Argument, daß sich sonst die Rundfunkfreiheit nur auf die nicht-hauptbe-

---

582 So Lerche, Rundfunkmonopol 1970 S. 82 ff. unter Ablehnung einer Ableitung aus der Entwicklung in anderen Staaten, sowie Wieland, Freiheit 1984 S. 228 f.

583 Vgl. zur Definition des Berufes im Sinne des Art. 12 GG BVerfGE 7, 377 [397 ff.]; 54, 301 [314]); diese Tätigkeit stellt sich wegen der ihr im Regelfall immanenten Gewinnerzielungsabsicht und der Teilnahme am allgemeinen wirtschaftlichen Verkehr auch als Gewerbe dar.

584 Gegen eine einfach-gesetzliche Grundrechtsauslegung bereits Stern-Bethge, Öffentlich-rechtlicher und privatrechtlicher Rundfunk, 1971 S. 102.

585 Zur Bildung neuer Berufsbilder BVerfGE 7, 377 [397]; BVerfGE 21, 245 [249].

586 A.A. Bethge, Die verfassungsrechtliche Problematik der Zulassung von Rundfunkveranstaltern des Privatrechts S. 95, der allenfalls von einem Gewerbe sprechen will, da Betreiber des Rundfunks lediglich juristische Personen sein würden mit der Funktion der Kapitalbildung, welche ohne konkreten personalen Bezug zu ihrer Tätigkeit stünden. Wegen des zumindest bei den Anteilseignern oder im Management vorhandenen individuellen Bezuges dagegen Redeker in ZUM 1985 S. 550 m.w.N und Argumenten.

587 Siehe dazu auch Scholz JUS 1974 S. 304; Herrmann, Fernsehen und Rundfunk S. 139; Badura, Verfassungsrechtliche Bindungen S. 48 (insbesondere gegen das Traditionsargument); ebenso Schmitt Glaeser/Degenhart AfP 1986 S. 177.

588 So Herzog in Maunz/Dürig/Herzog Kommentar zum GG Art. 5 GG Rdnr. 142; Starck NJW 1980, 1361 FN. 29.

589 Klein, Rundfunkfreiheit 1978 S. 42.

590 Lerche Rundfunkmonopol S. 76; für eine selbständige Geltung des Art. 12 GG neben Art. 5 GG auch Badura, Verfassungsrechtliche Bindungen S. 47.

rufliche Tätigkeit beschränken müsse.[591] Dabei wird jedoch verkannt, daß Grundrechte, welche jeweils eigenständig spezifische Aspekte schützen — wie hier Art. 5 Abs. 1 Satz 2 GG den medienrechtlichen und Art. 12 GG den berufsrechtlichen —, sich nicht gegenseitig ausschließen, sondern sich teilweise ergänzen und im übrigen in Ausgleich zu bringen sind. Es sollte daher Idealkonkurrenz angenommen werden.

2. Zulässige Einschränkungen des Grundrechts

Zunächst ist von Interesse, um welche Art von Beschränkung es sich bei der Auswahl von Programmen bei der Einspeisung handelt. Hierbei ist zu differenzieren:

1. Bei einer Verweigerung der erstmaligen Einspeisung originär zur Veranstaltung *zugelassener* Programme handelt es sich um eine Einengung der Berufswahl durch objektive, weil nicht an die Qualifikation an das Subjekt gebundene[592] Zulassungsbeschränkungen. Denn zur Tätigkeit eines Rundfunkunternehmers gehört nicht nur die Beantragung einer Erlaubnis zur Zulassung, sondern auch die Verbreitung der zugelassenen Programme. Pflichtet man dieser Argumentation nicht bei, so vermag ihr Ergebnis auch mit dem Gedanken gestützt zu werden, daß die Unterbindung der Einspeisung bei Nichtvorhandensein anderer Übertragungsmittel zu einer derart schweren Beeinträchtigung der Berufsausübung führen würde, daß diese im Ergebnis nur als Beschränkung der Berufswahl aufgefaßt werden kann. Denn die Versagung der Verbreitung, insbesondere von Programmen regionaler oder lokaler Anbieter, hat das Abstandnehmen von der getroffenen Berufswahl unvermeidlich zur Folge.

2. Bei der Auswahl unter den schon vorhandenen Programmen stellt sich die Selektion nicht als Beeinträchtigung der Berufswahl dar. Es handelt sich vielmehr um eine Beschränkung der Berufsausübung, um eine Begrenzung der mit der Reichweite verbundenen Entfaltungsmöglichkeiten[593]. Denn der Beruf des Rundfunkunternehmers wird andernorts bereits ausgeübt.

Diese notwendige Differenzierung bleibt nach der Stufentheorie des Bundesverfassungsgerichtes[594] nicht ohne Folgen für die Bestimmung der Rangfolgeprämissen. Während für die Programme unter 1 Beschränkungen nur insoweit verfassungsgemäß sind, als sie zur Abwehr nachweisbarer oder höchstwahrscheinlicher Gefahren für ein überragend wichtiges Gemein-

---

[591] Vgl. dazu auch Merten AfP 1985 S. 174.

[592] Die Einhaltung subjektiver Anforderungen (Professionalität, Vielfaltsverpflichtung o.ä.) werden bei der Genehmigung geprüft.

[593] A.A. Stender Vorwachs, Gruppenferne S. 115, die die Aufteilung knapper Übertragungsfrequenzen allgemein als objektive Zulassungsbeschränkungen begreift.

[594] Vgl. dazu und im folgenden grundlegend BVerfGE 7, 379 [405 ff.] (Apothekenurteil).

schaftsgut zwingend erforderlich sind (3. Stufe), reichen für Ausübungsregelungen bei den Programmen unter 2 bereits vernünftige Erwägungen des Gemeinwohls (1. Stufe).

Da bei Fragen der Rangfolge die Gewährleistung einer freien und unabhängigen Meinungsbildung inmitten steht, sind Einschränkungen des Grundrechts wegen den eventuell aus einer unreglementierten Rundfunkunternehmerfreiheit resultierenden Gefahren zulässig. Denn die Meinungsfreiheit stellt mit ihrer elementaren Funktion für die Demokratie ein solches eminent wichtiges Gut der Gemeinschaft dar.

Für beide Stufen gilt jedoch gleichermaßen das Gebot der Verhältnismäßigkeit im weiteren Sinne (Übermaßverbot). Einschränkungen der Berufsfreiheit können unter dem Aspekt der Sicherstellung effektiver Vielfalt nur solange und soweit hingenommen werden, als es hierfür unerläßlich ist.[595] In einem Rundfunksystem, das Pluralismus zu gewährleisten imstande ist, kann den Rundfunkunternehmern nicht die Motivation der Erzielung hoher Einschaltquoten versagt werden. Dies bedeutet auch, daß der ordnungskonforme Erwerb einer gesicherten Marktposition keinesfalls durch nicht durch den Pluralismus gerechtfertigte Entscheidungen der Landesmedienanstalten zunichte gemacht werden darf. Im intramediären Wettbewerb erreichte (Vor-)Rangpositionen können nur insoweit von Relevanz sein, als sie über ökonomische Finanzmacht zu Verzerrungen in der Meinungsvielfalt führen. Hierfür bietet sich die Beschränkung der Verbreitung im Falle des Kapazitätsengpasses auf nur jeweils ein eventuell zwei Programme pro Veranstalter an (dazu näher D VI 1 a)). Im übrigen sind marktwirtschaftliche Regelungsmechanismen, also die Integration wettbewerblicher Elemente zu billigen. Denn die Möglichkeit, die auf legalem Wege gezogenen Früchte erfolgreicher unternehmerischer Tätigkeit genießen bzw. reinvestieren zu dürfen, wird durch die grundgesetzliche Ordnung garantiert (Art. 12 GG i.Vm. Art. 14 GG und Art. 2 GG). Darüberhinaus könnte die Berücksichtigung anderer als an Art. 5 GG orientierter Kriterien allzuleicht einen versteckten, in jedem Falle unzulässigen Konkurrentenschutz bewirken.

Ein weiteres Resultat dieser Erläuterungen ist, den zur originären Veranstaltung zugelassenen Anbietern bei der Einspeisung einen Vorrang einzuräumen, da sich für sie im Gegensatz zu anderen Veranstaltern der Ausschluß von der Einspeisung als Verhinderung der Berufsausübung insgesamt darstellt. Mithin liefe für sie die Freiheit der Berufswahl daher leer.

---

[595] Für eine Berücksichtigung der Gewährleistungen des Art. 5 Abs. 1 Satz 2 GG bei der Anwendung des Art. 12 GG auch Badura (vor allem gegenüber den Gefahren der Kommerzialisierung), Verfassungsrechtliche Bindungen S. 49 ff.; Bethge; Verfassungsrechtliche Problematik, 1981, S. 112 ff. Das Problem mit der Schrankenkonkurrenzlehre zwischen Art. 5 Abs. 2 GG und Art. 12 Abs. 1 Satz 2 GG tritt bei der hier vertretenen objektivrechtlichen Auffassung nicht auf, da sich die Beschränkungen der Rundfunkfreiheit bereits aus Art. 5 Abs. 1 Satz 2 GG herleiten lassen.

IV. Die Umsetzung der ermittelten Prämissen in Rangfolgepräferenzen

Die Konkretisierung der grundgesetzlichen Vorgaben für ein Rangfolgemodell muß sich zuallererst am Ziel effektiver Vielfalt orientieren. Bieten daher gewisse Programme eine erhöhte Gewähr dafür, einen verstärkten Beitrag zur Verwirklichung des Pluralismus zu leisten, so muß ihnen der Vorrang zugesprochen werden. Aus dem beim Kollisionsausgleich zwischen der Meinungsfreiheit und Informationsfreiheit gültigen Verhältnismäßigkeitsgrundsatz folgt jedoch, daß ein völliges Übergehen der Teilnehmerwünsche und der wirtschaftlichen Entfaltungsmöglichkeiten privater Anbieter innerhalb des Wettbewerbes nicht zulässig sein kann. Im folgenden sollen zunächst Programmtypen aufgesucht und untersucht werden, denen der Vorrang gebührt. Die Aspekte dieser Analyse werden daraufhin im eigenen Modellvorschlag berücksichtigt.

1. Vorrang der öffentlich-rechtlichen Programme

Den öffentlich-rechtlichen Programmen wird in allen Landesmediengesetzen als den „gesetzlich bestimmten“ Programmen der erste Rang vorbehalten. Für ihren Vorrang können im wesentlichen zwei Argumente angeführt werden:

(a) der in den Gesetzen bzw. Staatsverträgen (ZDF; NDR) niedergelegte Programmauftrag, der sie zu besonderer Ausgewogenheit und umfassender Berichterstattung verpflichtet, sowie die Gewähr der Einhaltung dieser Grundsätze durch die Leitungskompetenz[596] binnenpluralistischer Gremien.

(b) das Gebührenprinzip infolge der Annahme, daß die Fernsehteilnehmer mit der Zahlung ihrer Gebühren auch einen Anspruch auf den Empfang der durch sie (teilweise) finanzierten Programme hätten.

a) Vorrang unter dem Aspekt der Grundversorgung

Ausgangspunkt der Betrachtung muß der Begriff der Grundversorgung sein. Dieser vom Bundesverfassungsgericht geprägte und heftig umstrittene[597] Terminus hat drei Prämissen zum Inhalt[598], nämlich:

---

[596] Gemeint ist hierbei nicht die verwaltungstechnische Führung einer Landesrundfunkanstalt, die dem Intendanten obliegt.

[597] Vgl. mit vielen Unterschieden im einzelnen: Bullinger/Gödel Landesmediengesetz Baden-Württemberg 1986 § 13 f. Anm. 20. f. ("Mindestversorgung"); Ory in AfP 1987 S. 468 sieht hierin lediglich das Problem der Vollversorgung; als verdeckte Einführung des im

aa) den Gesichtspunkt der Reichweite, sprich der weitestmöglichen Erreichbarkeit aller Zuschauer,

bb) den Aspekt der Gewährleistung gleichgewichtiger Vielfalt, sowie

cc) die Erfüllung des klassischen Auftrages des Rundfunks, „der neben seiner Rechte für die Meinungs- und politische Willensbildung, neben Unterhaltung und über laufende Berichterstattung hinausgehender Information seine kulturelle Verantwortung umfaßt“[599], gemeint ist also der inhaltliche Standard.

In einer dualen Ordnung ist die Sicherstellung der Grundversorgung unerläßlich. Die ihrer Gewährleistung dienenden Programme sind daher unstreitig *zur originären Veranstaltung* zuzulassen.[600] Außerhalb der Grundversorgung können Veranstalter bei Knappheit von Frequenzen und Kanälen nur den gleichen Rang beanspruchen.

Die Gewähr der Grundversorgung weist das Bundesverfassungsgericht in der gegenwärtigen Rundfunkordnung „in erster Linie“[601] den öffentlich-rechtlichen Anstalten zu, da sie im Gegensatz zu den privaten Veranstaltern obige Voraussetzungen zu erfüllen in der Lage sind. Zum einen können sie über die terrestrischen Frequenzen nahezu die gesamte Bevölkerung erreichen. Zum anderen bietet die binnenpluralistische Organisationsform wenigstens die erhöhte Gewähr für die Sicherstellung gleichgewichtiger Vielfalt. Insbesondere die ihnen gegenüberstehende geringe Anzahl nicht binnenpluralistisch struktuierter Anbieter können ausreichenden Pluralismus nicht garantieren. Für den lokalen bzw. regionalen Bereich stellt das Gericht fest, daß selbst bei Zulassung zweier privater Anbieter „die Sicherung gleichgewichtiger Vielfalt ... wesentlich hinter derjenigen der Landesrundfunkanstalten“ zurückbleibt.[602] Drittens bedeutet die größere Unabhängigkeit der öffentlich-rechtlichen Anstalten von der Finanzierung durch Werbeeinnahmen, daß sie wegen des geringeren Druckes zur Ausstrahlung masseattraktiver Programme auch dem klassischen Auftrag, der teilweise hohe Kosten erfordere, am ehesten gerecht werden können.[603]

übrigen vom Bundesverfassungsgericht abgelehnten Kompensationsgedankens der unterschiedlichen Programmniveaus öffentlich-rechtlicher und privater Anbieter versteht diesen Begriff Kull in AfP 1987 S. 463; den Aspekt der „Optimalität des öffentlichen Meinungs- und Willensbildungsprozesses, sowie der Versorgungsgerechtigkeit hebt Fuhr in ZUM 1987 S. 152 hervor; vgl. ähnlich weit auch Berg in AfP 1987 S. 457 ff.

598 Vgl. dazu BVerfGE 73, 118 [157]sowie BVerfGE 74, 297 [325]; vgl. ebenso Kelm in Media Perspektiven 1989 S. 1.

599 BVerfGE 73, 118 [158].

600 Vgl. dazu im Kontext BVerfGE 74, 297 [332 f.], wo die Frage der Zulassung von Programmen jenseits der Grundversorgung (im regionalen oder lokalen Bereich) behandelt wird.

601 BVerfGE 73, 118 [158].

602 BVerfGE 74, 297 [328].

Wesentliches Resultat dieser Äußerungen ist, daß der Gesetzgeber einerseits die technischen, organsiatorischen, personellen und finanziellen Vorbedingungen sicherzustellen hat, sowie andererseits nicht notwendig gleichhohe Anforderungen an die Breite des Angebots und die Gewährleistung gleichgewichtiger Vielfalt im privaten Rundfunk anlegen muß.[604]

Es bleibt jedoch die Frage offen, ob diese Folgerungen nur für den Problembereich der Zulassung zur originären Veranstaltung gelten und bei der Vergabe terrestrischer Frequenzen oder ob sie auch *bei der Einspeisung* zu beachten sind. In den Passagen des vierten Fernsehurteils, die sich mit diesem Problem befassen, findet sich keine Erwähnung des Begriffes Grundversorgung, sondern nur die Bestätigung der wenn auch gemilderten Geltung der allgemeinen Grundsätze der Rundfunkfreiheit (Verpflichtung zu sachlicher, umfassender, wahrheitsgemäßer Information und einem Mindestmaß an gegenseitiger Achtung, sowie die Unterbindung erheblicher Unausgewogenheit[605]).

Unmittelbar läßt sich daher dem Urteil keine Verpflichtung zur Vorranggewährung zugunsten der öffentlich-rechtlichen Programme entnehmen. Die Billigung der in § 44, 46 Abs. 2 und 3 LRG Nds. beschriebenen Rangfolgeselektion[606] deutet vielmehr auf das Gegenteil hin. Eine Lösung des Problems vermag jedoch in der Auseinandersetzung mit der Frage gefunden zu werden, was das Bundesverfassungsgericht mit der Sicherstellung „der technischen Vorbedinungen“ (s.o.) gemeint haben kann. Bezieht sich diese lediglich auf die Garantie, daß die öffentlich-rechtlichen Programme weiterhin allein terrestrisch empfangbar bleiben müssen, ließe sich ein Vorrang bei der Einspeisung aus Gründen der Rundfunkfreiheit nicht mehr begründen.

Der Komplex sollte am ehesten von den Ergebnissen her betrachtet werden. Der Ausschluß eines Vorrangs der öffentlich-rechtlichen Programme bei der Einspeisung könnte kurz- und langfristig erhebliche Reichweitennachteile mitsichbringen. Kurzfristig, weil mit Hilfe der Kabelanlagen bisher die Schwierigkeiten in den Abschattungsgebieten behoben werden; langfristig, da die denkbare Verdrängung aus den modernen Techniken ihre Akzeptanz behindern würde. Man denke dabei an die heute schon besseren und zukünftig eventuell grundlegend verschiedenen (HDTV; D 2 MAC) Empfangsmöglichkeiten. Die Sicherstellung einer Grundversorgung über demnächst vielleicht veraltete Technologien widerspräche ihrem eigentli-

[603] Vgl. zu allem BVerfGE 73, 118 [155 ff.], sowie die modellgerechte Übertragung dieser Grundsätze auf die Grundversorgung in lokalen bzw. regionalen Gebieten in BVerfGE 74, 297 [326 ff.] insbesondere mit den Ausführungen zu § 22 LMedienG BW.

[604] Vgl. BVerfGE 73, 118 [158 f.].

[605] BVerfGE 73, 118 [199; 202].

[606] BVerfGE 73, 118 [197 f.].

chen Zweck.[607] Das Bundesverfassungsgerichtsurteil enthält zwei Stellen die diese Auffassung mittelbar zu stützen vermögen:

1. Die essentiellen Funktionen des Rundfunks (gemeint ist dessen klassischer Auftrag) blieben unter den Bedingungen eines sich entwickelnden europäischen und privaten Rundfunkmarktes „dem gebietsbezogenen, insbesondere dem terrestrischen Rundfunk" vorbehalten und seien „nach Lage der Dinge in erster Linie als solche der öffentlich-rechtlichen Anstalten anzusehen."[608] Aus dem Wort „insbesondere" kann geschlossen werden, daß nicht allein der terrestrische Rundfunk den klassischen Auftrag zu erfüllen habe, sondern auch der Satelliten- und Kabelrundfunk.

2. Die Beurteilung externer Ausgewogenheit müsse sich „allein nach dem jeweiligen Übertragungssystem" richten.[609] Hieraus kann gefolgert werden, daß auch im Kabelsystem eine Grundversorgung zu gewährleisten ist.[610]

Ist demnach davon auszugehen, daß auch für die Rangfolgeentscheidung bei der Einspeisung in Kabelanlagen der Aspekt der Vollversorgung eigenes Gewicht erlangt, bleibt nunmehr zu untersuchen, ob die beiden weiteren oben genannten Prämissen, nämlich die Sicherung der Vielfalt, sowie der qualifizierte inhaltliche Standard ausschließlich durch die öffentlich-rechtlichen Programme gewährleistet werden kann. Die erhöhte Leistungsfähigkeit gegenüber den privaten Anbietern ist Grundlage einer Privilegierung der öffentlich-rechtlichen Anstalten. Sind hingegen private Anbieter gleichermaßen in der Lage, die Grundversorgung zu bewerkstelligen, entfällt die Basis einer sachlich fundierten und damit legitimierten Ungleichbehandlung (Art. 3 Abs. 1 GG). Denn das Bundesverfassungsgericht hat ausdrücklich festgehalten, daß der Begriff der Grundversorgung keine „Grenzziehung oder Aufgabenteilung zwischen öffentlich-rechtlichem und privatem Rundfunk" bedeute, „etwa in dem Sinne, daß Programme oder Sendungen, die der Grundversorgung zuzurechnen sind, dem öffentlich-rechtlichen, alle übrigen dem privaten Rundfunk vorbehalten sind oder vorbehalten werden können."[611] Unabhängig von der Organisationsform komme es nur auf die Erfüllung der drei Prämissen an. Im regionalen oder lokalen Bereich hat das

---

607 Gegen ein Abschneiden der öffentlich-rechtlichen Anstalten „von neuen technischen Mitteln und Möglichkeiten" auch Badura in JA 1987 S. 186; ders. in Rundfunkfreiheit und Finanzautonomie S. 58.

608 BVerfGE 73, 118 [158].

609 BVerfGE 73, 118 [162].

610 Vgl. ebenso Berg in AfP 1987 S. 461; Enz ZUM 1987 S. 63; sowie Fuhr in ZUM 1987 S. 153: Der Begriff Grundversorgung enthält auch „eine verbreitungstechnische Komponente." A.A. Seemann in ZUM 1987 S. 267, der aus dem Gedanken der Grundversorgung lediglich eine auf den terrestrischen Rundfunk bezogene Bestandsgarantie für denkbar hält. Zur Tauglichkeit der Bestands- und Entwicklungsgarantie für die Begründung eines Rangfolgevorrangs s.u. unter c).

611 BVerfGE 74, 297 [326].

Gericht die Möglichkeit diesen zu entsprechen, also die Grundversorgung zu bewirken, im Hinblick auf § 22 LMG BW explizit auch dem privaten Rundfunk zugestanden[612]:

> Wird „also dem Erfordernis organisatorischer Binnenpluralität und eines entsprechenden pluralistischen Einflusses auf die Programmgestaltung Rechnung getragen und wird die Einhaltung dieses Erfordernisses von der Landesanstalt effektiv kontrolliert, so bedarf es zur Sicherung der Meinungsvielfalt nicht gleichartiger Programme der öffentlich-rechtlichen Anstalten."[613]

Ansichten, die von einem lediglich kumulativen bzw. akzessorischen System ausgehen und den privaten Anbietern in einer abgestuften Rangordnung[614] bloße „Zusatzfunktionen"[615] zubilligen, werden nach diesen Ausführungen hinfällig. Gilt diese Erkenntnis im Kontext für die Zulassung zur originären Veranstaltung, so muß sie erst recht für die Einspeisung in Betracht kommen, da für sie die aus der Rundfunkfreiheit entwickelten Maßstäbe vergleichsweise nicht so hohe Hürden bilden wie bei jener. Es gilt daher die Fragen zu beantworten:

Können die privaten Anbieter eigenständig die Grundversorgung in den Kabelsystemen sicherstellen,

aa) im Hinblick auf den Pluralismus und

bb) im Hinblick auf den inhaltlichen Standard?

In Bezug auf aa) stellt sich die Situation im Kabelnetz anders als bei dem herkömmlichen, terrestrischen System dar, da die Kanalkapazität mit einer hohen Anbieterzahl ausgewogene Vielfalt garantieren könnte.[616] Das Gleichgewicht in der Darstellung der bestehenden Meinungsrichtungen könnte durchaus von privaten Veranstaltern bewerkstelligt werden. Dieser Gedankengang bedarf jedoch weiterer Differenzierung insofern, als nämlich zwischen bundes- bzw. landesweiten Programmen, den regionalen und den lokalen Programmen unterschieden werden muß. Diese drei Programmtypen sind wegen der von einander abweichenden Verbreitungsgebiete und der damit zusammenhängenden andersartigen Themenverarbeitung nicht gleichartig.[617] Daher müßte für jede gebietsspezifische Programmsparte ein Kontingent von mindestens vier außenpluralistisch organisierten privaten Anbietern vorhanden sein, bevor von gleichgewichtiger Vielfalt gesprochen werden kann.

[612] BVerfGE 74, 297 [328 a.E.].

[613] BVerfGE 74, 297 [331].

[614] So Fuhr in ZUM 1987 S. 151.

[615] Berg in Media Perspektiven 1986 S. 690.

[616] Zu der in einzelnen Landesmediengesetzen enthaltenen Möglichkeit, bereits beim Vorhandensein von vier Veranstaltern den Übergang zu einer rein außenpluralistischen Struktur zu ermöglichen s.o. D II 4 cc) bbb).

[617] BVerfGE 74, 297 [327].

Dies scheint jedoch kaum realistisch zu sein. Die einzige Chance privater Veranstalter diese Klippe zu überwinden, läge in der Wahl einer den öffentlich-rechtlichen Anstalten im wesentlichen entsprechenden, also eher binnenpluralistischen Organisationsform. Hierzu besteht jedoch wenig Neigung. Würde gleichgewichtige Vielfalt dennoch herstellbar sein, würden sich also mehr als vier Anbieter auf einer Verbreitungsgebietsstufe finden oder sich private Anbieter eine binnenpluralistische strukturieren, müßten diese darüber hinaus die Gewähr dafür bieten, nicht allein massenattraktive Sendungen, sondern dem klassischen Auftrag des Rundfunks entsprechende Programmangebote (bb)) auszustrahlen. Davon kann gegenwärtig jedoch nicht ausgegangen werden.

Aus diesen Gründen und unter dem Aspekt der Vollversorgung der gesamten Bevölkerung (Stichwort: Abschattungsgebiete) ist daher grundsätzlich ein Vorrang der öffentlich-rechtlichen Programme zu bejahen.[618] Dieser steht jedoch unter einem Vorbehalt, d.h. er gilt nur solange und soweit, als die privaten Veranstalter ein dem öffentlich-rechtlichen Rundfunk gleichwertiges Angebot nicht zu leisten imstande sind. Mit Eintritt dieses Falles würde sich auch das Problem der Vollversorgung nicht mehr erheben, da dann die Grundversorgung sowohl für die Teilnehmer am Kabelrundfunk, als auch für die Empfänger der terrestrischen Programme bestünde. Eine Verdoppelung der unerläßlichen Grundversorgung, auch wenn der Terminus nicht eine „Mindestversorgung"[619] bezeichnen will, im Kabelsystem durch die privaten Anbieter einerseits und die öffentlich-rechtlichen andererseits kann es ihrem Sinn und Zweck nach nicht geben. Außerdem böte sich für den überwiegenden Zuschauerteil (also für den nicht durch die Abschattung betroffenen) weiterhin die Möglichkeit, die terrestrischen Programme zu empfangen (wegen des Interdikts eines Antennenverbotes). Darüber hinaus stünde noch der Weg offen, über die Berücksichtigung der Teilnehmerwünsche zur Einspeisung der öffentlich-rechtlichen Programme zu gelangen (s.u. sub D VI 1 a)).

Die Frage, ob die öffentlich-rechtlichen Anstalten ihrem Programmauftrag bis zu diesem heute nicht abschätzbaren Zeitpunkt auch tatsächlich gerecht werden[620], läßt hingegen auf keinen weiteren Vorbehalt schließen. Eine Rundfunkordnung, in der die Grundversorgung nicht effektiv gewährleistet würde, wäre selbst in toto verfassungswidrig. Das Problem einer Rangfolge würde sich dann erst gar nicht stellen. Die obige Frage betrifft

---

[618] A.A. Selmer, in Bestands- und Entwicklungsgarantien S. 82 ff., der jegliche Erweiterung der Sendemöglichkeiten der öffentlich-rechtlichen Anstalten bereits als einen Eingriff in die Grundrechte der privaten Unternehmer ansieht.

[619] BVerfGE 74, 297 [326].

[620] Börner, in Organisation, Programm und Finanzierung der Rundfunkanstalten im Lichte der Verfassung, 1984 S. 23 ff., bestreitet die Leistung einer echten Grundversorgung durch die öffentlich-rechtlichen Anstalten.

vielmehr die tatsächliche und strikte Durchführung des klassischen und für die öffentlich-rechtlichen Anstalten gesetzlichen Auftrags des Rundfunks. Seine Sicherstellung liegt in der Verantwortung des Gesetzgebers.

b) Das Gebührenprinzip als Grundlage eines Rangfolgevorranges

Die öffentlich-rechtlichen Anstalten finanzieren sich zu einem erheblichen Teil über Gebühren.[621] Das Gebührenprinzip findet seine Rechtfertigung zunächst schon im Zusammenhang mit der Grundversorgung, da es den öffentlich-rechtlichen Anbietern ermöglicht, nicht allein auf die Einschaltquoten fixiert zu sein. Es bietet die Gewähr, auch weniger attraktive, wenngleich teure Produktionen (Kultur- oder Minderheitensendungen) auszustrahlen. Es könnte jedoch darüber hinaus daran gedacht werden, einen Rangfolgevorrang mit der These zu begründen, daß der einzelne TV-Teilnehmer einen Anspruch auf Einspeisung der durch ihn teilweise mitfinanzierten Programme besitze.[622] Ohne daß auf die mit dem Wandel der Rundfunkordnung bei der Gebührenfinanzierung auftretenden Probleme hier in vollem Umfang eingegangen werden kann, sind gegen diese Argumentation erhebliche Einwände anzubringen.

aa) Die Fallkonstellation, in der es auf einen Rangfolgevorrang allein wegen des Gebührenprinzips ankäme, wäre ja nur dann virulent, wenn private Veranstalter für sich schon in der Lage wären, die Grundversorgung sicherzustellen. In allen anderen Konstellationen ergäbe sich die Präferenz der öffentlich-rechtlichen Programme bereits aus den oben skizzierten Überlegungen (s.o. soeben a)). Bei einem derartigen Sachverhalt müßten zumindest die ersten Kanalplätze wegen der zuallererst zu erfüllenden Gewährleistung effektiver Vielfalt diesen privaten Veranstaltern überlassen werden. Die Entscheidung über eine Rangfolgepräferenz zugunsten der öffentlich-rechtlichen Programme beträfe daher allenfalls den zweiten Rang.

bb) Die Gebühr knüpft allein an das Nehmen eines Fernsehanschlusses an. Dem einzelnen Teilnehmer bleibt, will er überhaupt sein Gerät benutzen können, gar keine andere Wahl, als diese Gebühr zu bezahlen.[623] Der Einwand, er schaue nur private Programme (dies ist ihm mittlerweile in einzelnen Städten auf terrestrischem Wege möglich) und müsse daher die öffentlich-rechtlichen nicht wirtschaftlich unterstützen, bleibt ihm folglich

---

[621] Der Anteil der Werbeeinnahmen an den Erträgen beträgt lediglich ca. 18 % ; vgl. Badura, Rundfunkfreiheit und Finanzautonomie S. 14.

[622] So Mook in AfP 1986 S. 18.

[623] Vgl. Art. 2 Abs. 1, Art. 3 Abs. 2 und 4 Rundfunkgebührenstaatsvertrag.

abgeschnitten. Von einer Gebühr im Sinne einer Gegenleistung für eine tatsächlich beanspruchte Leistung kann daher kaum mehr die Rede sein.[624]

Eigentlich sollte nur noch von einem Beitrag gesprochen werden aus der Erwägung, mit der Zahlung desselben würden Programme finanziert, welche unter den gegenwärtigen Umständen den Rundfunk überhaupt erst ermöglichten.[625] Denn ohne die öffentlich-rechtlichen Programme wäre augenblicklich ein verfassungskonformes Rundfunkmodell nicht denkbar. Nicht die tatsächliche Ingebrauchnahme von Leistungen, sondern die Bereitstellung einer Benutzungschance steht daher im Vordergrund. Diese Nutzungsoption bezieht sich jedoch auf das Rundfunksystem insgesamt. Der Fernsehzuschauer kann dabei sowohl unter den öffentlich-rechtlichen als auch unter den privat-rechtlichen Sendungen wählen. Dadurch, daß er einen Teil der Programme mitfinanziert hat, ergibt sich aber keine Präferenz, da ihm die ‚Gebühr' wie gesagt erst die Möglichkeit eröffnet, private Programme empfangen zu können. Die ‚Gebühr' ist zum gegenwärtigen Zeitpunkt vielmehr ein Mittel bzw. die Voraussetzung dafür, daß der klassische Auftrag des Rundfunks durch die öffentlich-rechtlichen Programme gewährleistet wird.[626] Allein aus diesem Grund ergibt sich der Rangfolgevorteil zu ihren Gunsten.

Das Rangfolgesystem hat daher diesen Programmen den Vorrang einzuräumen, weil durch sie die Grundversorgung sichergestellt wird, und nicht etwa weil der Bürger für sie eine Gebühr bezahlt hat.[627] Sofern die Grundversorgung jedoch allein durch private Anbieter bewerkstelligt würde (und nur in diesem bislang noch hypothetischen Fall wäre wie gezeigt das Gebührenprinzip zu untersuchen), stellte die Erhebung einer Gebühr einen unzulässigen Eingriff in die Vermögenssphäre des einzelnen (Art. 14 GG) dar. Denn der Bürger kann für Programme, die nicht mehr nötig oder überflüssig geworden sind, nicht zur Zahlung herangezogen werden. Der Gesetzgeber könnte dann allenfalls aus dem Gedanken einer Reservefunktion der öffentlich-rechtlichen Programme zum Ausgleich denkbarer zukünftiger Un-

---

[624] So auch Expertenkommission Neue Medien Baden Württemberg S. 155 mit dem Hinweis, eigentlich sei die Gebühr ein Beitrag. Letztlich sei nur wesentlich, daß es sich um eine öffentliche Abgabe handele. A.A. Bullinger AfP 1985 S. 3: die Gebühren seien „Entgelte für Leistungen an den Gebührenzahler, ... keine Beiträge für die Erfüllung allgemeiner öffentlicher Aufgaben."

[625] Noch weitergehend Schmitt-Glaeser in ZUM 1985 S. 173, der wegen der Unabhängigkeit vom tatsächlichen Empfang nur von einer Steuer sprechen will. Ähnlich Lerche ("steuerähnliche Ausgestaltung") in Sitzungsbericht O zum 56. DJT S. 47.

[626] So auch Badura, Rundfunkfreiheit und Finanzautonomie S. 18. Badura hält jedoch im übrigen am Entgeltcharakter der Gebühr trotz „erheblicher Abstraktheit des Nexus zwischen Rundfunkanstalt und dem Teilnehmer" (S. 19) fest.

[627] A.A. Ricker, in AfP 1986 S. 193 und in Die Einspeisung von Rundfunkprogrammen S. 98, der einen Vorrang der öffentlich-rechtlichen Programme u.a. mit der Zweckbindung der Gebühr begründet.

gleichgewichtigkeiten im Programmangebot der privaten Anbieter oder (eventuell) aus der Überlegung einer zusätzlichen Effektuierung der Meinungsvielfalt die öffentlich-rechtlichen Anstalten weiterhin bestehen lassen. Dennoch bliebe dann fraglich, ob die Finanzierung über ein heutige Gebührensystem noch aufrechterhalten werden könnte. Zweifellos könnte jedoch allein aus dem Grund einer irgendwiegearteten Finanzierungsmodalität kein Vorrang dieser Programme beansprucht werden.

c) Vorrang infolge der Bestands- und Entwicklungsgarantie

Mit demselben Argument läßt sich auch kein Vorrang aus einer durch die Länder abgegebenen Bestands- und Entwicklungsgarantie begründen. Ihre Wirksamkeit hängt von der Überlegenheit der öffentlich-rechtlichen Programme gegenüber den privaten Veranstaltern bei der Grundversorgung ab. Die Gewährleistung der Grundversorgung bzw. des klassischen Rundfunkauftrages unterliegt jedoch dem Wandel der Zeit.[628] Daher kann den öffentlich-rechtlichen Anstalten nicht für alle Zeit eine „manifestierte irreversible Vorrangstellung“[629] mit dem Gedanken hergeleitet werden, nur sie seien imstande, diese Funktion zu erfüllen.[630] Auch in diesem Zusammenhang und im Kontext mit der Präambel des Rundfunkstaatsvertrages kann nur davon ausgegangen werden, daß eine Bestands- und Entwicklungsgarantie nur solange[631] wirksam abgegeben werden kann, als der öffentlich-rechtliche Rundfunk allein die Grundversorgung zu gewährleisten vermag. Ist dies nicht mehr feststellbar, so gebietet Art. 3 Abs. 1 GG die Gleichbehandlung[632] aller Anbieter — zumindest beim Zugang zur Verbreitung der Programme in Kabelanlagen. Auf den Aspekt, ob in diesem Fall ihre Bevorzugung über die sichergestellte Finanzierung weiterhin gebilligt werden darf, kann hier nicht näher eingegangen werden.

---

[628] BVerfGE 73, 118 [158]; vgl. auch H.H. Klein; Rundfunkfreiheit S. 79, welcher die Aufrechterhaltung des öffentlich-rechtlichen Systems nur für eine (lang andauernde) „Übergangszeit“ befürwortet. Deren Ende ist — wenn überhaupt — noch nicht abzusehen.

[629] Ricker NJW 1988 S. 454.

[630] Generell kritisch gegenüber einer aus der Verfassung abgeleiteten Bestands-und Entwicklungsgarantie Ory in AfP 1987 S. 466 ff.(468); ebenso Schmitt Glaeser in ZUM 1985 S. 173.

[631] Eine zeitlich begrenzte Garantie befürworten auch Stock RuF 1987 S. 14, sowie Lerche Prüfungsbericht 0 zum 56. DJT, Berlin 1986 S. 48.

[632] Vgl. zur grundsätzlichen Gleichstellung der privaten mit den öffentlich-rechtlichen Anbietern bereits BVerfGE 12, 205 [262]. Siehe dazu auch Walter Schmidt Glaeser Bay.VBl. 1985 S. 105, der sogar einen „Nachholbedarf“ bei den privaten Anbietern wegen des Finanzierungsbonus bei den öffentlich-rechtlichen Anstalten feststellt. Ein solcher Nachholbedarf, sofern man ihn überhaupt bejaht, könnte jedoch keinesfalls den Vorrang unter dem Aspekt der Grundversorgung ausräumen.

Das Gebührenprinzip und der Gedanke einer Bestands- und entwicklungsgarantie können daher für eine Präferenz der öffentlich-rechtlichen Programme keine Basis bieten.

d) Ergebnis

Unter den gegenwärtigen Verhältnissen ist ein Rangfolgevorrang der öffentlich-rechtlichen Programme gegeben, sofern sie der Grundversorgung zuzurechnen sind. Dieser steht jedoch unter dem Vorbehalt einer zeitlich limitierten Gültigkeit. Er darf nur solange und soweit beibehalten werden, als nicht die privaten Veranstalter ebenfalls zur Sicherung der Grundversorgung in der Lage sind. In diesem Fall käme nur eine Ranggleichheit in Betracht.

2. Vorrang der zur originären Veranstaltung zugelassenen Programme

Ansatzpunkt einer Befürwortung eines solchen Vorranges könnte unter Pluralismusgesichtspunkten zunächst sein, daß die Zulassung zur Veranstaltung weiterer Programme in einem Bundesland rein quantitativ die Vielfalt des Programmangebots steigert. Diese Tatsache hat zwar nicht notwendig ein qualitatives Mehr an Vielfalt zur Folge. Dennoch spricht hierfür eine Vermutung. Das Bundesverfassungsgericht geht von einer Verbesserung der Rundfunkversorgung insgesamt aus, wenn „eine höhere Zahl von Programmen angeboten wird, weil sich damit die Chance eines Mehr an inhaltlicher Vielfalt erhöht.“[633] Weiterhin ist zu beachten, daß die Zulassung zur originären Veranstaltung im Hinblick auf den Pluralismus in den Landesmediengesetzen oftmals schärferen Anforderungen unterliegt als die bloße Verbreitung bereits vorhandener Programmangebote.[634] Insofern darf bei strikter Durchführung dieser Gebote und stetiger Kontrolle von einer qualitativen Ergänzung des Pluralismus durch die Zulassung weiterer Anbieter ausgegangen werden. Letztlich ist noch hinzuzufügen, daß die in einem Bundesland zugelassenen Programme im Gegensatz zu den schon vorhandenen, d.h. außerhalb des Landes veranstalteten Programme, oftmals einen eher landesbezogenen, regionalen oder lokalen Charakter besitzen und insoweit den gebietsspezifischen Pluralismus fördern werden.[635]

---

[633] BVerfGE 74, 297 [332].

[634] Vgl. insoweit 1. Kapitel B IV 1 c).

[635] Diesen Aspekt betont auch Ricker, Die Einspeisung S. 18; Stock in Medienfreiheit, S. 485 schraubt die Pluralismuserfordernisse in unrealistische Höhen, wenn er das Fernsehpublikum in Populationen und Teilpopulationen gliedert, und demzufolge nach räumlichen Parametern, nämlich landesweiter, regionaler, subregionaler und lokaler Art, jeweils Vielfalt sichergestellt wissen will.

Da zwischen der Zulassung zur originären Veranstaltung und der Verbreitung eines Programmangebots zu differenzieren ist, muß ferner festgestellt werden, daß jene ohne die Konsequenz der Empfangbarkeit der zugelassenen Sendungen kaum einen Sinn macht, wohl aber denkbar ist.[636] In einem solchen Fall könnte dann nur von der hypothetischen oder verborgenen Chance eines Mehr an Vielfalt ausgegangen werden. Da die verfügbare Zahl an terrestrischen Frequenzen begrenzt ist, kommt für eine Programmerweiterung im wesentlichen nur die Einspeisung in das Kabelnetz in Betracht. Die Zulassung zur Veranstaltung führt zwar zu keiner, wenn auch aus Praktikabilitätsgründen wünschenswerten Einspeisungsverpflichtung zugunsten des zugelassenen Veranstalters, da dieser grundsätzlich nur einen Anspruch auf gleichmäßige Berücksichtigung bei der Verbreitung im Rahmen der vorhandenen Möglichkeiten besitzt. Jedoch vermag zum einen die Überlegung, daß eine Steigerung der Vielfalt im gesamten Rundfunksystem sehr wahrscheinlich ist, einen Vorrang begründen. Der prognostische Spielraum des Gesetzgebers ist bereits insoweit begrenzt. Letztlich und entscheidend kommt bei diesen Programmen der oben erwähnte Gedanke zum Tragen, daß ohne die Zulassung zur Einspeisung, die erstmals, also originär zur Veranstaltung zugelassenen Anbieter andernfalls an der Ausübung ihres Berufes in toto behindert würden, schließlich ihre Berufswahlfreiheit leerliefe.

Zum anderen käme auch mit ihrem Vorrang der Aspekt der Informationsfreiheit verstärkt zur Geltung. Die Chance für den einzelnen, sich aus dem vorhandenen Meinungen die gewünschten Informationen zu wählen, setzt voraus, daß den Anbietern das Empfangbarmachen ihrer Programme erstmalig ermöglicht wird. Es sei ausdrücklich darauf hingewiesen, daß dieser Gedanke nicht die aus der Informationsfreiheit abgeleitete und überwiegend abgelehnte Verpflichtung des Staates auf das Zugänglichmachen bestimmter Informationen zum Inhalt hat, geschweige denn einen Verschaffungsanspruch auf neue Übertragungsmöglichkeiten. Hier geht es vielmehr um die Gelegenheit, ein neues, d.h. ein bisher unter allen anderen Programmen nicht vorhandenes Angebot überhaupt einmal wahrnehmen zu können. Das Argument der Erstmaligkeit zeigt zugleich die Grenze dieses Anspruches. Denn sobald die Fernsehteilnehmer sich ein Urteil über dieses neue Angebot machen konnten, muß über die Fortdauer von dessen Einspeisung nach anderen Grundsätzen entschieden werden. Ein aus diesen Überlegungen befürworteter Vorrang ist daher im Gegensatz zu dem obigen Aspekt (des Pluralismus) nicht von dauerhafter Natur.

Einen weiteren (sekundären) Vorrang erhalten daher die zur originären Veranstaltung zugelassenen Programme. Es sei bemerkt, daß die öffentlich-rechtlichen Programme, sofern das Szenario einer Grundversorgung durch

---

[636] Vgl. ebenso Mook, AfP 1986 S. 18.

private Anbieter einträte, ebenfalls als zur Veranstaltung (durch die Landesgesetze oder Staatsverträge) zugelassene Programme diese Rangstelle beanspruchen könnten.

3. Vorrang der bundesdeutschen bzw. der in der EG veranstalteten Programme

Zunächst könnte man zur Begründung eines solchen Vorranges an einen Umkehrschluß aus einer Äußerung des Bundesverfassungsgerichtes denken, welche lautet: Ausländische Veranstalter seien bei der Verbreitung ihrer Programme nicht den strengen Anforderungen, die § 15 LRG Nds. im Blick auf den Pluralismus vorschreibt, unterworfen, „weil diese Programme in aller Regel nicht speziell für die Bundesrepublik bestimmt sind und die Meinungsbildung demgemäß nicht im gleichen Maße beeinflussen, dies um so weniger, als sie überwiegend nicht in deutscher Sprache verbreitet werden.“[637] Das argumentum e contrario könnte folglich heißen, bundesdeutsche Programme seien in besonderem Maße zur Bildung öffentlicher Meinung prädestiniert und müßten daher aus Gründen der Gewährleistung effektiver Vielfalt vorrangig eingespeist werden. Ein solcher Schluß verstößt jedoch, sofern man die Anwendung von EG-Recht[638] auf den Rundfunkbereich bejaht, gegen das EWG-rechtliche Diskriminierungsverbot[639] aus Art. 59 EWGV (eine entsprechende Bestimmung wurde aus dem hamburgischen Mediengesetz ersatzlos gestrichen).[640] Aus demselben Grund muß auch eine Bevorzugung derjenigen Programme ausscheiden, die aufgrund länderstaatlicher Vereinbarung veranstaltet und über einen ihnen nach dem Staats-

---

[637] BVerfGE 73, 118 [202].

[638] Dies ist jedoch unter zwei Aspekten heftig umstritten: Zum einen ist fraglich, ob Rundfunk eine „Dienstleistung“ i.S.v. Art. 59 ff. EWGV darstellt, zum anderen, falls man dies bejaht, inwieweit ein nationaler Regelungsvorbehalt zu beachten ist (letzterer Gesichtspunkt kam bei den jüngsten Madrider Verhandlungen verstärkt zum Tragen). Vgl. hierzu Börner ZUM 1985 S. 577 ff.; Deringer ZUM 1986 S. 627 ff.; Rudolph AfP 1986 S. 106 ff.; zum Ganzen Delbrück Direkter Satellitenrundfunk und nationaler Regelungsvorbehalt (insbesondere S. 62 ff.); Grünbuch der EG KOM(84) 300 endg. Zu den Problemen der Entgeltlichkeit der Dienstleistung, der Grenzüberschreitung, der faktischen Diskriminierung und zur Verhältnismäßigkeit EG-rechtlicher Richtlinien Jarass, Gutachten G 37 ff.

[639] Hierfür kann bereits ein Urteil des EuGH (abgedr. in NJW 1980 S, 2010) angeführt werden, das Werberestriktionen nur bei gleichmäßiger, d.h. unterschiedsloser Anwendung auf in- und ausländische Programme zuließ; vgl. ferner das Grünbuch der EG-Kommission (KOM (84) 300 endg.), in Auszügen abgedr. bei J. Schwarze, Rundfunk und Fernsehen S. 191 ff.(S. 214): „Nicht gestatten dürfen die Vorschriften z.B., daß erst die inländischen und dann die Programme aus anderen Mitgliedsstaaten übernommen werden dürfen.“

[640] Mit Bedenken auch Kühn in ZUM 1985 S. 303.

vertrag offengehaltenen Satellitenkanal ausgestrahlt werden, da (Rundfunk-) Staatsverträge nur innerdeutsche Programme betreffen.[641]

Aber auch für eine allgemeine Präferenz von EG-Programmen lassen sich keine überzeugenden Gesichtspunkte anführen. Zum einen ergibt sich aus dem Streben nach einem gemeinsamen europäischen Rundfunkmarkt keine Verpflichtung, dessen Angebote nun vorrangig zu behandeln. Die Harmonisierung der nationalen Beschränkungen bei der Verbreitung, d.h. die inhaltliche Standardisierung der (Mindest-) Vorschriften über Werbung, Jugendschutz etc., bürgt nur für eine EG-weite Gleichbehandlung der EG-Programme bei der Einspeisung, nicht jedoch für deren Bevorzugung. Auch sprechen keine Aspekte aus dem Vielfaltsgebot für deren Präferenz, da die effektive Vielfalt des Art. 5 Abs. 1 GG nur das Zu-Wort-Kommen der gesellschaftlichen, also nationalen relevanten Gruppen umfaßt.

Drittens könnte eine derartige Rangfolgebestimmung die tatsächlichen Probleme kaum lösen, da die Vielzahl dieser Programme (s.o. 1. Kapitel) selbst schon die Kanalkapazitäten erschöpfen wird. Ferner erschiene es wenig sinnvoll, im Fall der Maximalbelegung beispielsweise portugiesische Sendungen vor den Programmen des östereichischen Rundfunks, der Schweiz oder anderer interessanter(er) ausländischer Veranstalter (z.B. aus den USA), einspeisen zu müssen. Hinzu kommt, daß ohnehin in einer Vielzahl von Fällen die europäischen Veranstalter über die Quotierungsregelungen zugunsten europäischer Produktionen nach der EG-Richtlinie vom 13. April 1989[642] begünstigt sein werden, da sie — insbesondere die öffentlich-rechtlichen Anstalten — oftmals selbst oder über zugehörige bzw. verbundene Gesellschaften die Produzenten solcher Sendungen sind.

Aus dem Gesagten ergibt sich, daß ein Rangfolgevorbehalt zugunsten der EG-Veranstalter wohl kaum zulässig, zumindest aber keinesfalls praktikabel ist.

4. Vorrang der Voll- vor den Spartenprogrammen

Der Versuch einer Definition beider Programmarten in § 2 Nr. 4 und 5 LMG BW soll Ausgangspunkt der anschließenden Untersuchung sein.[643] Darin wird das Vollprogramm als ein Rundfunkprogramm charakterisiert, „das in wesentlichen Programmteilen der Information, der Bildung und Unterhaltung dient" (§ 2 Nr. 4), und das Spartenprogramm als ein Programm bezeichnet, „das einen im wesentlichen gleichartigen Inhalt hat oder mehrere

[641] Vgl. ebenso Kühn ZUM 1985 S. 303; zu weiteren Gründen für die Ablehnung eines Rangfolgevorrangs der Programme des Rundfunkstaatsvertrages s.u. unter 6.

[642] Ihre Transformation in innerstaatliches Recht vorausgesetzt.

[643] Siehe auch § 2 Abs. 2 LMG Hambg., § 5 Abs. 2 Satz 1 LRG Nds., § 2 Abs. 3 LRG NRW, § 1 a Nr. 3 LRG Saarl., § 3 Abs. 4 LRG SH.

solcher gleichartiger Inhalte verbindet"(§ 2 Nr. 5).[644] Auf die andersartige, weitergehende Differenzierung, die mit mit dem Oberbegriff „Teilprogramm" arbeitet und hierunter dann Zielgruppen- bzw. Spartenprogramme faßt[645], die Einordnung also nach Gegenstand und angesprochenen Rezipienten vornimmt, kann hier nur hingewiesen werden (im Ergebnis gilt jedoch das gleiche). Vollprogramme sind demnach per definitionem[646] nicht quantitativ, aber qualitativ umfangreicher. Sie bieten zwar nicht die Gewähr inhaltlicher Ausgewogenheit, jedoch scheinen sie eher als die Spartenprogramme den klassischen Auftrag des Rundfunks wahrzunehmen. Dementsprechend gibt es Auffassungen, die die Herstellung von Rundfunkvielfalt mittels Spartenprogrammen für unwahrscheinlich halten.[647] Dabei wird insbesondere auf das Problem eines Ausgleiches der Teilprogramme untereinander verwiesen[648] bzw. die Forderung erhoben, daß „alle Sparten [zu] bedienen [seien], wieder ungefähr nach dem Bilde von ARD/ZDF."[649] Konsequent wird dann auch gefolgert, daß es „so gut wie unmöglich" sei, ein „gegenständlich umfassendes, gegen Ökonomisierung gefeites Gesamtprogramm aus zahlreichen einzelnen Teilprogrammen zusammenzusetzen."[650]

Fraglich bleibt aber, ob diese Überlegungen bei einer Maximalbelegung aller 24 Kanäle (dies entspricht der augenblicklichen Kanalkapazität) einen Vorzug der Vollprogramme noch begründen können. Dagegen lassen sich zwei Argumente finden:

a) Die Grundversorgung durch die öffentlich-rechtlichen Programme wird durch ihren Vorrang im Kabelnetz sichergestellt. Unabhängig davon, ob in Zukunft diese auch durch private Anbieter gewährleistet werden kann, ist Basis der Grundversorgung die umfassende Berichterstattung, sowie ein Angebot an Kultur- und Unterhaltungssendungen. Schon bei der Grundversorgung finden demnach allein Vollprogramme ihre vorzügliche Beachtung. Die Tatsache, daß Spartenprogramme generell vom ersten Rang ausgeschlossen sind, kann bei der Beurteilung ihrer Berücksichtigung im übrigen nicht übergangen werden. Darüber hinaus stellt sich die Frage, ob nicht gerade Spartenprogramme (z.B. ein reiner Kulturkanal) wegen der sich

[644] Vgl. auch Stock, Medienfreiheit S. 493, der die Spartenprogramme als „Substrat gegenständlicher Vielfalt" bezeichnet.

[645] Wieland Schmidt, Rundfunkvielfalt S. 16 ff. mit noch weiterführender Untergliederung nach Zwischenformen.

[646] In der Realität bieten Vollprogramme regelmäßig auch zeitlich ein umfangreicheres Programm, da die Gestaltung eines Programmes mit Beiträgen aus singulären Bereichen naturgemäß schwieriger ist.

[647] Wieland Schmidt, Rundfunkvielfalt S. 41; ebenso Jarass ZUM 1986 S. 314.

[648] Wieland Schmidt a.a.O. S. 89 f. mit der Frage, ob nicht etwa ein kirchliches Spartenprogramm mit einem gewerkschaftliche Programm zum Ausgleich gebracht werden müsse.

[649] Stock, Medienfreiheit S. 494.

[650] Stock a.a.O S. 493.

immer stärker annähernden Programmschemata der übrigen Veranstalter einen besonderen Beitrag zur effektiven Vielfalt leisten können.[651] Die Möglichkeit, durch speziell ausgebildetes Personal (Redakteure, Kamerateams) und durch eine zeitlich beinahe unlimitiertes Eingehen auf den jeweiligen zur Ausstrahlung bestimmten Gegenstand eine intensivere Durchdringung der Themengebiete zu erreichen, darf dabei nicht übersehen werden. Jedenfalls kann wohl kaum bei einer Einspeisung von beispielsweise vier Spartenprogrammen gegenüber zwanzig Vollprogrammen von einer Gefährdung des Pluralismus die Rede sein.

b) Bei der Betrachtung eines Vorranges von Vollprogrammen muß immer auch dessen mögliche Konsequenz mit ins Auge gefaßt werden. Die überwiegende Zahl der potentiell einspeisungswilligen Veranstalter sind Anbieter von Vollprogrammen.[652] Die Auffassung, „für die praktische Entwicklung eines ‚außenpluralistischen' Systems kann am ehesten mit unterschiedlichen Teilprogrammen gerechnet werden“[653], unterliegt daher erheblichen Bedenken. Gäbe es einen Präferenzzwang zugunsten der Vollprogramme, kämen eventuell Spartenprogrammanbieter überhaupt nicht zum Zuge.[654] Effektive Vielfalt muß in einem außenpluralistisch System aber auch der Programmartenvielfalt Rechnung tragen. Keinesfalls darf daher die Möglichkeit, über ein Rangfolgemodell eine Programmsparte komplett zu verdrängen, in Kauf genommen werden.[655]

Letztlich ist auch darauf hinzuweisen, daß die Abgrenzung der Spartenprogramme von den Vollprogrammen erhebliche Schwierigkeiten bereitet und eine Menge nicht exakt einzuordnender Gestaltungen von Programmen vorstellbar ist. Theoretisch kann beispielsweise ein „Vollprogramm“ im Informationsbereich pro Woche etwa nur eine oder wenige Sendung anbieten oder umgekehrt ein „Spartenprogramm“ alle Aspekte des klassischen Rundfunks bis auf einen nicht im Programm vertretenen umfassen. Die

---

[651] Vgl. dazu auch der Gedanke Bullingers, der die Chance des Satellitenfernsehens gerade darin sieht, daß „Spartenprogramme für unterschiedliche, dabei *auch höhere kulturelle Ansprüche* auf dem breiten europäischen Markt eine genügenden Abnehmerkreis finden“ können. (in AfP 1985 S. 3; Hervorhebung vom Verf.). A.A. Hoffmann-Riem der die Ansprache von Zielgruppen als „desintegrierende Strategien“ bezeichnet, AöR 109 S. 342.

[652] Vgl. dazu die Darstellung der Anbietersituation im ersten Kapitel unter B I und II. Die dort genannten Programme sind überwiegend Vollprogramme.

[653] So aber Wieland Schmidt, Rundfunkvielfalt S. 20.

[654] Eine Dominanz der Spartenprogramme mit einer einhergehenden Werte- und Wissenskluft, sowie eine ökonomisch motivierte „Rosinenpickerei“ befürchtet hingegen Hoffmann-Riem AöR 109 S. 339, (342).

[655] Bei der Zulassung zur originären Veranstaltung billigt BVerfGE 57, 295 [327] dem Landesgesetzgeber hingegen ein Wahlrecht zwischen Voll- und Spartenprogrammsystemen zu. Bei der Verbreitung liegen die Dinge jedoch anders, was die Zahl der Veranstaltungen und somit die Chancen zur Programm(arten)vielfalt angeht.

Entscheidung der Landesmedienanstalt über die Klassifizierung und der damit verbundenen Rangfolge stellt sich daher im Einzelfall als äußerst komplex und wegen der Folgen als prekär dar. Auch der Gesichtspunkt der Praktikabilität spricht mithin gegen dieses Rangfolgekriterium.

Ein Rangfolgevorrang der Vollprogramme ist daher abzulehnen.

5. Vorrang der TV-Programme vor den sonstigen Kabeldiensten

Die sonstigen, insbesondere die rundfunkähnlichen Kommunikationsdienste (Videotext, Dienste auf Zugriff oder auf Abruf, wobei ersterer wegen seiner Einfügung in die Leerzeilen eines Fernsehkanals kaum den Kapazitätsengpaß verschärfen dürfte) werfen erhebliche Probleme auf, was ihre Qualifikation als Rundfunk betrifft. Viele Landesmediengesetze haben über ihren Rang keine (in der Regel aus dem Grund, daß die Entwicklung auf dem Gebiet mangels Vorhandenseins von Anbietern nicht abzuschätzen sei), manche eine für sie nachteilige Entscheidung getroffen.

Eines muß jedoch nach dem fünften Rundfunkurteil deutlich hervorgehoben werden. Soweit die Kommunikationsdienste in Bezug auf die Meinungsbildung eine dem Rundfunk entsprechende Funktion ausüben — die rein deskriptive Unterscheidung ist dabei unerheblich —, kann allein aus der unterschiedlichen Präsentationsform ihre Nachrangigkeit nicht hergeleitet werden. Eine Vergleichbarkeit ist für das Bundesverfassungsgericht dann gegeben, sofern die Angebote inhaltlich einem Rundfunkprogramm entsprechen, sich also an eine unbestimmte Vielzahl von Zuschauern richteten und der Teilnehmer seine Auswahlentscheidung durch Ein- und Ausschalten treffen könne.[656] Der Schutz des Art. 5 Abs. 1 GG gilt insoweit auch für sie.[657] Im übrigen kann das oben zu den Spartenprogrammen Gesagte, vornehmlich der Aspekt der Programmartenvielfalt übernommen werden.

Ein Vorrang der Rundfunkprogramme vor den übrigen Kommunikationsdiensten läßt sich daher nur insoweit rechtfertigen, als diese für die Meinungsbildung (Fehlen der Faktorfunktion!) unerheblich sind.

---

656 BVerfGE 74, 297 [352].

657 BVerfGE a.a.O. [353 ff.], insbesondere die Ablehnung des Verbotes der Beteiligung der öffentlich-rechtlichen Anstalten an dieser Form aus Gründen der Rundfunkfreiheit mit im wesentlichen denselben Argumenten wie bei der Mißbilligung ihres Ausschlusses von den regionalen oder lokalen Programmen.

6. Vorranggebote aus dem Rundfunkstaatsvertrag vom 3. April 1987

Aus dem Rundfunkstaatsvertrag lassen sich keine Rangfolgevorgaben entnehmen. Sinn und Zweck der in ihm enthaltenen Regelung über die Weiterverbreitung war lediglich, die länderrechtlichen Genehmigungsvorschriften für einen bundesweit verbreiteten Rundfunk zu homogenisieren. So begründen Art. 11 Abs. 1 und 2 des Vertrages nur die Verpflichtung die Weiterverbreitung der (im Herkunftsland) in rechtlich zulässiger Weise veranstalteten Programme zu ermöglichen[658]. Das Ermöglichen bedeutet nur die Pflicht des Landesgesetzgebers, die rechtlichen Grundlagen für eine von weiteren Genehmigungserfordernissen befreite Übernahme dieser Programm zu schaffen. Ausdrücklich stellt Art. 11 Abs. 3 die Rangfolgeregelung weiterhin in die Kompetenz des jeweiligen Landesgesetzgebers.

Zwar unterliegen die bundesweit verbreiteten Programme den besonderen inhaltlichen Anforderungen der Art. 8 und 9, was auf die erhöhte Gewährleistung effektiver Vielfalt schließen lassen könnte, jedoch ist damit keinesfalls als Resultat impliziert, die anderen nicht bundesweit verbreiteten Programme erfüllten diese nicht und seien daher im Rang zu benachteiligen. Im Gegenteil: Die Bundesländer sind nur für den bundesweit verbreiteten Rundfunk gehalten, den Standard der Art. 8 und 9 als Maximalstandard zu übernehmen. Ob hingegen eine Verpflichtung besteht, an die Weiterverbreitung der übrigen Programme keine weitergehenden Anforderungen zu stellen[659], ist strittig. Ferner sind zur Zeit noch nicht für alle Anbieter Rundfunk- bzw. Fernmeldesatellitenkanäle, sowie Richtfunkstrecken verfügbar. In der erneuten Bevorzugung derjenigen Anbieter, welche über diese knappen Heranführungs- bzw Übertragungswege bereits eine bundesweite Reichweite erzielen können, liegt daher eine unzulässige Vertiefung der Chancenungleichheit gegenüber den Konkurrenten, welche — ohne die obigen Übertragungsmöglichkeiten — in erheblich größerem Maße um ihre potentielle Reichweite ringen müssen.

Aus dem Rundfunkstaatsvertrag lassen sich keine Rangfolgepräferenz begründen.

7. Ausgestaltung der Rangfolge mit Hilfe einer Kontingentierung nach Satellitentypen

Im 2. Kapitel wurde ausgeführt, daß sich eine Differenzierung der Programme nach der Ortsüblich- oder -möglichkeit des Empfanges nicht mehr

[658] Für ausländische Programme gilt zusätzlich noch das Erfordernis, den Bestimmungen des Staatsvertrages zu entsprechen, sowie das Postulat eines Gegendarstellungs- oder einem ähnlichen Recht.

[659] Vgl. dazu 2. Kapitel B III 4 a) aa).

aufrechterhalten läßt. Auch die Unterscheidung nach Heranführungserfordernissen muß wegen des mittlerweile fast unproblematischen Einzelempfangs der Signale eines Fernmeldesatelliten im wesentlichen entfallen. Einzige Ausnahme, deren Normierung wegen ihrer Irrelevanz unterbleiben kann: die *ausschließlich* (also auch nicht anfangs über Satelliten gesendeten) über Kabelstrecken und Richtfunk herangeführten Programme.

Theoretisch denkbar wäre jedoch eine Kontingentierung, d.h. die Zuweisung einzelner Kanäle für bestimmte Satellitentypen, etwa nach dem Muster drei für den TV-SAT, drei für ASTRA, drei für den ECS usw.. Vorstellbar ist auch, Programme der Fernmeldesatelliten (bzw. der ihnen fernmelderechtlich gleichgestellten Medium-Power-Satelliten) zu bevorzugen, da ihre Empfangsreichweite infolge des gesteigerten Kostenaufwandes für die Antennenanlage nicht mit derjenigen von Rundfunksatelliten gleichkommen wird.

Eine Stärke der Kontingentierung liegt augenscheinlich in der gesteigerten Flexibilität, auf neue technologische Entwicklungen reagieren zu können. So könnte neuen Übertragungsformen mit Hilfe einer Kanalreservierung zum Durchbruch verholfen werden (Praktikabilitätsargument), welcher bei anderen Rangfolgevorgaben erhebliche Schwierigkeiten aufwirft.[660]

Bei näherer Betrachtung erscheint dieser Lösungsvorschlag jedoch kaum sinnvoll:

Zum einen beweist die rasante Entwicklung der Satellitentechnik und -infrastruktur, daß langfristig fixierbare Maßstäbe zur Differenzierung nach Satellitentypen im Blick auf die Empfangbarkeit kaum möglich sind. Die Flexibilität, Anbietern neue oder andere Satellitentypen zur Ausstrahlung zur Verfügung zu stellen, würde ohne Änderung der Kontingentierung hinfällig. Andererseits würde das Rangfolgeproblem nur auf eine andere Ebene verschoben. Die Entscheidung, warum und wieviele Kanäle für einen Satelliten bereitgehalten werden, bedürfte selbst wiederum hinreichend bestimmter, bislang kaum sichtbarer Kriterien. Ferner stünde nach der Kontingentierung die weitere Auswahl der einzuspeisenden Programme der Anbieter an, welche einen Satellitenkanalplatz besetzt halten. Stellte man z.B. ASTRA drei Kabelkanäle zur Verfügung, müßte daraufhin die Frage beantwortet werden, welches seiner 16 Satellitenprogramme in das Netz übernommen werden soll. Erneut entstünde das Problem einer Rangfolge, nur in diesem Fall innerhalb eines Kontingents. Die Kontigentierung erweist sich daher als nicht geeignet, effektiv Rangfolgefragen zu lösen. Darüberhinaus wäre eine wiederholte Benachteiligung bei der Einspeisung derjenigen Ver-

---

[660] Siehe inbesondere die Probleme, die hierbei im Zusammenhang mit einer (noch zu erörternden) Akzeptanzentscheidung durch die Teilnehmer auftauchen, wenn nämlich nur wenige Zuschauer neue moderne Geräte zum Empfang der Signale in D2-MAC oder HDTV- Norm besitzen, dazu unten VI 4 b).

anstalter, die lediglich einen Platz auf einem vermindert einzelempfangbaren Fernmeldesatelliten erhalten haben, zu befürchten.[661]

Eine Differenzierung über eine Kontingentierung bietet sich daher nicht an.

8. Nachrangigkeit eines Programmes, das mit einem bereits eingespeisten im wesentlichen identisch ist

Ließen sich bislang kaum (außer unter 1 und 2) positive Rangfolgekriterien für ein Rangfolgemodell ausfindig machen, so ist das folgende, negative für die Rundfunkordnung unerläßlich. Es handelt sich dabei um ein Verbot der Mehrfacheinspeisung oder (im Ausnahmefall der) Mehrfachempfangbarkeit im Falle knapper Übertragungsressourcen. Bestehen zwei Programme im wesentlichen aus identischen Inhalten, so wäre es dem Aspekt der effektiven Vielfalt und der Chancengleichheit abträglich, beiden die Einspeisung im Falle eines Kapazitätsengpasses zulasten anderer Anbieter zu ermöglichen. Derartige Konstellationen tauchen heute bereits auf, wenn ein Veranstalter ein nationales Programm über Satellit anbietet, dieses jedoch zugleich landesweit terrestrisch ausgestrahlt und mit (regionalen, lokalen) Fensterprogrammen modifiziert wird. In solchen Fällen gilt es, zwei Fragen zu beantworten:

a) Wann kann davon ausgegangen werden, daß sich die Programminhalte im wesentlichen entsprechen?

Die Antwort auf diese Frage läßt sich kaum exakt bestimmen. Sie setzt vielmehr eine Ermessensausübung voraus. M.E. dürfte die Grenze derselben bei etwa 50-60 % iger Teilidentität der Programme liegen. D.h. Programme, welche eine diesen Prozentsatz übersteigende Übereinstimmung aufweisen, können nur einmal bei der Einspeisung berücksichtigt werden. Es sei angemerkt, daß bislang in derartigen Sachverhalten die Kongruenz der Programmteile jeweils weit über der 60 % Marke liegen.

b) Daraufhin muß festgestellt werden, welches der beiden Programme in das Kabelnetz einzuspeisen ist. Eine Auffassung befürwortet die Übernahme des regionalen bzw. lokalen Programmes mit dem Argument, daß andernfalls der im terrestrisch ausgestrahlten Fensterprogramm vertretene Anbieter in unmittelbare Konkurrenz mit dem nationalen Vollprogramm geriete.[662] Dagegen spricht jedoch zweierlei:

---

[661] Zu den Gefahren bei einer vorherrschenden Stellung weniger Anbieter auf dem Rundfunksatellitenmarkt siehe Bullinger in AfP 195 S. 3 .

[662] Vgl. Kreile in Hartstein/Ring/Kreile Kommentar zum Rundfunkstaatsvertrag zu Art. 11 Rdnr. 21, abgedr. bei Ring sub C 0.

Zum einen darf der Schutz eines regionalen oder lokalen Anbieters, wobei schon die Grundlage eines solchen Konkurrentenanspruches auf Fernhaltung des nationalen Programmes nicht ersichtlich ist, nicht dazu führen, insgesamt das Programmangebot zu verkürzen. Der Vielfaltsgedanke muß eher dazu führen, daß sowohl das nationale als auch das regionale Programm empfangbar bleiben. Dies kann nur dann gewährleistet werden, wenn das nationale Programm über Kabel, sowie das terristrische über die herkömmliche Antenne empfangbar bleibt. Andernfalls könnte ein Kabelteilnehmer das regionale bzw. lokale Programm zweifach empfangen, das nationale hingegen überhaupt nicht.

Zweitens sind auch die Umstände und Probleme auf seiten des nationalen Vollprogrammanbieters zu bedenken, die eintreten, wenn dieser in vielen Bundesländern ein Fensterprogramm zu integrieren hat. Letztlich wäre er im Kabelnetz mit seinem nationalen Programm kaum mehr vertreten und damit zu seiner Produktion nicht mehr bereit oder imstande. Eine Ausweichmöglichkeit böte, wovon obige Meinung allerdings ausgeht, günstigstenfalls die Belegung eines Kanals auf einem direktstrahlenden Rundfunksatelliten, über den das Vollprogramm unverändert gesendet werden könnte. Dabei werden jedoch nicht die Fälle berücksichtigt, in denen der Veranstalter lediglich einen Fernmeldesatellitenkanal zur Verfügung hat.[663] Zudem bliebe in beiden Alternativen die Verbreitung über das Kabelnetz für die Veranstalter nur noch vermindert attraktiv.

Eine andere Sachlage ergäbe sich nur, wenn — was bislang noch nicht vorgekommen und nicht anzunehmen ist[664] — das Fensterprogramm nicht terrestrisch ausgestrahlt werden könnte, also auch über das Kabel einzuspeisen wäre. Allenfalls dann könnte daran gedacht werden, das Fensterprogramm vorrangig einzuspeisen. In der Regel wird dann die gebietsbezogene Vielfalt die Grundlage für die Einbeziehungsverpflichtung des regionalen oder lokalen Fensterprogrammes bilden (vgl. dazu den Aspekt des Vorranges von [hier teilweise] originär veranstalteten Programmen).

Von im wesentlichen identischen Programmen, ist daher bei einem Kapazitätsengpaß allein das nationale Programm einzuspeisen. Die Fensterprogramme bleiben außerhalb des Kabelnetzes weiterhin terrestrisch empfangbar.

Eine andere Beurteilung dieser Frage wird in der Phase der Einführung der neuen Übertragungstechniken (HDTV; D2-MAC) erforderlich. Für deren Durchsetzbarkeit muß einzelnen Veranstaltern, die sich für diese Übertra-

---

[663] Dies kann nach der hier vertretenen Auffassung allerdings keinen qualitativen, sondern nur einen faktischen (im Blick auf die erhöhten Probleme des Empfanges von Fernmeldesatellitenprogrammen) Unterschied machen.

[664] Denn dann müßten im Kabel Sendezeiten aufgeteilt werden. Vgl. zur faktischen Unrealisierbarkeit einer Aufteilung von Sendezeiten für einzelne Kanalplätze oben D II 7.

gungsmittel entschließen, übergangsweise eine zweifache Einspeisung ermöglicht werden. Sonst müßten diese erhebliche Einbußen in den Einschaltquoten hinnehmen, was über das damit verbundene finanziell nicht tragbare Risiko letztlich zur Nichtnutzbarkeit der modernen Techniken führte. Diese Mehrfacheinspeisung unterliegt auch insofern nur geringen Bedenken, als die neuen Technologien nur mit einer Erweiterung des Kapazitätsangebots (nämlich im 300-450 MHz.-Bereich) einhergehen werden. Darüber hinaus werden diese neu verfügbaren Kanalplätze voraussichtlich lediglich für diese Techniken nutzbar gemacht werden.

9. Sinnvolle Kanalzuweisungen

Eine weitere Milderung der mit einem Kapazitätsengpaß auftretenden Probleme kann über die sinnvolle Zuteilung der Frequenzen bewirkt werden. Exemplarisch soll hierfür die Vergabe der beschränkt richtfunkfähigen Kanäle angeführt werden. Unsinnig wäre es, diese den überregionalen Anbietern zur Verfügung zu stellen, wenn lokale Veranstalter über diese Kanäle unproblematisch ihr jeweiliges Verbreitungsgebiet insgesamt versorgen könnten. Hierbei und in weiteren ähnlichen Fällen, sind also bei der Rangfolgeentscheidung die technischen Aspekte mitzuberücksichtigen, was am ehesten über die Abstimmung mit den Kabelanlagenbetreibern (in der Regel die Deutsche Bundespost) erreicht werden kann.

V. Ergebnis und Folgerungen

Aus den bisher untersuchten Rangfolgekriterien läßt sich verfassungsrechtlich lediglich ein Vorrang der öffentlich-rechtlichen Programme und der zur originären Veranstaltung zugelassenen Programme, sowie ein negativer Ausschluß der im wesentlichen identischen Programme entnehmen. Alle übrigen Kriterien sind unter dem Aspekt der Art. 5 Abs. 1 Satz 1 und 2 GG, Art. 12 GG und Art. 59 ff. EWGV als unzulässig zurückzuweisen, teilweise zusätzlich als unpraktikabel.

Mit den gewonnenen Rangfolgepräferenzen können voraussichtlich lediglich die Ränge 1 — ca. 6 besetzt werden (drei öffentlich-rechtliche, sowie etwa drei zusätzliche erstmalig im jeweiligen Bundesland zugelassenen Programmangebote, im Einzelfall mit Abweichungen in dieser Zahl [wohl eher nach unten]).

Die weiteren Überlegungen müssen sich daher einerseits auf die Effektuierung von Vielfalt (als einem Zielwert) und auf die Berücksichtigung der

Bürgerwünsche wegen der Informations- und damit Beschaffungsfreiheit konzentrieren.[665] Soweit Informationsfreiheit und Meinungsfreiheit kollididieren muß ein Ausgleich[666] geschaffen werden. Die Grundrechte müssen im Wege praktischer Konkordanz „einander so zugeordnet werden, daß jedes von ihnen Wirklichkeit gewinnt."[667] Anzustreben ist ihre Optimierung im Wege „des nach beiden Seiten hin schonendsten Ausgleichs."[668] Beiden Grundrechten muß nach dem Grundsatz der Verhältnismäßigkeit[669] in geeigneter, erforderlicher und i.e.S. verhältnismäßiger Weise Rechnung getragen, also ein Versuch weitestgehender Harmonisierung unternommen werden.

In die weiteren Überlegung muß der Gesichtspunkt miteingestellt werden, daß bereits an vier verschiedenen Punkten der Schutz der effektiven Vielfalt berücksichtigt wird. Zum einen bei dem Vorrang der öffentlich-rechtlichen und der zur originären Veranstaltung zugelassenen Programme, zum anderen bei den Kontrollmöglichkeiten der Landesmedienanstalten in Bezug auf die Einhaltung der Mindestmaßgebote und hinsichtlich der rechtlichen Maßgabe, daß ein einzelnes Programm das Gleichgewicht der Meinungen tendenziell nicht übermäßig beeinträchtigen darf.

Hiernach kann nun auch einem Rezipienteneinfluß — in welcher Form auch immer — Raum gegeben werden. Dies umso eher, wenn über weitere Maßnahmen zusätzlich ein gleichmäßiges Zu-Wort-Kommen gewährleistet werden könnte. Darüber hinaus muß den neuen Technologien eine angemessene Startchance eingeräumt werden, um ihre Akzeptanz durch die Teilnehmer, welche in der Innovationsphase erwartungsgemäß oftmals nur gering ist bzw. aus Kostengründen nur gering sein kann, prüfen zu können und damit ihre Durchsetzung wenigstens zu ermöglichen.

Im folgenden soll daher ein Rangfolgemodell vorgeschlagen werden, daß diesen Erwägungen im großem Umfang gerecht zu werden vermag.

---

[665] Zu verkürzend daher Bullinger AöR 108 S. 191: „Verfassungsrechtlich relevant sind allein zwei Wünsche: der Verbreitungswunsch eines Meinungsträgers ... und der Empfangswunsch des Bürgers, der damit seine Informationsfreiheit betätigt." Die objektivrechtliche Komponente (Gewährleistung effektiver Vielfalt) wird dabei übersehen.

[666] BVerfGE 57, 295 [321].

[667] Konrad Hesse, Grundzüge der Verfassung RdNr. 72. Für eine Anwendung dieses Prinzips im Bereich des Rundfunks auch H.H. Klein, Rundfunkfreiheit S. 35; ähnlich Fuhr in ZUM 1987 S. 147.

[668] Lerche, Übermaß und Verfassungsrecht S. 125 ff.

[669] Das Prinzip der praktischen Konkordanz ist „eine Weiterentwicklung des rechtsstaatlichen Grundsatzes der Verhältnismäßigkeit." Stein, Staatsrecht S. 269. Vgl. auch Hesse a.a.O. Rdnr. 318.

VI. Der eigene Vorschlag

1. Der Modellrahmen

Auszugehen ist dabei von der Zahl verfügbarer Kanalplätze, die nach dem Vorrang der öffentlich-rechtlichen und zur originären Veranstaltung zugelassenen Programme übrig bleibt. Um das Modell zu verdeutlichen, sollen hier die gegenwärtigen Zahlen angenommen werden. Bei einer Zahl von 24 verfügbaren Kanälen könnten also etwa 18 weitere verteilt werden. Die Vergabe dieser 18 Kanäle sollte wie folgt aussehen:

a) Neun Kanäle, d.h. 50 % müßten nach der Präferenz der Teilnehmer belegt werden (über die Modalitäten ihrer Ermittlung siehe sogleich unten). Die Vergabe kann an Anbieter von TV-Programmen ebenso wie an Anbieter neuer „rundfunkähnlicher“ Kommunikationsdienste erfolgen. Es muß an dieser Stelle nochmals daraufhingewiesen werden, daß durch die Rangfolgeentscheidung die Ausgewogenheit des Gesamtangebotes nur begrenzt beeinträchtigt werden kann. Denn Tendenzprogramme, welche in erheblichen Ausmaß die Meinungsfreiheit beeinträchtigen, werden bereits nicht zur Verbreitung zugelassen bzw. deren Genehmigung widerrufen[670]. Zudem gilt für alle Programme, also auch für diese, der inhaltliche Mindeststandard. Zusätzlich könnten Obergrenzen für die Berücksichtigung der Angebote einzelner Veranstalter eingeführt werden. So könnten Bestimmungen vorgesehen, daß einem Anbieter, der bereits mit einem Programm im Kanalraster vertreten ist, die Einspeisung eines weiteren nur nachrangig zu gestatten ist.[671]

b) Die Vergabe der restlichen Kanalplätze bestimmt die Landesmedienanstalt nach folgendem Modus:

aa) Bis zu 25 %, d.h insgesamt ein Viertel der Kanäle (im Beispiel vier Frequenzen) müßte die Landesmedienanstalt für die neuen, d.h. die Verbreitung beantragenden Anbieter freihalten (gemeint sind nicht die erstmals in dem betreffenden Land zur Veranstaltung zugelassenen Programme des zweiten Ranges).

bb) Die Verteilung der restlichen 25 %[672], obliegt der Landesmedienanstalt. Diese kann, sofern ihr die Verwirklichung der effektiven Vielfalt durch

---

[670] Dies gilt insbesondere für die bundesweit zu verbreitenden Programme nach den Artt. 8 und 9 des Rundfunkstaatsvertrages.

[671] Sinnvollerweise sollten die Beschränkungen die Höhe der Beteiligung berücksichtigen; z.B. derart, daß bei einem Gesellschaftsanteil von über 25 % nur ein Programm dieses Anbieters Rangfolgevorteile genießen kann, bei einem kleineren eventuell dagegen zwei. Solange keine Engpaßprobleme bestehen, muß jedoch jedes seiner Programme eingespeist werden, solange die Tendenz des Gesamtprogramms dadurch nicht erheblich beeinträchtigt wird.

[672] Bzw. die darüberhinausgehende Zahl für den Fall, daß das Kontingent nach aa) nicht erschöpft wird.

die bisher vorhandenen 15 Programme (das sind die sechs Vorrang- plus die neun präferierten Programme) noch optimierbar erscheint, ausgleichenden Einfluß nehmen und kulturell hochwertigen bzw. Minderheitenprogrammen den Zutritt eröffnen. Darüber hinaus bietet sich auch diesen Programmen die Chance, bereits über die Teilnehmerentscheidung berücksichtigt zu werden. Ferner kann dieses Kontingent der Landesmedienanstalt dazu dienen, bei der Präferenzentscheidung eintretende Härtefälle zu mildern (etwa bei nur geringfügigen Akzeptanzdifferenzen zwischen einem gerade noch in die Gruppe a) fallenden Programm und einem, dem dieses Privileg wegen eines fehlenden minimalen Prozentsatzes nicht zuteil wird). Auf diese Möglichkeit ist vor allem wegen der bei den größer werdenden Ungenauigkeiten im Bereich nur geringfügiger Zuschauerzahlen, welche sich nur in wenigen Prozenten, eventuell sogar nur in Promille ausdrücken lassen, hinzuweisen.

2. Modellvorteile

Dem denkbaren Einwand, letztlich würden mit diesem Modell alle Nachteile summiert — nämlich einerseits die Bevorzugung massenattraktiver Programme nach der Einschaltquotenberechnung, andererseits die Frequenzbelegung durch die einiger Kritik ausgesetzten binnenpluralistischen Landesmedienanstalten — muß entgegnet werden, daß wohl jeder andere, im Grundsatz abweichende Weg[673] notwendigerweise zur Realisierung nur eines der Grundrechte auf Kosten des anderen führen muß. Dies verstieße jedoch gegen das Prinzip praktischer Konkordanz.[674]

Indem hier ein Schwerpunkt bei der Einspeisungsrangfolge auf die Publikumsakzeptanz gelegt wird, gelangen die Forderungen nach der Verhinderung fremd-bestimmter bzw. staatlichem Einfluß unterworfener Programmselektion zu einer ihrem Gewicht angemessenen Realisierung[675]. Darüber hinaus entspricht sie den oben beschriebenen, aus Gründen der Meinungsäußerungs-, Informations- und Berufsfreiheit (in letzterem Punkt begrenzt) zuzulassenden wettbewerblichen Elementen von Angebot und Nachfrage. Die besondere Flexibilität des Modells liegt darin, daß die erstmalig verbrei-

---

[673] Insoweit käme entweder nur die alleinige Entscheidungsbefugnis zugunsten der Landesmedienanstalten oder ein völliges Abstellen auf die Akzeptanz in Frage. Nicht behauptet werden soll hier, die gesetzgeberische Entscheidung müsse zwingend dem hier vorgeschlagenen Verteilungsschlüssel folgen. Ein gewisser Spielraum ist selbstverständlich zuzubilligen.

[674] Nicht möglich wäre es wegen ihrer Gleichwertigkeit im Meinungsbildungsprozess (vgl. Degenhart Bonner Kommentar Art. 5 GG Rdnr. 13), entweder dem Grundrecht der Informationsfreiheit oder der Meinungsfreiheit einen Vorrang zuzumessen mit dem Argument, das eine sei gegenüber dem anderen ein höheres Gemeinschaftsgut. Mit generellen Bedenken gegenüber einer abgestuften Wertigkeit Hesse a.a.O. Rdnr. 72 Fn. 31.

[675] Vgl. ebenso Ricker AfP 1986 S. 193.

teten Programme (bb) ohne weiteres in die Gruppe der Präferenzprogramme mit der nächsten Ermittlung der Bürgerwünsche aufrücken können. Um einerseits den neuen Programmen eine reelle Chance zur Durchsetzung im Publikumsinteresse zu gewähren und andererseits ihnen, sowie den Präferenzprogrammen und den durch die Landesmedienanstalt zugelassenen Programmen einen zumindest zeitlich begrenzten Bestandsschutz[676] zu sichern, muß die Überprüfung der Rangfolge periodisiert werden.

Der Maßstab für eine Periodisierung hat den Aspekt der Möglichkeit der Amortisation der Unternehmerkosten (welche bei der Verbeitung wegen der Verbreitung auch in anderen Kabelnetzen im Regelfall nicht allzulange zu bemessen ist), sowie eine im Interesse der einspeisungswilligen Neuanbieter liegende schnelle Zutrittsmöglichkeit zu beachten.[677] Der Gesetzgeber müßte daher die Option für eine Reorganisation der Rangfolge nach etwa 5 Jahren eröffnen.[678] Für diesen Zeitraum ist eine Genehmigung zu erteilen. Nach diesem Konzept unterliegen daher alle Programme einer Genehmigungspflicht (mit Ausnahme der öffentlich-rechtlichen, weil diese aus Gründen der Grundversorgung eingespeist werden müssen), da die Rangfolge zeitlich nicht unbegrenzt gelten kann. Die Genehmigung kann jedoch bereits vorher entzogen werden, sofern bei der inhaltlichen Kontrolle (nach den im 2. Kapitel am Ende beschriebenen Grundsätzen) Verstöße festgestellt werden.

Schließlich dürfte — ein weiterer Vorteil — die weitgehende Rangfolgefixierung (mit Ausnahme der unter soeben 1 b) vorgeschlagenen Verteilung) dazu beitragen, die Landesmedienanstalten von der Entscheidungsfülle zu entlasten.

3. Aspekte bei der Durchführung des Modells

Ist somit der äußere Rahmen für ein Rangfolgemodell gegeben, bedarf es nun, um dessen Praktikabilität unter Beweis zu stellen, auch eines Vorschlags für dessen Verwirklichung. Gerade gegenüber einer Berücksichtigung der Teilnehmerpräferenzen bei 50 % der Kanäle[679] (= ca. 18 Angebote)

---

[676] Nicht nur unzweckmäßig und für Unternehmer unerträglich, sondern auch unverhältnismäßig wäre es, würde man einem mit den Innovations- und Investitionsproblemen belasteten Anbieter oder einem bislang etablierten Veranstalter plötzlich bzw. kurzfristig ohne Übergangszeit die Einspeisungsgenehmigung entziehen. Hierin läge ein Verstoß gegen Art. 12 GG. Hingegen ist ein genereller Bestandsschutz abzulehnen, vgl. Hoffmann-Riem AöR 109 S. 314. Für eine kräftige Akzentuierung der Korrekturmöglichkeiten auch Lerche 56. DJT Bericht O 52.

[677] Für möglichst kurzfristige Verbreitungsgenehmigungen Jarass, Gutachten G 99.

[678] Vgl. dazu auch BVerfGE 73, 118 [192], in der von einer Kostenamortisation innerhalb von 10 Jahren bei der originären Veranstaltung ausgegangen wird.

[679] Die Akzeptanz spielt für die Programme unter der Kategorie a) und b) eine Rolle. Es sei nochmals betont, daß die von der Landesmedienanstalt vergebenen Kanäle (Kate-

erstreckt, wird häufig der Einwand der mangelnden Durchführbarkeit erhoben.[680]

Die Bürgerwünsche können auf drei verschiedenen Wegen ermittelt werden:

a) Es könnte eine Befragung aller Teilnehmer stattfinden. Eine solche direkte Wahl hätte die größtmögliche Richtigkeitsgewähr für sich. Jedoch würde eine derartige Erhebung den Nachteil, infolge eines erheblichen bürokratischen Aufwandes enorme Kosten verursachen. Ferner ist der Erwartung einer regen Teilnahme an den Wahlen große Skepsis entgegenzubringen. Insbesondere bei 18 zur Disposition stehenden Programmen tritt das Problem mangelnder Transparenz auf. Der einzelne Bürger wird sich häufig über einige Programme nur ein schwaches oder gar kein Bild gemacht haben.

b) Zur Kostenminderung trüge eine in repräsentativen Teilnehmerhaushalten durchgeführte Befragung bei. Die Problematik mangelnder Transparenz bestünde jedoch fort.

c) Als einzig realistischer Weg kommt daher — wie heute schon vorhanden und praktiziert — die Ermittlung der Bürgerwünsche über die Einschaltquoten in repräsentativ ausgewählten Teilnehmerhaushalten in Betracht. Auch diese wäre nur wenig sinnvoll und sehr teuer, gäbe es einen Zwang, die Akzeptanz im Bereich einer jeden Kabelanlage zu untersuchen. Dem kann jedoch entgegengehalten werden, daß dem lokalen bzw. regionalen Kolorit über den Vorrang der dort erstmalig zugelassenen Veranstalter Beachtung geschenkt wird, eine Untersuchung ihrer Akzeptanz mithin nicht erforderlich ist. Für die Ermittlung der Zuschauerzahlen wäre vorstellbar, daß die Landesmedienanstalten (eventuell gemeinsam) die GfK in Nürnberg oder ähnliche mit der Fernsehforschung befaßte Unternehmen beauftragen, deren Ergebnisse und Methoden sich als hinreichend exakt darstellen[681] (die GfK vermittelt über die etwa angeschlossenen 2800 Teilnehmerhaushalte Meßdaten bis in den Promillebereich hinein).

Verbleibende geringe Ungenauigkeiten lassen sich insofern rechtfertigen, als die Berücksichtigung der Teilnehmerwünsche wie auch die effektive Vielfalt stets nur ein Ziel sein, also nie 100 %ig erreicht werden kann. Das Zugeständnis gewisser Toleranzmargen liegt in der Natur der Sache. Darüber hinaus haben es — wie gesagt — die Landesmedienanstalten in der

gorie b)) lediglich in die Präferenzgruppe aufrücken können, aber auch ohnedies verbreitet werden dürfen.

680 Vgl. Stender-Vorwachs, Gruppenferne S. 206; Jutzi AfP 1985 S. 247; mit leisen Zweifeln auch Schmitt Glaeser in ZUM 1985 S. 174.

681 Zur Zuschauerforschung Buß-Darkow, Media-Perspektiven 1984 S. 85 ff. (mit kurzem historischen Abriß, sowie einer Darstellung des Panelverfahrens); Darschin-Frank, Media-Perspektiven 1986 S. 209 ff.

Hand, Grenz- bzw. Härtefälle über das von ihnen zu bestimmende Kontingent auszugleichen.

4. Weitere beachtenswerte Aspekte

a) Berücksichtigung der positiven Selektionseffekte

Die Rangfolge gibt nicht nur den Ausschlag für die negative Auslese der Programme, sondern führt — wie im ersten Kapitel bereits dargelegt — in gewissem Umfang über die Zuteilung der einzelnen Frequenzen mit unterschiedlichen Reichweiten auch zu einer positiven Selektion. Die Schwierigkeiten mit der unterschiedlichen Empfangstauglichkeit werden zum einen über Absprachen mit der Bundespost teilweise beseitigt[682], zum anderen durch die Annahme, daß bald alle Kabelteilnehmer zumindest für den Bereich bis 300 Mhz. insoweit sonderkanaltaugliche Geräte besitzen werden. Alle bisherigen Erfahrungen bestätigen diese Vermutung.[683]

Im Blick auf die dann noch bestehenden Schwierigkeiten, die faktisch nur Abweichungen in der Empfangsmöglichkeit von wenigen Prozenten ausmachen, kann die analoge Übernahme der obigen Lösung vorgeschlagen werden.[684] Die Belegung eines schlechter empfangbaren Ranges bedeutet schließlich nicht, daß das Programm überhaupt nicht mehr gesehen werden kann. Denn es liegt oftmals in der Hand des einzelnen Teilnehmers, über geeignete Empfangsgeräte sein Programmangebot zu erweitern. Dennoch ist die Maßgabe zu beachten, daß die geringfügige Benachteiligung in der Rezeptionsmöglichkeit bei der Präferenzentscheidung durch einen proportionalen Aufschlag bei der Bewertung des Ranges zu beachten ist. Die Gleichung sähe dementsprechend so aus: Prozentuale tatsächliche Einschaltquote + prozentuale Benachteiligung in Prozent der tatsächlichen Einschaltquote. Ein Beispiel: Erreichte ein Programm etwa 10 % der Teilnehmerhaushalte und wäre es wegen des „schlechten“ Kanals um etwa 10 % reichweitenbenachteiligt, so wären insgesamt 11 % Präferenz anzusetzen (10 % + 10 % von 10 % = 11 %). Ein Aufschlag sollte aus Praktikabilitätserwägungen nur dann in Betracht kommen, sofern die Empfangsmöglichkeiten deutlich feststellbar von einander abweichen (ab etwa 10 %).

---

682 Für eine Absprache mit der Bundespost hinsichtlich technischer Aspekte auch Bullinger AfP 1982 S. 73.

683 So auch Meyer-Hesemann ZUM 1987 S. 416.

684 Vgl. mit derselben Überlegung zu den bisherigen Rangfolgemodellen Jarass in ZUM 1986 S. 314.

b) Mehrfacheinspeisung im Falle technischer Innovationen

Wie oben bereits erwähnt, müssen zukünftig in der Einführungsphase neuer Übertragungstechniken Mehrfachbelegungen ermöglicht werden. Die Brisanz der notwendigen Entscheidung darüber, wem dieses Privileg zuteil werden soll, wird durch das faktische Moment gemildert, daß nur wenige Veranstalter anfangs in der Lage sein werden, die damit verbundene Verdoppelung der Satellitenmieten finanzieren zu können. Falls sich wider Erwarten Kapazitätsengpässe im Bereich von 300-450 MHz. bereits in der Innovationsphase einstellen, muß eine sinngemäße Anwendung des hier vorgeschlagenen Rangfolgemodells erfolgen. In dem Zeitpunkt, in denen die Einschaltquoten bei den neuen Techniken im wesentlichen denen entsprechen, die über die herkömmlichen Übertragungswege erreicht werden, wird sich die Gesamtzahl der Kanäle, über deren Belegung insgesamt zu entscheiden ist, auf bis zu 35 erhöht haben. Falls mehr Anbieter ihre Sendungen über die Satelliten der modernen Technologien ausstrahlen als in dem dafür vorgesehenen Bereich an Kanälen verfügbar sind (=11 Kanäle im Bereich von 300-400 Mhz.), sind wiederum für den Bereich der besseren ("moderneren") Frequenzen die obigen Rangfolgegrundsätze zu beachten.[685]

c) Sonderfall Bayern?

Fraglich ist, ob in Bayern der Art. 111 a Abs. 1 BV das obige Rangfolgemodell nicht als landesverfassungswidrig ausscheiden läßt. Die Kritik könnte lauten, die öffentliche Verantwortung der Landesmedienzentrale sei bei einer Rangfolge, welche teilweise die Bürgerwünsche mitbestimmten, nicht mehr gegeben.

Dem muß entgegengehalten werden, daß die Verantwortung für das dortige Rundfunksystem der Landesmedienzentrale vorbehalten bleibt. Es ist nicht nur ihre Aufgabe, Programmen, welche gegen die Genehmigungsgrundsätze verstoßen[686] die Zulassung zu versagen oder sie zu widerrufen. Der Landesmedienzentrale obliegt darüberhinaus, die gesetzliche Einhaltung der Rangfolge (insbesondere den Vorrang der ersten beiden Programmkategorien und eine genaue Ermittlung der Bürgerwünsche) sicherzustellen, sowie mit der Vergabe der restlichen 25 % der Kanäle etwaige Ungleichgewichtig-

---

[685] Also haben zunächst die öffentlich-rechtlichen (denen wie festgestellt der Zugang zu den neuen Übertragungswegen nicht versperrt sein darf) und die erstmalig zugelassenen Programme (den lediglich regionalen oder lokalen Anbieter liegt eine Nutzung der neuen Technologien wohl eher fern) einen Anspruch auf Zuteilung dieser Kanäle, dann die beliebtesten Programmen usw..

[686] D.i. neben der Beachtung der Menschenwürde, dem Jugendschutz etc., insbesondere das Verbot der Programme, die die Tendenz des Gesamtprogrammes erheblich beeinträchtigen.

keiten o.ä. zu beseitigen.[687] Es soll auch bemerkt werden, daß das ursprüngliche bayerische MEG (in der Fassung vom 22.11.1984) in Art. 36 eine Entscheidung durch die Teilnehmer vorsah, eine Regelung, welche damals auf keine Bedenken stieß. Die Änderung des Art. 36 MEG erfolgte lediglich aus Gründen der Flexibilität und Praktikabilität.[688] Art. 111 a Abs. 2 BV steht daher der vorgeschlagenen Rangfolgeordnung nicht entgegen.

E. Art und Umfang der Normierung

Am Schluß der Arbeit ist zu untersuchen, inwieweit die Rangfolgeregelung in einer Satzung einer Landesmedienanstalt festgeschrieben werden kann bzw. inwieweit sie gesetzlich zu normieren ist. In Art. 36 Bay. MEG beispielsweise ist die gesetzliche Ausgestaltung lediglich grob und demgemäß die Rangfolge nur sehr pauschal umrissen, die nähere Festlegung der Rangfolge hingegen der Landesmedienzentrale vorbehalten. Es muß jedoch folgendes gelten:

> "Die materiell-rechtlichen, organisatorischen und verfahrensrechtlichen Vorkehrungen für die Zulassung privaten Rundfunks sind wesentlich für die Verwirklichung der Grundrechte aus Art. 5 Abs. 1 GG und der dabei zusammentreffenden Informationsfreiheit einerseits, der Meinungsäußerungs- und -verbreitungsfreiheit andererseits".[689]

Es ist „Sache des Gesetzgebers solche Kollisionen zum Ausgleich zu bringen." Der resultierende „Vorbehalt des Gesetzes ist ein Parlamentsvorbehalt."[690] Das Bundesverfassungsgericht hat folglich das Auffinden sachgerechter Auswahlkriterien bei der Zulassung zur Veranstaltung eindeutig einem Parlamentsgesetz vorbehalten. Bei der Verbreitung, welche als „Rundfunk" die gleiche Grundrechtsrelevanz aufweist, kann nichts anderes gelten.[691] Das Parlament und nicht eine Landesmedienanstalt ist dazu aufgerufen, das Wesentliche der Rundfunkordnung zu regeln. Dies hat auch aus

---

[687] Dem Modell kann somit nicht angelastet werden, es höhle über die Informationsfreiheit die in der Rundfunkfreiheit wurzelnde Ausgestaltungsbefugnis und-pflicht des Gesetzgebers aus oder überantworte die Einspeisungsentscheidung dem beliebigen Willen der Teilnehmer, vgl. zur Unzulässigkeit solcher Vorgehensweise Jarass, Gutachten G 30.

[688] Vgl. dazu das Zitat unter B IX 2.

[689] Wieland Schmidt, Rundfunkvielfalt S. 27.

[690] BVerfGE 57, 295 [321].

[691] BVerfGE 57, 295 [326], sowie BVerfGE 73, 118, [198 f.]. Daß das Bundesverfassungsgericht in Bezug auf die Kontrolle im Gegensatz zu der originären Veranstaltung auf ein Genehmigungsverfahren verzichtet, steht der hier vertretenen Ansicht nicht entgegen (vgl. 2. Kapitel B IV zu den kontrollextensiven Veranstaltungen). Das geforderte „rechtsstaatliche Verfahren" umfaßt jedoch auch die Auswahlgrundsätze. Lediglich hierfür ist nach diesem Vorschlag wegen der Periodisierung eine befristete Genehmigung notwendig.

Gründen der Rechtssicherheit seine Richtigkeit. Denn der Vorgang einer Gesetzesänderung ist weitaus komplizierter und in einen öffentlichen Meinungsstreit eingebunden, während dies bei der Änderung von Satzungsnormen nicht der Fall ist.

Das aus Rechtsstaatsprinzip und Verhältnismäßigkeitsgrundsatz abgeleitete Bestimmtheitsgebot[692] gebietet, daß je nach Möglichkeit der Umschreibung eines Tatbestandes und nach Einschränkungsumfang eines Grundrechts[693] der Gesetzgeber zur präzisen Konkretisierung seiner Vorschriften verpflichtet ist. Vor allem im Bereich der für das Gemeinwesen eminent wichtigen Meinungsfreiheit müssen für die Teilnehmer und Veranstalter Art und Umfang einzelner Eingriffe[694] so exakt wie möglich gekennzeichnet werden und somit voraussehbar sein. Die einzelne Landesmedienanstalt darf daher keinesfalls über eine Satzungsänderung die Rundfunkordnung wesentlich beeinflussen, gestalten und eventuell in die Grundrechtsgewährleistungen des Art. 5 GG bzw. (im Blick auf den befristeten Bestandsschutz zugunsten der Rundfunkunternehmer) Art. 12 GG eingreifen können.

Vage, nur schwer konkretisierbare Formulierungen, wie sie etwa eine Festsetzung der Rangfolge nach „vielfältigen Meinungen und Informationswünschen" (Art. 36 Satz 3 Bay. MEG) zum Inhalt hat, geben Anlaß zu der Befürchtung, daß die einzelne Entscheidung eben doch „nach Gesichtspunkten politischer Zweckmäßigkeit getroffen werden kann."[695] Auch vermag der einzelne Rundfunkveranstalter kaum abzuschätzen, wann und warum gerade seine Sendungen nach Erschöpfung der Kanalkapazität nicht oder zukünftig nicht mehr eingespeist werden sollen. Jedenfalls kann ein angeblicher Mangel an Flexibilität per se mitnichten eine Verlagerung verfassungsrechtlich zugewiesener Kompetenzen begründen, solange der Nachweis der Unmöglichkeit, präzisere Kriterien gesetzlich einbetten zu können, nicht geführt wird.

Das Argument, es sei nicht abzusehen, welche Anbieter mit welchen Programmen aufträten und wie diese die Vielfalt zu verwirklichen imstande seien[696], darf nicht dazu führen, lediglich die allgemeine Leitlinie, nämlich die Orientierung an der Meinungsvielfalt allein und unpräzisiert als Maßstab zu setzen. Denn das Bundesverfassungsgericht hat den Gesetzgeber dazu aufgefordert, Grundzüge für eine grundgesetzkonforme Rundfunkordnung

---

[692] Vgl. BVerfGE 49, 168 [181 f.]; BVerfGE 59, 104 [114]; ferner zu seiner Geltung im Rundfunkrecht BVerfGE 73, 118 [163] (die Eingriffsvoraussetzungen müssen „deutlich" umschrieben sein, auch um etwaige „Unsicherheiten" bei den Veranstaltern zu vermeiden). Ferner Grawert in AfP 1986 S. 281.

[693] Vgl. BVerfGE 48, 210 [222].

[694] Bei den Teilnehmern ist die Informationsfreiheit betroffen, für die Veranstalter muß ein befristeter Bestandsschutz gewährleistet sein.

[695] Bullinger AfP 1982 S. 73.

[696] So Stender-Vorwachs, Gruppenferne S. 207.

herauszuarbeiten. Dies heißt mehr, als lediglich den Urteilstext zu übernehmen. In diesem können schließlich nur Fixpunkte, nicht jedoch die gesetzgeberischen Grundzüge selbst enthalten sein, weil dies einen unzulässigen Eingriff der Judikative in den legislativen Entscheidungsspielraum bedeutete. Wo präzise Rangfolgevorgaben aus verfassungsrechtlichen Überlegungen deutlich hervortreten, kann es mit der pauschalen Berufung auf die Meinungsvielfalt in der gesetzlichen Rangfolgeordnung und mit der Übertragung aller weiteren Kompetenzen auf die Landesmedienanstalten nicht mehr getan sein.

Somit sind zumindest die Eckpunkte der Rangfolgeordnung gesetzlich zu fixieren.[697] Dazu gehören der Vorzug der öffentlich-rechtlichen und der erstmalig zugelassenen Programme, aber auch die Grundzüge des Verteilungsschlüssels für die übrigen Programme sowie die Periodisierung des Genehmigungsverfahrens. Ferner muß der Ausschluß der im wesentlichen identischen Programme und die Berücksichtigung der nach Absprache mit den Kabelbetreibern (Deutsche Bundespost) ermittelten technischen Gegebenheiten gesetzlich normiert werden. Hingegen darf und sollte unter Praktikabilitätsgesichtspunkten die Ausweisung aller nutzbaren Frequenzen und deren Zuweisung zu den obigen Programmkategorien[698], sowie die willkürfreie Bestimmung des Akzeptanzermittlungsverfahrens den Satzungen der Landesmedienanstalten überlassen bleiben.

---

[697] Vgl. hierzu ähnlich, wenngleich in anderem Zusammenhang Badura, Rundfunkfreiheit und Finanzautonomie S. 47: „Ebensowenig [wie der Exekutive] darf die Gewährleistung der Rundfunkfreiheit einer Regelung durch Satzung der Veranstalter oder vertraglichen Regelungen anheimgegeben werden."

[698] Vgl. etwa hierzu beispielsweise die baden-württembergische NutzungsplanVO mit der Unterscheidung nach Nutzungsarten (§ 1) (Programmkategorien) und verfügbaren Kanälen (§ 2) und deren Zuweisung (§ 3). Darüber hinaus bietet sich die Berücksichtigung der Unterschiede bei Kabelnetzten mit geringerer Anzahl von Fernsehkanälen (§ 5) an.

4. Kapitel: Zusammenfassung

1. Die Kanalkapazitäten werden sich in der Zukunft als Folge der Entwicklung eines internationalen Rundfunkmarktes durch die Anbietervielzahl aller Wahrscheinlichkeit nach erschöpfen lassen. Daran wird zumindest auf absehbare Zeit die Erweiterung des Frequenzbandes auf 450 MHz. nichts ändern.

2. „Rundfunk" definiert sich zum einen in Abgrenzung zu den anderen Massenmedien durch seine Verbreitungsform, d.h. durch die Nutzung elektrischer Schwingungen ohne Verbindungsleitung oder längs oder mittels eines Leiters. Zum anderen wird er durch die Summe aller Veranstaltungen in Wort, Ton und Bild, die für die Allgemeinheit bestimmt sind, definiert. Er stelllt sich somit als eine Gesamtveranstaltung dar. Die gesetzgeberische Pflicht zur Gewährleistung der Rundfunkfreiheit bezieht sich auf diese Gesamtveranstaltung. Sie bezieht sich auch auf einen Teilbereich der Gesamtveranstaltung, nämlich den „Kabelfunk", da nach Übertragungstechniken zu differenzieren ist.

3. Die einzelne „Veranstaltung" ist das sendefertige Resultat einer Auswahl und Gestaltung sendefähiger, meinungsbildender Beiträge. Ihr wesentliches Merkmal ist daher die Selektion der für den Meinungsbildungsprozeß in Betracht kommenden Sendeinhalte. Sie vermag eine einzelne Sendung oder ein ganzes Programm zu umfassen. Entscheidend für ihr Vorliegen ist der Zeitpunkt, in dem ein Veranstalter die Verantwortung für die Veranstaltung durch die letztgültige Selektion übernimmt.

4. Da die Einspeisung in ein Kabelsystem immer eine positive Selektion (in Bezug auf die Reichweite) und eine negative Selektion (Auswahl und Ausscheiden von Veranstaltern) zum Inhalt hat, ist sie rechtlich kein sendetechnischer, sondern ein rundfunk-kulturellrechtlicher Vorgang. Mit jeder Einspeisungsentscheidung wird ein Stück des Gesamtveranstaltungsteilbereiches „Kabelfunk" geformt. Jede Entscheidung unterliegt folglich rundfunkrechtlicher Verantwortung.

5. Bereits aus diesem Grunde bietet sich die Klassifizierung der Programme nach Empfangbarkeitskriterien nicht mehr an. Darüber hinaus findet sie zudem keine Stütze in der Informationsfreiheit. Bis auf wenige Ausnahmen (nämlich den tatsächlich noch heranzuführenden Programmen) können die Signale von Fernmeldesatelliten individuell empfangen werden, sind also allgemein zugängliche Quellen. Die Informationsfreiheit duldet ferner keine

Abstufungen nach der Empfangsfeldstärke. Sie gilt für alle allgemeinzugänglichen Programme gleichermaßen. Erst in Fragen der Rangfolge kann das Gewicht der Informationsfreiheit beachtet (siehe 8.) werden.

6. Es gilt daher, von den Thesen — die Einspeisung von weiterverbreiteten Programmen sei ein rundfunkrechtlich-relevanter Vorgang, die Einspeisung der ortsüblichen Programme sei lediglich Empfangsverbesserung —, Abstand zu nehmen.

7. Die Veranstaltungen können jedoch hinsichtlich ihres individuellen Kontrollbedürfnisses nach kontrollextensiven, kontrollintensiven und originären Veranstaltungen abgegrenzt werden. Ferner muß eine universelle Kontrolle aller Veranstaltungen wegen des Gebotes der Gewährleistung von Pluralismus stattfinden. Dabei kann ein übermäßiger tendenzieller Einfluß eines Programmes auf die (Teil-)Gesamtveranstaltung zu dessen Ausschluß führen.

8. Mit der Aufgabe der Qualifizierung nach Empfangsmerkmalen bedarf es zugleich einer Suche nach neuen Rangfolgekriterien. Dabei sind vornehmlich das Gebot effektiver Vielfalt und die Informationsfreiheit im Wege praktischer Konkordanz in Ausgleich zu bringen. Für eine verstärkte Berücksichtigung der Teilnehmerwünsche spricht auch der Aspekt, daß es der Veranstalterseite zur Sicherung ihrer finanziellen Grundlagen nicht verwehrt sein kann (Grundsatz der Verfassungskonsequenz aus organisatorisch gesetzten Grundvorgaben), sich an der Nachfrage zu orientieren. Soweit effektive Vielfalt sichergestellt wird, ist ein untrennbar mit dem publizistischen verbundener ökonomischer Wettbewerb zulässig.

9. Aus der Analyse dieser Prämissen ergibt sich, daß den öffentlich-rechtlichen Anstalten unter dem Gesichtspunkt der Grundversorgung, nicht aber wegen des Gebührenprinzips oder der Bestands- und Entwicklungsgarantie ein Einspeisungsvorrang einzuräumen ist. Den erstmals in einem Bundesland zur originären Veranstaltung zugelassenen Programmen muß aus Gründen des Pluralismus der zweite Rang zugewiesen sein. Sodann muß bei der Rangfolge aber auf Zuschauerakzeptanzen eingegangen werden. Ihr völliges Übergehen hieße, daß der Landesgesetzgeber seinen (anzuerkennenden) Beurteilungsspielraum überschritte. Um Ungleichgewichtigkeiten in der (Teil-)Gesamtveranstaltung „Kabelfunk" zu vermeiden und um neuen Anbietern den Zutritt zum Kabelsystem zu ermöglichen, ist den Landesmedienanstalten ein Kanalkontingent zur Verteilung vorzubehalten. Die Neu-(Um-)verteilung bedarf einer Periodisierung (ca. 5 Jahre). Auf diese Zeit ist den Veranstaltern eine Einspeisungsgenehmigung zu erteilen. Die öffentlich-rechtlichen Anstalten bedürfen dieser jedoch nicht.

10. Die Gewährleistung der Rundfunkfreiheit ist Sache des Parlaments. Bei der Normierung der Einspeisung bedarf es daher einer echten Ausgestal-

tung. Mit der schlichten Wiederholung von Passagen aus den Urteilstexten des Bundesverfassungsgerichtes ist dies aber nicht getan. Wesentliche Elemente, wie der Verteilungsschlüssel, die Periodisierung u.a. können nicht den Satzungen der Landesmedienanstalten überlassen werden. Dies gebietet auch die Rechtssicherheit, da Rundfunkunternehmer ihr finanzielles Risiko abschätzen können sollen. In Satzungen sollten daher lediglich die Ausweisung der Kanäle und deren Zuweisung zu den Rangfolgestufen, sowie die Art des Akzeptanzermittlungsverfahren niedergelegt werden.

Literaturverzeichnis

Ahlers, Manfred: Bedürfnisse als Verhaltensdispostion im kommunikationswissenschaftlichen Nutzenansatz, Diss. München 1985.

Badura, Peter: Das Verwaltungsmonopol, Berlin 1963.

— Verfassungsrechtliche Bindung der Rundfunkgesetzgebung, Frankfurt 1980.

— Gleichgewichtige Vielfalt im dualen System des Rundfunks, JA 4/1984 S. 180 ff.

— Rundfunkfreiheit und Finanzautonomie, Frankfurt 1985.

Bauer/Detjen/Müller-Römer/Posewang: Die Neuen Medien, das aktuelle Praktikerhandbuch Ulm 1985

Berg, Klaus: Weichenstellung,. Das Niedersachsenurteil als Leitlinie der künftigen Rundfunkordnung. Media Perspektiven 1986 S. 690.

— Grundversorgung, AfP 1987 S. 457 ff.

Bethge, Herbert: Die verfassungsrechtliche Problematik der Zulassung von Veranstaltern des Privatrechts. München 1981.

— Freiheit und Gebundenheit der Massenmedien, DVBl. 1983 S. 3669 ff.

— Verfassungsrechtsprobleme der Privatfunkgesetzgebung. JZ 1985 S. 309 ff.

— Die rechtliche Ordnung des Rundfunksystems. DVBl. 1986 S. 866 ff.

Binz/Strick: Weltweite Verwaltungskonferenz für die Planung des Rundfunkdienstes über Satelliten, in Archiv für das Post- und Fernmeldewesen 1977 Nr. 6.

Bohlscheid, Manfred: Kanalbelegung in Breitbandverteilnetzen, Zeitschriften für das Post- und Fernmeldewesen 6/87.

Böckenförde/Wieland: Die „Rundfunkfreiheit" — ein Grundrecht?, AfP 1982 S. 77 ff.

Börner, Bodo: Organisation, Programm und Finanzierung der Rundfunkanstalten im Lichte der Verfassung, Berlin 1984.

— Kompetenz der EG zur Regelung einer Rundfunkordnung, ZUM 1985 S. 577 ff.

Bredow, Hans: Vier Jahre Deutscher Rundfunk, Berlin 1927.

Breitkopf/Schiwy/Schneider: Satellitenfernsehen und Satellitenhörfunk, Percha 1987.

Bueckling, Adrian: Im Begriffsdschungel des satellitischen Rundfunkrechts, ZUM 1988 S. 164 ff.

Bullinger, Martin: Kommunikationsfreiheit im Strukturwandel der Telekommunikation, Baden-Baden 1980.

— Neue Medien: Neue Aufgaben des Rechts? AfP 1982 S. 69 ff.

— Elektronische Medien als Marktplatz der Meinungen, AöR 108, 1983 S. 160 ff.

— Strukturwandel von Rundfunk und Presse, NJW 1984 S. 385 ff.

— Satellitenrundfunk im Bundesstaat, AfP 1985 S. 1 ff.

Bullinger/Gödel: Landesmediengesetz Baden-Württemberg, Kommentar, Baden-Baden 1986.

Bullinger/Eigler/Külp/Lehmann/Schlier: Die elektronische Herausforderung, Freiburg 1985.

Buß-Darkow: Der Weg zur GfK-Fernsehforschung, Media Perspektiven 1984 S. 85 ff.

Codding, George Arthur: The International Telecommunication Union, Leiden 1952.

Darschin-Frank: Tendenzen im Zuschauerverhalten, Media Perspektiven 1986 S. 209 ff.

Degenhart, Christoph: Anmerkung zum dritten Fernsehurteil, in DÖV 1981 S. 960 ff.

— Grenzüberschreitender Informationsfluß und grundgesetzliche Rundfunkordnung, EuGRZ 1983 S. 205 ff.

— Verfassungsfragen neuer elektronischer Medien, Bay.VBl. 1986 Heft 19.

— Kommentar zum Bonner Grundgesetz, zu Art. 5 GG, Heidelberg, Stand Juni 1988, 54. Ergänzungslieferung.

Delbrück, Jost: Direkter Satellitenrundfunk und nationaler Regelungsvorbehalt, 1982 Frankfurt.

Demme, Helmut: Das Kabelfernsehen in rechtlicher Sicht, Königstein 1969.

Deringer, Arved: Europäisches Gemeinschaftsrecht und nationale Rundfunkordnung, ZUM 1986 S. 627 ff.

Deutsches Wörterbuch, begr. von Jacob und Wilhelm Grimm, Nachdr. München 1984.

Doll, Dieter: Spannweite einer verfassungsgemäßen Änderung der Rundfunkordnung in Bayern, München 1986.

Ehrnsperger, Horst: Der Ausbau der Breitbandverteilnetze — Das Konzept der Bundespost, Herausgegeben vom Bundesministerium für das Post- und Fernmeldewesen.

Engisch, Karl: Einführung in das juristische Denken, 8. Auflage, Stuttgart 1983.

Enz, Winfried: Programmauftrag und Einschaltquote, ZUM 1987 S. 58 ff.

Expertenkommission Neue Medien Baden-Württemberg: Abschlußbericht, Stuttgart 1981.

Fischer: Dokumente zur Geschichte des deutschen Rundfunks und Fernsehens, Göttingen 1957.

Fromm/Nordemann: Urheberrechtskommentar, 6. Auflage, Stuttgart 1986.

Fuhr, Ernst W.: Der öffentlich-rechtliche Rundfunk im dualen Rundfunksystem, ZUM 1987 S. 145 ff.

Fuhr/Krone: Pay-TV und Rundfunkbegriff in Film und Recht 1983 S. 513 ff.

Geiger, Willi: Verfassungsrechtliche Grundlagen der neuen Rundfunkordnung AfP 1984 S. 136 ff.

Grawert, Rolf: Rundfunkordnung für das Land Nordrhein-Westfalen im Spiegel der Verfassungsrechtsprechung, AfP 1986 S. 277 ff.

Groß, Rolf: Das Dritte Rundfunkurteil des Bundesverfassungsgerichtes, DVBl. 1982 S. 561 ff.

— Neue Medien: Neue Aufgaben des Rechts, ZRP 1982, Heft 9.

— Kabelnetze und Programmeinspeisung, Media Perspektiven 1983 S. 789 ff.

— Breitbandverkabelung und Übernahme von Rundfunkprogrammen in Kabelnetze, NJW 1984 S. 409 ff.

— Zu den neuen Landesmediengesetzen DVBl. 1985 S. 353 f.

— Medienlandschaft im Umbruch, Wiesbaden 1986.

Grünbuch der EG-Kommission: „Fernsehen ohne Grenzen". Die Errichtung des gemeinsamen Marktes für den Rundfunk, insbesondere über Satellit und Kabel (Mitteilung der Kommission, KOM (84)300 endg.); Auszüge abgedr. auch in Jürgen Schwarze, Rundfunk und Fernsehen im Licht der Entwicklung des nationalen und internationalen Rechtes, Baden-Baden 1986.

Herrmann, Günther: Fernsehen und Hörfunk in der Verfassung der Bundesrepublik Deutschland, Tübingen 1975.

— Europa und Medien, ZUM 1985 S. 175 ff.

Hesse, Albrecht: Die Organisation privaten Rundfunks in der Bundesrepublik, DÖV 1986 S. 177 ff.

— Rechtsfragen der Weiterverbreitung in Kabelanlagen, ZUM 1987 S. 19 ff.

Hesse, Konrad: Grundzüge des Verfassungsrechts der Bundesrepublik Deutschland, Frankfurt, 16. Auflage 1988.

Hartstein/Ring/Kreile: Kommentar zum Rundfunkstaatsvertrag, in Ring, Medienrecht 20. Ergänzungslieferung (21. teilweise im Umbruch).

Hoffmann-Riem, Wolfgang: Die Zukunft des Rundfunks ein Verfassungsproblem, RuF 1979 S. 143 ff.

— Rundfunkfreiheit zwischen ökonomischer Nutzung und staatlicher Regelungsverantwortung: das Beispiel USA, Baden-Baden 1981.

— Medienfreiheit und der außenplurale Rundfunk AöR 1984 S. 305 ff.

— Besprechung zum Buch von Peter Lerche, Presse und privater Rundfunk, RuF 1984 S. 256 ff.

— Informations- und Rundfunkfreiheit bei der Verbreitung von Rundfunkprogrammen in Kabelanlagen, in Festschrift für Rudolph Wassermann, Darmstadt/Neuwied 1985.

Hoffmann-Riem/Stammler/Stock: Thesen zur Fortentwicklung des Rundfunksystems, RuF 1981 S. 463 ff.

Internationales Handbuch für Rundfunk und Fernsehen: Herausgegeben vom Hans Bredow Institut, Hamburg 1988.

Jarass, Hans D.: Die Freiheit des Rundfunks vom Staat, Berlin 1981.

— In welcher Weise empfiehlt es sich, die Ordnung des Rundfunks und sein Verhältnis zu anderen Medien — auch unter dem Gesichtspunkt der Harmonisierung — zu regeln? Gutachten zum 56. DJT, G 11 ff., München 1986.

— Die neuen Privatrundfunkgesetze im Vergleich, ZUM 1986 S. 303 ff.

Jutzi, Siegfried: Einspeisung von Rundfunkprogrammen aus verfassungsrechtlicher Sicht; Kritik zu dem gleichnamigen Buch von Ricker AfP 3/1985 S. 246 f.

Katz/Foulkes: On theUse of the Mass Media as „Escape, Public Opinion Quarterly 3, 1962.

Kelm, Hartwig: Plädoyer für das „Unternehmen öffentlich-rechtlicher Rundfunk", Media Perspektiven 1989 S. 1 ff.

Klein, Hans Hugo: Rundfunkfreiheit, München 1978.

— Das Jedermannsrecht auf Zugang zu den Kommunikationsmitteln, AfP 1979 S. 232.

— Rundfunkrecht und Rundfunkfreiheit, in Der Staat (20), 1981 S. 179 ff.

Knoche/Seuffert: Entwicklung und Finanzierung des Fernsehprogrammangebots bis zum Jahre 2005. (Eine Auseinandersetzung mit der FAST-COM-Studie 2) Media Perspektiven 1987 S. 111 ff. und S. 209 ff.

König, Eberhard: Die Teletexte, Versuch einer verfassungsrechtlichen Einordnung, München 1980.

Kommission für den Ausbau des technischen Kommunikationssystem (KtK): Bericht (Hauptband), Bonn 1976.

Krafczyk, Wolfgang: Ausländische Rundfunkprogramme als „allgemein zugängliche Quellen" im Sinne des Art. 5 Abs. 1 GG, München 1983.

Krause, Günther B.: Der Begriff des Rundfunks und seine Abgrenzung zum Fernmeldewesen, UFITA 30 (1960) S. 257 ff.

Kreile, Johannes: Kompetenz und kooperativer Föderalismus im Bereich des Kabel- und Satellitenrundfunks; München 1986.

Kröger, Klaus: Vor dem Ende des öffentlichrechtlichen Rundfunkmonopols, NJW 1979 S. 2040.

Kübler, Friedrich: Medienverflechtung, Berlin/Frankfurt 1982.

Kühn, Manfred: Fragen zum grenzüberschreitenden Rundfunk, ZUM 1985 S. 299 ff.

— Die Einspeisung von Rundfunkprogrammen in Kabelnetze — medienrechtliche und urheberrechtliche Aspekte aus der Praxis, in Jürgen Schwarze, Rundfunk und Fernsehen im Licht der Entwicklung des nationalen und internationalen Rechtes, Baden-Baden 1986.

Kull, Edgar: Entscheidungshilfen für Medienpolitik, NJW 1980 S. 1608.

— Rundfunkgleichheit statt Rundfunkfreiheit. Zum dritten Fernsehurteil des Bundesverfassungsgericht. AfP 1981 S. 378 ff.

— Auf dem Wege zum dualen Rundfunksystem, AfP 1987 S. 365 ff.

— Rundfunk-Grundversorgung — Kontext, Begriff, Bedeutung, AfP 1987 S. 462 ff.

— Rundfunkrecht und Rundfunkmarkt, ZUM 1987 S. 355 ff.

Lange, Bernd: Die Werbemärkte der Zukunft. Diskussion neuerer Untersuchungsergebnisse, Media Perspektiven 1989 S. 117 ff.

Larenz, Karl: Methodenlehre der Rechtswissenschaft, 5. Auflage, Berlin, Heidelberg, New York, Tokyo 1983.

Lerche, Peter: Übermaß und Verfassungsrecht, Köln 1961.

— Rechtsprobleme des Werbefernsehens, Frankfurt/Berlin 1965.

— Rundfunkmonopol, Frankfurt 1970.

— „Informationsfreiheit", Stichwort in Evangelisches Staatslexikon von Hermann/ Herzog/Schneemelcher (Hrsg.), 2. Auflage 1975.

— Verfassungsrechtliche Aspekte neuer kommunikationstechnischer Entwicklungen, Bay. VBl. 1976 S. 532 ff.

— Landesbericht Bundesrepublik Deutschland, in Rundfunkorganisation und Kommunikationsfreiheit S. 15 ff., herausgegeben von Bullinger/Kübler, Baden-Baden 1979.

— Beteiligung Privater im Rundfunkbereich und Vielfaltstandard, NJW 1982 S. 1676 ff.

— Presse und privater Rundfunk, Berlin 1984.

— Verfassungsfragen zum Entwurf der Landesregierung Nordrhein-Westfalen eines Gesetzes über den „Westdeutschen Rundfunk Köln", AfP 1984 S. 183 ff.

Referat zum 56. DJT Berlin Sitzungsbericht O 38 ff., München 1986.

Lerg, Winfried: Die Entstehung des Rundfunks in Deutschland, Frankfurt 1970.

Löwer, Wolfgang: Ausländisches Werbefernsehen und Deutsches Verfassungsrecht, JZ 1981 S. 730 ff.

Maletzke, Gerhard: Psychologie der Massenkommunikation; Hamburg 1963.

v. Mangoldt/Klein/Starck: Kommentar zum Grundgesetz, München 1985.

Maunz, Th./Dürig, G./ Herzog, R./Scholz, R.: Grundgesetz, Kommentar, München 1958 ff. Stand bei 27. Ergänzungslieferung.

Merten, Detlef: Verfassungsgerichtlicher Rechtsschutz wegen verweigerter Mediengesetzgebung, AfP 1985 S. 169 ff.

Mestmäcker, Ernst-Joachim: Meinungsfreiheit und Medienwettbewerb, ZUM 1986 S. 63 ff.

Meyer-Hesemann, Wolfgang: Zwei Jahre Erprobung der Nutzung neuer Massen-Kommunikationstechniken in Nordrhein-Westfalen ZUM 1987 S. 409 ff.

Monopolkommission: Wettbewerbsprobleme bei der Einführung von privatem Hörfunk und Fernsehen. Sondergutachten 11, Media Perspektiven 1981 S. 860 ff.

Mook, Peter: Privater Rundfunk im Spiegel der Landesrundfunkgesetze, AfP 1986 S. 10 ff.

Müller, Reiner: Vom Anbieter zum Zuschauer — Technische Übertragungswege für den privaten Rundfunk, DLM-Jahrbuch 1988, München S. 102 ff.

Müller-Römer, Frank: Satelliten- und Kabelrundfunk, in Internationales Medienhandbuch sub A 1 ff., Hamburg 1988.

v. Münch, Ingo: Grundgesetz, Kommentar 3. Auflage, München 1985.

Niemann, Rüdiger: Rechtlich-organisatorische Gestaltungsformen aus der Sicht privater Programmanbieter, in Schuster Neue Medien 1984 S. 215 ff.

Obermayer, Klaus: Die Verfassungsmäßigkeit des Bay.MEG vom 22.11.1984, ZUM 1985 S. 461 ff.

Oppermann, Thomas: Auf dem Wege zur gemischten Rundfunkverfassung in der Bundesrepublik Deutschland JZ 1981 S. 721 ff.

Ory, Stephan: Marktchancen und Meinungsfreiheit — Bemerkungen zum „Fünften Rundfunkurteil", ZUM 1987 S. 427 ff.

— Bestands- und Entwicklungsgarantie für den öffentlichrechtlichen Rundfunk, AfP 1987 S. 466 ff.

Ossenbühl, Fritz: Rundfunkprogramm — Leistung in treuhänderischer Freiheit, DÖV 1977 S. 382.

— Rundfunk zwischen nationalem Regelungsvorbehalt und europäischem Gemeinschaftsrecht, Frankfurt 1986.

Papistella, Gertrud: Zum Rundfunkbegriff des Grundgesetzes, DÖV 1978 S. 495 ff.

Pestalozza, Christian: Der Schutz der Rundfunkfreiheit in der Bundesrepublik Deutschland, NJW 1981 S. 2158 ff.

Pohle, Heinz: Der Rundfunk als Instrument der Politik, Hamburg 1955.

Redeker, Helmut: Neue Informations- und Kommunikationstechniken und bundesstaatliche Kompetenzordnung, Frankfurt 1988.

Redeker, Manfred: Die grundrechtliche Verankerung der Rundfunkunternehmerfreiheit, ZUM 1985 S. 544 ff.

Ricker, Reinhard: Die gesetzliche Regelung des Kabelpilotprojektes Ludwigshafen, NJW 1981 S. 1927.

— Die Einspeisung von Rundfunkprogrammen in Kabelanlagen aus verfassungsrechtlicher Sicht, Berlin/Offenbach 1984.

— Privatrundfunk-Gesetze im Bundesstaat, München 1985.

— Die Weiterverbreitung von Satellitenprogrammen in Hessen AfP 1986 S. 188 ff.

— Der Rundfunkstaatsvertrag NJW 1988 S. 453 ff.

Ring, Wolf Dieter: Medienrecht, Rundfunk, neuen Medien, Presse, München/Münster 1988.

Rudolph, Martin: Zur Rahmenordnung eines europäischen Binnenmarktes für den Rundfunk, AfP 1986 S. 106 ff.

Schardt, Andreas: Privatrechtliche Rundfunkordnung und Harmonisierung, ZUM 1986 S. 429 ff.

Scherer, Joachim: Telekommunikationsrecht und Telekommunikationspolitik, Baden-Baden 1985.

Scheuner, Ulrich: Das Grundrecht der Rundfunkfreiheit, Berlin 1982.

Schmidt, Walter: Die Rundfunkgewährleistung, Frankfurt 1980.

Schmidt, Wieland: Rundfunkvielfalt, Frankfurt 1984.

Schmitt, Carl: Freiheitsrecht und institutionelle Garantie, Berlin 1958.

Schmitt Glaeser/Degenhart: Koordinationspflicht der Länder im Rundfunkwesen, AfP 1986 S. 173 ff.

Schmitt Glaeser, Walter: Kabelkommunikation und Verfassung. Das privatrechtliche Unternehmen im Münchner Pilotprojekt, Berlin 1979.

— Bestands- und Entwicklungsgarantien für den öffentlichrechtlichen Rundfunk, Bay.VBl. 1985 S. 97 ff.

— Buchbesprechung zu „Die Einspeisung von Rundfunkprogrammen" (von Ricker) in ZUM 1985 S. 173 f.

Schneider, Hans: Einheitliche Grundsätze für die Verbreitung und Verteilung von Rundfunkprogrammen — verfassungsrechtliche Grundfragen des Staatsvertrages, in Jürgen Schwarze, Rundfunk und Fernsehen, Baden-Baden 1986.

Scholz, Rupert: Private Rundfunkfreiheit und öffentlicher Rundfunkvorbehalt, JuS 1984 S. 304.

— Medienfreiheit und Publikumsfreiheit, in Löffler-Festschrift, München 1980.

— Kommunikationsverfassung, in Klaus Stern, Rundfunk zwischen Bestand und Neuordnung, München 1981.

— Das dritte Fernsehurteil des Bundesverfassungsgerichtes, JZ 1981 S. 561 ff.

Schrape, Klaus: Modellrechnungen zur Entwicklung der Nachfragepotentiale für „neue Medien“ bei den privaten Haushalten in der Bundesrepublik Deutschland; in Telekommunikation als Wachstumsfaktor, Herausgegeben vom Münchner Kreis, München 1984.

Schütte, Wolfgang: Der deutsche Nachkriegsrundfunk und die Gründung der Rundfunkanstalten, in Lerg, Steiniger (Herausg.) Rundfunk und Politik 1923-73, Berlin 1975.

Seemann, Klaus: Ordnungspolitische Perspektiven eines dualen Rundfunksystems, ZUM 1987 S. 258.

Selmer, Peter: Bestands- und Entwicklungsgarantien für den öffentlich-rechtlichen Rundfunk in einer dualen Rundfunkordnung, Berlin 1988.

Sparkes, Verone: Cable TV in the United States, in Ralph Negrine Cagble, Television and the Future of Broadcasting New York, 1982.

Starck, Christian: Rundfunkfreiheit als Organisationsproblem. Zur Zusammensetzung der Rundfunkgremien, Tübingen 1973

— Zur notwendigen Neuordnung des Rundfunks, NJW 1980 S. 1359 ff.

— Die Konstruktionsprinzipien und verfassungsrechtlichen Grundlagen der gegenwärtigen mediengesetzlichen aktivitäten in den deutschen Bundesländern, JZ 1983 S. 405 ff.

Stein, Ekkehart: Staatsrecht, 11. Auflage 1988 Tübingen.

Stender-Vorwachs, Jutta: „Staatsferne“ und „Gruppenferne“ in einem außenpluralistisch organisierten privaten Rundfunksystem, Berlin 1988.

Stern, Klaus: Neue Medien, DVBl. 1982 S. 1108 ff.

Stern/Bethge: Öffentlich-rechtlicher und privatrechtlicher Rundfunk, Frankfurt 1971.

Stettner, Rupert: Die Öffnung des Rundfunks für Private durch das Bay.MEG, ZUM 1986 S. 559 ff.

Stipp: Neue Techniken, neue Zuschauer? Zum Einfluß von Fernbedienung und Programmangebot auf das Zuschauerverhalten, Media Pespektiven 1989 S. 164 f.

Stock, Martin: Marktmodell kontra Integrationsmodell, 1985 AöR 110 (1985) S. 219 ff.

— Medienfreiheit als Funktionsgrundrecht, München 1985.

— Nationaler Privatrundfunk im Bundesstaat, ZUM 1986 S. 411 ff.

— Neues Privatrundfunkrecht, München/Köln 1987.

— Ein fragwürdiges Konzept dualer Rundfunksysteme, Ruf 1987 S. 14.

Tettinger, Peter: Neue Medien und Verfassungsrecht, München 1980.

Thaenert, Wolfgang: Kontrolle privater Rundfunkveranstalter, DLM-Jahrbuch 1988, München S. 35 ff.

v. Ungern-Sternberg: Kommentierung zu § 20 UrhG, in Schricker Urheberrecht, Kommentar München 1987.

Wieland, Joachim: Markt oder Staat als Garanten der Freiheit, Der Staat 1984 S. 245 ff.

Wittig-Terhardt, Margret: Rundfunk und Kartellrecht, AfP 1986 S. 298 ff.

FSC
www.fsc.org
MIX
Papier | Fördert
gute Waldnutzung
FSC® C083411

Kolibri 360 GmbH
Ferdinand-Jühlke-Straße 7
99095 Erfurt, Deutschland
produktsicherheit@kolibri360.de

Druck:
CPI Druckdienstleistungen GmbH
im Auftrag der
Kolibri 360 GmbH
Ferdinand-Jühlke-Str. 7
99095 Erfurt